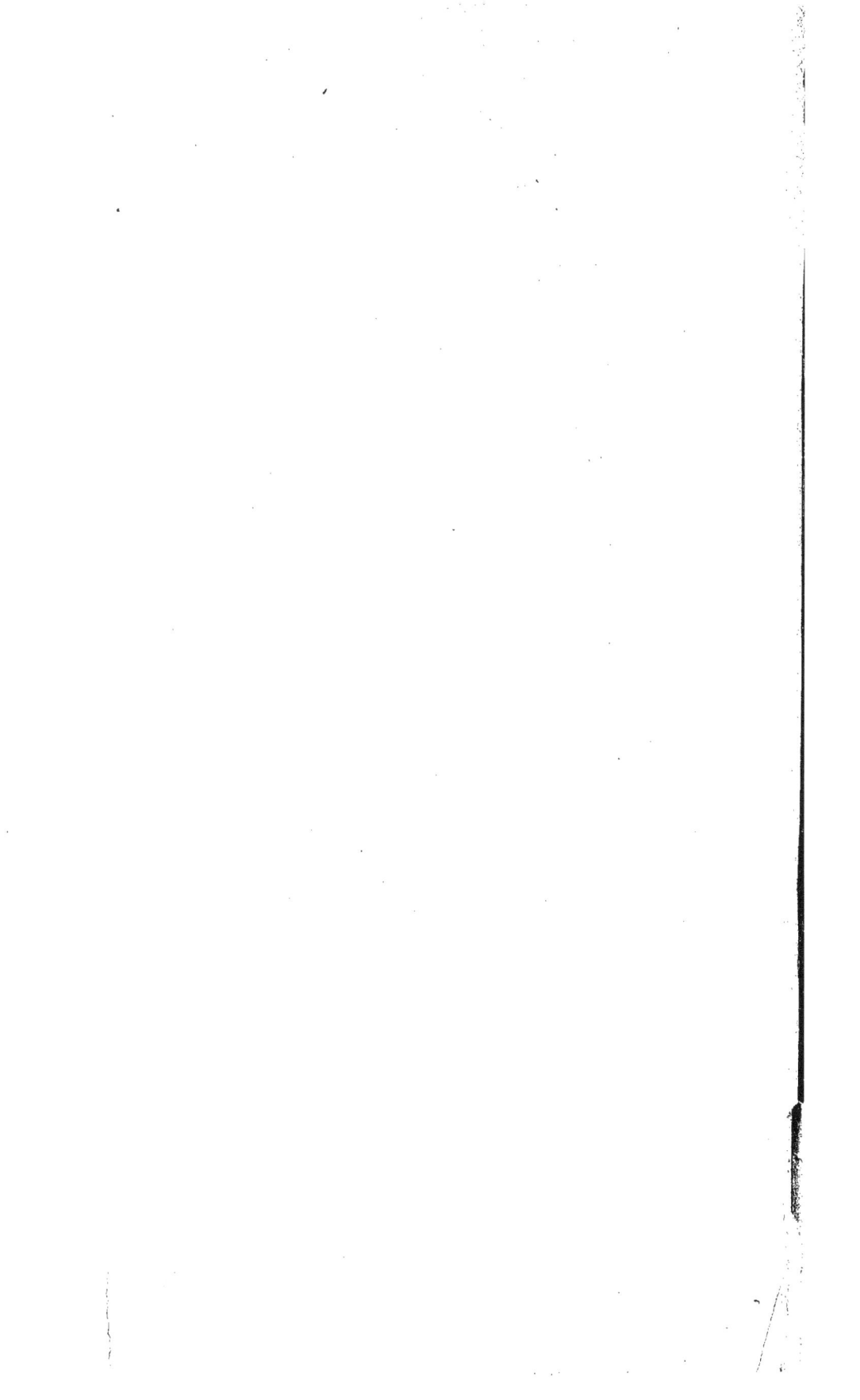

HISTOIRE

DE LA

PUISSANCE PATERNELLE

ÉTUDIÉE PRINCIPALEMENT DANS SES EFFETS

SUR LA PERSONNE DES ENFANTS

PAR

Paul DELEPIERRE

Avocat

Docteur en Droit

ABBEVILLE

IMPRIMERIE C. PAILLART

24, rue de l'Hôtel-de-Ville, 24

1887

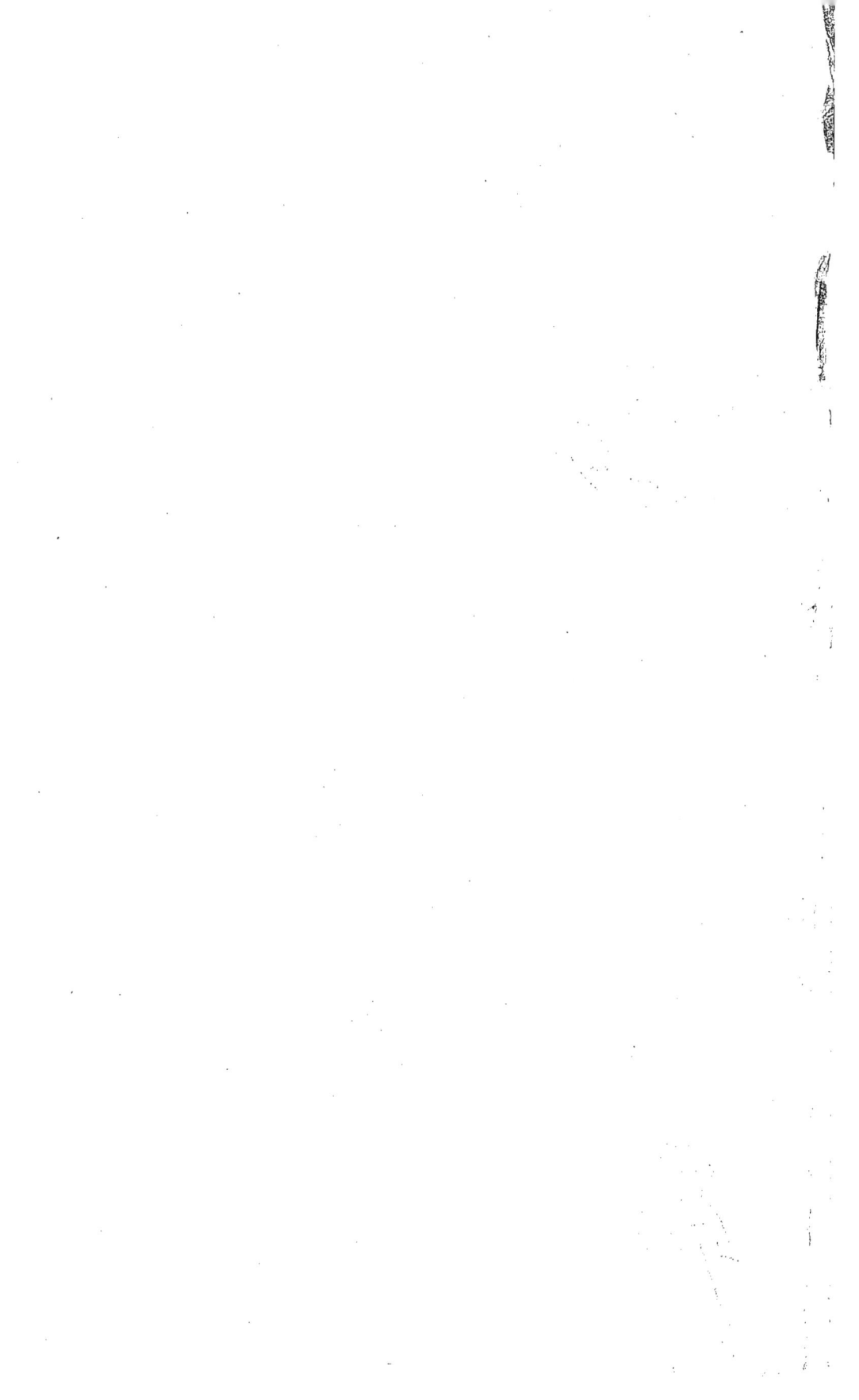

HISTOIRE

DE LA

PUISSANCE PATERNELLE

ÉTUDIÉE PRINCIPALEMENT DANS SES EFFETS

SUR LA PERSONNE DES ENFANTS

PAR

Paul DELEPIERRE

Avocat

Docteur en Droit

ABBEVILLE

IMPRIMERIE C. PAILLART

24, rue de l'Hôtel-de-Ville, 24

1887

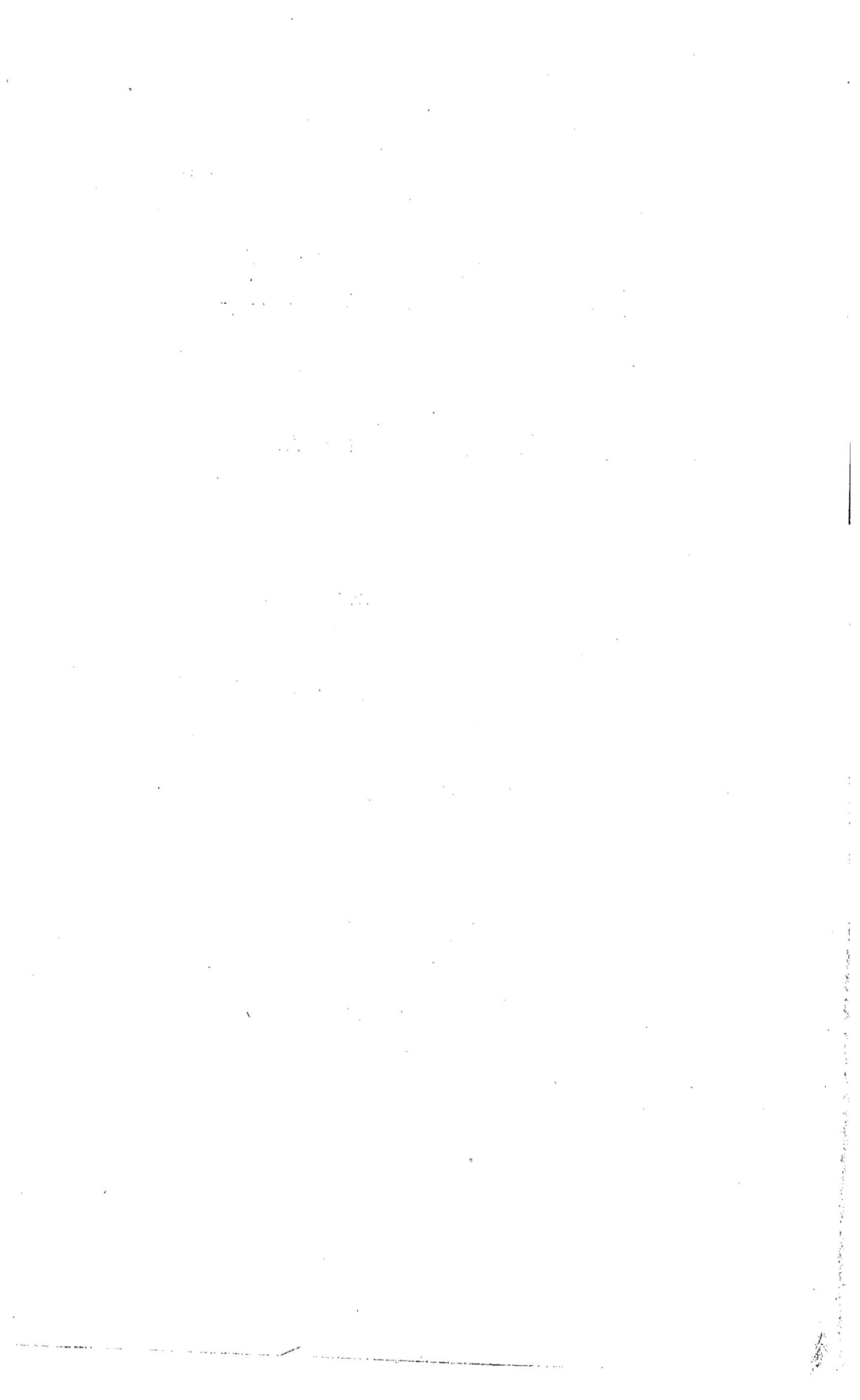

HISTOIRE

PUISSANCE PATERNELLE

~~~~~~~~~~~~

INTRODUCTION

I

« *Crescite et multiplicamini* (1). » Telle est
la première parole que Dieu, d'après le récit
de la Bible, adressa à Adam et Eve, en les
établissant maîtres de la création nouvelle,
qu'il venait de sortir du chaos. Revivre en un
descendant qui est la chair de sa chair, le sang
de son sang, tel a été, tel est, tel sera toujours
l'objectif de tout homme. « *Filius est aliquid
patris, et patres amant filios ut aliquid ipso-
rum* (2). » Mais, en dehors de cette loi de la
reproduction, dont la nature a fait le besoin le
plus impérieux, le penchant le plus irrésistible
de tout être animé, une fois que cet être est parvenu à la perfection de son développement, les

(1) *Genèse*. ch. ı, vers. 28.
(2) Aristote. VIII. *Ethicorum*. cap. xıı. *circa principium*.

anciens peuples de l'Orient avaient des motifs tout particuliers, tirés de leur religion, de rechercher les nombreuses postérités.

Celui-là qui n'avait pas de fils, lui succédant, tant au point de vue civil qu'au point de vue religieux, se trouvait encourir une sorte de malédiction.

Chez les Hindous, l'admission du père au séjour céleste était subordonnée à la possession d'un fils : Le père qui ne laissait pas, après sa mort, un descendant pour célébrer, en son honneur, le « *srâddha* » ou service funèbre, était précipité dans le « *Pout* », région infernale. Aussi, Brama lui-même avait-il donné au fils, le nom de « *Pouttra* », sauveur de l'enfer. — Par la naissance d'un fils, le père acquittait sa dette envers ses ancêtres, car les ancêtres de celui qui n'avait pas de fils, étaient exclus du ciel. C'est pourquoi, Manou dit dans sa loi : « le fils, par la naissance duquel un homme acquitte sa dette et obtient l'immortalité, a été engendré pour l'accomplissement du devoir ; les Sages considèrent les autres comme nés de l'amour (1). »

On comprendra dès lors aisément, que les chefs de famille avaient fort à cœur d'assurer leur descendance masculine. Une disposition

(1) *Manava-Dharma-Sástra* (livre de la loi de Manou), liv. IX, vers. 107. Trad. de M. Loiseleur-Deslongchamps.

expresse (1) de la loi que nous citions ci-des-
sùs, ordonne de remplacer la femme stérile,
la huitième année; celle dont les enfants sont
tous morts, la dixième; et celle qui n'enfantait
que des filles, la onzième.

La même loi offrait, d'ailleurs, d'autres ressources, lorsque le père se trouvait impuissant
à se donner un descendant mâle. Il pouvait
charger sa fille de lui donner un fils. Si même,
sans en avoir reçu la mission, la fille mariée
à un époux de son rang, mettait au monde
un enfant mâle, le grand-père était considéré
comme père d'un fils, et le sraddha pouvait
être célébré. Le grand-père seul profitait donc
de ce fils, et le père était obligé de se donner
un autre fils pour lui-même. Aussi, « un homme
de sens ne devait jamais épouser une fille sans
frère, de crainte qu'elle ne lui soit accordée
par le père, dans l'intention d'adopter le fils
qu'elle pourrait avoir (2). »

Chez les Egyptiens, le culte des morts et la
piété filiale ne paraissent pas avoir eu d'aussi terribles sanctions que chez les Hindous. L'homme,
d'après les doctrines sacrées, était surtout sauvé
par ses œuvres; mais la vie d'outre-tombe avait
une foule de phases dont quelques-unes n'étaient
que la répétition de la vie terrestre. Le défunt

(1) *Lois de Manou,* liv. IX, vers. 81.
(2) *Ibid.,* liv. IX, vers. 91.

était donc réputé avoir autant de besoins phy-
siques que de son vivant : c'est pour cela que
les enfants devaient charger de comestibles, les
tables disposées pour les cérémonies funéraires,
qui se célébraient périodiquement : plus l'of-
frande était abondante, plus grande était l'abon-
dance dont jouissait le mort dans sa vie nouvelle.
On ne s'étonnera pas dès lors, dit à ce sujet
M. Chabas (1), « qu'une maxime de l'ancienne
sagesse des Egyptiens, conseille à l'homme de
se marier avec une femme jeune, capable de lui
donner des enfants mâles, et d'assurer dans sa
descendance la perpétuité du service funéraire,
gage d'une nouvelle vie. » Le livre sapiential
du scribe Ani ne dit-il pas : « Apporte la libation
à ton père et à ta mère qui reposent dans leur
tombeau....., ce que tu auras fait pour ton père,
ton fils le fera également pour toi (2). » Ailleurs,
dans les plus terribles malédictions, quand le
coupable doit être voué à la flamme de la déesse
Apto, au jour de sa fureur, on ajoute : « Ni son
fils, ni sa fille ne lui donneront l'eau des libations (3). » Pour l'Egyptien comme pour l'Hin-

(1) *Maximes du scribe Ani*, max. I. Chabas, *Journal l'Égyptologie*.
(2) *Maximes du scribe Ani*, d'après le papyrus hiératique n° IV du
musée de Boulaq, max. XII. M. Chabas *(Journal l'Égyptologie*, 1876),
donne à ce papyrus comme date probable le dernier intervalle d'au
moins six siècles, qui s'est écoulé entre Ramsés II et la 23e dynastie
égyptienne (800 à 1000 ans avant J.-C.).
(3) Décret de Ptolémée Lagus. Brugsch : *Zeitschrift für Ægypt.
Sprache und Alterthumskunde*, 1871. Mariette-Bey.

dou, il était conséquemment très-essentiel de laisser après soi des descendants. Les textes parlent de vœux faits aux dieux dans le but d'obtenir de la progéniture ; ils répètent en maints passages, que « un bon fils est un don de Dieu (1). » La répudiation des épouses stériles n'était pas, selon toute apparence, autorisée par les lois (2), mais les Egyptiens cherchaient dans la médecine et dans les moyens magiques des ressources, contre l'infécondité de leurs femmes (3). En tous cas, nous ne retrouvons absolument rien des usages Hindous en Egypte. Lorsqu'un homme marié meurt sans aucune descendance, sans doute il est considéré comme très-malheureux, parce que son nom ne se continue pas après lui ; mais c'est sa veuve ou ses autres parents qui prendront soin de sa chapelle funéraire, et dans le dernier état du droit, surtout si c'est un personnage puissant, il pourra faire une donation à un établissement religieux, qui prendra soin de faire réciter les prières des morts et de faire les libations sur son tombeau. « Dans tous les cas, la fille, en Egypte, peut remplacer le

(1) Éloge de la piété filiale dans le papyrus Prisse, *Bibl. internat. univ.* M. de Rougé appelle le papyrus Prisse le livre « le plus ancien du monde ». L'auteur des maximes qu'il contient, Ptahhotep, était un contemporain du Pharaon Assa.

(2) Voir cependant M. Paturet, *De la Condition juridique de la femme*, p. 31.

(3) *Mélanges Égyptologiques*, série I, p. 68. Voir *Note sur la Médecine Égyptienne*, de M. Chabas.

fils, et celui qui meurt ne laissant qu'une descendance féminine, est réputé dormir dans son tombeau aussi tranquille que s'il avait des fils (1). »

Les Hébreux, dans le cas où l'un d'eux ne laissait aucune postérité, employaient un moyen connu sous le nom de Lévirat, qui présente beaucoup d'analogie avec celui employé par les Hindous. Lorsqu'un homme marié meurt sans descendance mâle, son frère, ou son plus proche parent doit épouser sa veuve, et selon l'expression employée par la Bible « lui susciter un enfant (2). » Le premier enfant mâle, issu de cette union, sera inscrit sur les registres de la Tribu, comme étant le fils du défunt. La femme veuve était donc obligée d'épouser son beau-frère, et elle ne pouvait, sous les peines les plus graves, se dérober à cette union forcée. Nous reparlerons de cet usage.

Nous verrons plus loin que les Romains et les Grecs avaient trouvé dans leur législation, pour perpétuer leur nom, leur famille, leur culte, un moyen que les Egyptiens avaient peut-être peu employé avant eux, mais qu'ils avaient certainement connu (3). Ce moyen était

(1) Paturet, *De la Condition juridique de la femme dans l'ancienne Égypte,* p. 11.

(2) *Dixit ergo Judas ad Onan filium suum : Ingredere ad fratris tui uxorem, et sociare illi, ut suscites semen fratri tuo.* — *Genèse,* cap. xxviii, vers. 8.

(3) E. Revillout: Une adoption sous le règne d'Amasis. *Revue Égyptologique,* 3e année, no IV.

l'adoption. « Il présentait surtout à Rome une importance pratique dont nos auteurs modernes s'étonnent, dit M. Accarias, mais qui se comprend facilement, parce qu'il servait des intérêts politiques et religieux que nous ne connaissons plus, mais qui sont de l'essence primitive des Romains (1). »

II

Le sentiment du devoir filial peut être regardé comme inné dans l'humanité. La nature l'avait certainement disposé dans le cœur de tous les hommes avant qu'ils songeassent à codifier leurs lois morales. On a pu croire que certaines peuplades sauvages n'avaient point la notion de ce sentiment si naturel et si profondément humain ; mais cette anomalie, d'ailleurs fort rare, n'était point un reste de barbarie originelle : elle provenait d'une aberration étrange du sens moral perverti par des pratiques superstitieuses. Chez ces peuples, les enfants, au lieu de nourrir leurs parents vieux et infirmes, les laissaient périr, et, quelquefois même, les immolaient sur l'autel de leurs Dieux (2). Mais, dans les annales des nations civilisées, on ne trouve aucune trace

(1) Accarias, *Précis de Droit Romain, De l'adoption*. t. I.
(2) Pastoret, *Histoire de la Législation*.

de ces cruautés. Depuis la plus haute antiquité, tous les moralistes et tous les législateurs ont consacré dans leurs lois le respect et l'amour des enfants pour leurs parents. Rien n'est plus particulièrement recommandé dans l'Ecriture sainte, et surtout dans l'un de ses plus beaux livres de morale, l'Ecclésiastique, qui est rempli de préceptes admirables et des plus sages conseils : « Ecoutez, enfants, dit l'auteur sacré, les avis de votre père, et suivez-les, afin que vous soyez sauvés ; car Dieu a rendu le père vénérable aux enfants, et il a affermi sur eux l'autorité de la mère. Celui qui honore sa mère est comme un homme qui amasse un trésor. Celui qui honore son père recevra lui-même de la joie de ses enfants, et il sera exaucé au jour de sa prière (1). » Le précepte du Décalogue, qui fait aux enfants un devoir rigoureux du respect pour leurs parents, était inscrit dans les maximes de la Sagesse Egyptienne plus de vingt siècles avant d'avoir été gravé par le doigt de Jehovah sur les tables de pierre du Sinaï : « le fils qui reçoit la parole de son père, deviendra vieux à cause de cela (2). » Comme plus tard au temps

---

(1) *Ecclesiasticus,* ch. iii, vers. 8, 9 et suiv. — Jésus, fils de Sirach, docteur Juif, auteur de l'*Ecclésiastique,* était de Jérusalem. Il vivait 160 ans avant J.-C., sous le règne d'Antiochus Epiphane, dont les persécutions l'obligèrent de se retirer en Égypte, où l'on croit qu'il composa son ouvrage.

(2) Papyrus Prisse.

de Moïse, la longévité était alors promise aux enfants dociles et pieux.

Mais, à côté du lien naturel qui existe entre les enfants et l'auteur de la vie, un sentiment particulier de gratitude et d'amour les rattache également à leur mère ; et il est à remarquer que ce sont les peuples les plus élevés dans l'échelle de la civilisation et de l'intelligence, qui ont placé à un plus haut rang, dans leurs lois morales et dans leurs mœurs, les honneurs et l'affection dus à la mère. Aucune nation ne l'a emporté, sous ce rapport, sur les anciens Egyptiens. « Pour eux, Dieu n'était pas seulement le père, mais encore la mère des humains, ou, en d'autres termes, le père des pères et la mère des mères (1). » Quoi de plus beau que cette maxime où le scribe Ani recommande à son fils Khonshotep, le respect et l'amour de sa mère : « C'est moi qui t'ai donné ta mère, mais c'est elle qui t'a porté, et, en te portant, elle a eu bien des peines à souffrir, et elle ne s'en est pas déchargée sur moi. Tu es né après les mois de grossesse, et elle t'a porté comme un véritable joug, sa mamelle dans ta bouche pendant trois années. Tu as pris de la force, et la répugnance de tes malpropretés ne l'a pas dégoutée jusqu'à lui faire dire : « Oh ! que

(1) Chabas, *Maximes du scribe Ani*. Analyse de la XXXVIIᵉ max.

fais-je ? » Tu fus mis à l'école ; tandis que l'on t'instruisait dans les Ecritures, elle était chaque jour assidue auprès de ton maître, t'apportant le pain et le breuvage de sa maison. Tu es arrivé à l'âge adulte ; tu t'es marié ; tu as pris un ménage ; ne perds jamais de vue l'enfantement douloureux que tu as coûté à ta mère, ni tous les soins salutaires qu'elle a pris de toi. Ne fais pas qu'elle ait à se plaindre de toi, de crainte qu'elle n'élève ses mains vers Dieu et qu'il n'écoute sa plainte (1) ! » On peut rapprocher du texte de cette maxime *(in fine)* le texte de la maxime suivante, encore tirée de l'Ecclésiastique : « *Honora patrem tuum, et gemitus matris tuæ ne obliviscaris* (2). »

III

Pour avoir une notion exacte du véritable caractère de la Puissance paternelle, il n'y a, ce semble, qu'à interroger la nature et la raison. Base et germe de tout état, la famille est antérieure à toute société, ou plutôt c'est la première société. Aussi tout législateur doit-il la reconnaître comme un fait préexistant aux con-

(1) *Maximes du scribe Ani,* XXXVII⁰ max,
(2) *Ecclesiasticus,* ch. vii, vers, 29.

ventions humaines, et la respecter. Suivant la nature, l'autorité dont le père est dépositaire, n'est, dans ses mains, qu'un pouvoir de protection destiné à suppléer chez l'enfant aux forces encore absentes, et qui doit nécessairement prendre fin, comme étant dès lors sans objet, dès que l'enfant, devenu homme, ayant acquis tout son développement, parvenu, en un mot, à être l'égal, physiquement et intellectuellement, de son père, n'a plus besoin d'être protégé, et peut suffire à ses propres besoins.

On pourrait croire que telle est l'idée fondamentale que l'on rencontre uniformément partout, le principe sur lequel se sont appuyés tous les législateurs. Il n'en est rien. Aucune institution humaine n'a été organisée de façons plus diverses dans les différentes lois positives. C'est qu'ici un intérêt général, l'intérêt de la société tout entière, se trouve engagé ; et, lorsque l'on consulte l'histoire, il faut reconnaître, avec Montesquieu (1), que l'autorité du père de famille doit être plus ou moins grande, suivant la forme du gouvernement. Dans les gouvernements libéraux, comme l'était la République romaine, il n'y a pas habituellement la force répressive suffisante pour assurer le

(1) Montesquieu, *Esprit des Lois*, liv. V, ch. vii.

maintien des mœurs sévères, sans lesquelles ils ne sauraient vivre. Il faut donc que les lois cherchent à y suppléer, et elles le font en constituant vigoureusement l'autorité paternelle. Chaque famille est une petite cité où règne le père. « C'est grâce à cette organisation puissante, malgré son arbitraire, que Rome donna longtemps le spectacle d'une discipline harmonieuse et forte, d'une politique à la fois souple et tenace, d'une ambition toujours nette dans ses vues et toujours ardente sans impatience (1). » Au contraire, dans les gouvernements autocratiques, le souverain est armé d'assez de pouvoir pour soutenir seul la société. « On n'y a que faire de mœurs si pures », selon l'expression de l'auteur de l'Esprit des lois. C'est pourquoi on ne donne aux pères qu'une autorité restreinte, et soumise, dans son exercice, au contrôle des magistrats.

L'histoire, disions-nous plus haut, nous montre dans les mœurs et dans les législations une très grande variété dans la notion et dans l'étendue de la puissance paternelle : C'est la suite de ces variations que nous nous proposons de passer en revue.

Nous verrons que dans les premiers monuments qui nous font connaître la vie de l'ancien

(1) Accarias, *Précis de Droit Romain*, t. 1, p. 143.

Empire Egyptien, la puissance paternelle était empreinte d'un despotisme tout oriental et pouvait se comparer à celle d'Abraham dans le récit de la Genèse ; nous la trouverons bien adoucie sous les Pharaons égyptiens ; mais nous pourrons constater que bien avant que les Aigles Romaines aient pénétré en Egypte, la puissance paternelle y était établie dans toute sa force depuis plusieurs siècles par des lois sages et immuables, qui veillaient à ce que les enfants élevés sous les yeux et dans l'état de leurs pères, leur rendissent des honneurs presque divins et prolongeassent, pour ainsi dire, leur existence, par le soin qu'ils prenaient d'embaumer leurs dépouilles mortelles et de les placer à découvert dans la salle des ancêtres, afin de perpétuer l'heureuse influence de leurs leçons et de leurs exemples. Nous aborderons ensuite l'étude de cette fameuse « Patria potestas » dont les Romains disaient qu'elle leur était propre (1). Nous la suivrons à travers le moyen-âge. Bien

---

(1) *Institutes de Justinien,* liv I, tit. ix, § 2. *Jus autem potestatis quod in liberos habemus proprium est civium Romanorum ; nulli enim alii sunt homines, qui talem in liberos habeant potestatem.* — Il existait cependant un peuple qui avait une puissance paternelle, organisée comme la « patria potestas » romaine. M. *Vanier* constate, dans une *Étude sur les Codes Annamite et Chinois,* une similitude bien frappante entre les trois législations. « En Chine et en Annam. dit-il, la famille était et est encore organisée à peu près comme elle l'était à Rome. Le père est tout puissant jusqu'à sa mort. Il tient sous son autorité despotique ses enfants et ses femmes ; comme à Rome, les parents paternels sont seuls membres de la famille, et la femme qui se marie cesse d'en faire partie. »

des influences, le christianisme, les invasions
barbares, la féodalité, ont successivement altéré
et défiguré le type primitif, pendant ce long
espace de temps, qui s'est écoulé depuis les premiers siècles de l'ère chrétienne jusqu'à la fin
du XVIII° siècle.

Nous arriverons enfin à cette époque terrible
où tant d'idées si fécondes et si généreuses se
firent jour au milieu de tant d'erreurs. On était
alors trop avide de liberté pour ne pas réagir,
même dans le droit privé, contre tout ce qui
ressemblait de près ou de loin au despotisme.
Les théories de Locke, qui prêchait l'anéantissement de la puissance paternelle (1), avaient ren-
contré d'ardents prosélytes ; la philosophie du
XVIII° siècle les avait fortifiées ; Rousseau leur
avait prêté l'énergique vivacité de sa passion et
de son style. Aussi « l'on traita le pouvoir
domestique comme le pouvoir politique ; on lui
donna des contrepoids ; on en fit un gouvernement constitutionnel dans lequel le tribunal de
famille, juge et décide, entre le père qui se plaint
et le fils qui résiste (2). »

Nous verrons comment, la puissance paternelle n'existant donc pour ainsi dire plus, le
législateur de 1804 s'inspira surtout des idées
germanique et coutumière, et fit de la puissance

(1) Locke, *Du Gouvernement civil.* Chap. du Pouvoir paternel.
(2) Oscar de Vallée, *Revue de Législation,* année 1852. t. II, p. 233.

paternelle un pouvoir tutélaire, « une autorité de défense et de protection dans le premier âge, et qui acquiert ensuite une consistance, une intensité proportionnelles aux besoins de l'adolescence, environnée de tous les écueils et les passions qui l'assiègent (1). »

Nous constaterons, par l'étude du Code civil, que ce pouvoir y a été bien restreint ; mais « on dirait que l'ombre de Mirabeau se projette sur cette partie du Code ; Mirabeau, cette victime de la tyrannie paternelle qui a poussé à l'anéantissement du pouvoir du chef de famille (2) », et l'influence des orateurs qui discutèrent si longtemps pour trouver quel nom on donnerait au pouvoir qui fait le sujet de cette thèse, fit presque oublier aux immortels auteurs de nos lois ces sages paroles de Montesquieu : « C'est une marque de beaucoup de sagesse dans un législateur, lorsqu'il accorde aux pères une grande autorité sur leurs enfants : rien ne soulage plus les magistrats, rien ne dégarnit plus les tribunaux, rien ne répand plus de tranquillité dans un Etat, où les mœurs font toujours de meilleurs citoyens que les lois (3). »

---

(1) Vesin, *Rapport au Tribunal.*
(2) Kœnigswarter, *Histoire de l'Organisation de la famille en France.*
(3) Montesquieu, *Lettres Persanes,* lettre 129.
« Comment veut-on que l'enfant qui ne respecte pas la puissance paternelle que la nature institue, respecte le pouvoir que fondent la politique et les lois ? C'est donc au père de famille qu'il faut rappeler

Le cadre restreint que comporte cette étude,
ne nous permet pas de faire l'histoire des effets
de la puissance paternelle relativement aux
biens des enfants ; nous nous bornerons donc à
étudier les droits accordés au père sur leur personne par les différentes législations.

Ce travail tout historique, au moins dans sa
plus grande partie, nous a forcé à intercaler dans
notre texte un grand nombre de citations ; mais
à défaut d'autre mérite, nous avons voulu faire
une étude « de bonne foy (1). » Aussi avons-nous
cru devoir laisser parler les auteurs eux-mêmes,
pour permettre, partant, de contrôler leurs asser-
tions dût-on trouver que nous avons seulement
et assez mal « lié, par notre industrie, ce fagot
de provisions (2). »

les mœurs qui font aimer l'autorité publique et privée, qui détachent
l'homme du culte exagéré de lui-même, pour le rendre aux sentiments
du devoir et d'une juste obéissance. »

(De la Littérature. ch. III. de Staël.)

(1) Montaigne, *Essais,* l'Auteur au Lecteur.
(2) Montaigne. *Essais.* liv. III, ch. XII.

LÉGISLATIONS ANCIENNES

I

DROIT ÉGYPTIEN

———

« L'Egypte (1) a toujours été regardée par les Anciens comme l'Ecole la plus renommée en matière de politique et de sagesse, et comme l'origine de la plupart des arts et des sciences. Ses plus nobles travaux et son plus bel art consistaient à former des hommes. La Grèce en était si persuadée, que ses plus grands hommes, un Homère, un Pythagore, un Platon, Lycurgue même et Solon, ces deux grands législateurs, et beaucoup d'autres qu'il est inutile de nommer, allèrent exprès en Egypte pour s'y perfectionner et pour y puiser en tout genre d'érudition, les plus rares connaissances. Dieu même lui a rendu un glorieux témoignage en louant Moïse « d'avoir été instruit dans toute la sagesse des Egyptiens (2). »

(1) La vieille chronologie conservée par G. le Syncelle donne à l'Égypte une existence de 36525 ans, arrêtée à la fin du règne du premier roi de la 30e dynastie, vers 365 av. J.-C.

Le règne du Soleil y est compté pour 30000 ans. Cela n'est pas de l'histoire. Mais Manéthon fait remonter à 5867 ans avant notre ère l'établissement de la 1re dynastie militaire en Égypte, dans la personne de Ménés ou plutôt Ména.

Ce fut ce Ména qui fonda Memphis : or, à cette époque, Thèbes, capitale de la primitive Égypte, était déjà une ville immense et superbe, ce qui donne à ce pays une préexistence considérable.

(2) Rollin, *Hist. ancienne*. T. 1, des Égyptiens. IIe partie.

Dès la plus haute antiquité, la législation Égyptienne avait consacré la puissance paternelle. « Comment aurait-on pu négliger les droits du père, s'écrie Diodore de Sicile, dans un pays où la reconnaissance était considérée comme la première des vertus, où la piété des vivants avait établi une sorte de culte pour les ancêtres? (1) » L'affection, l'idée de protection pour les faibles, voilà quelles sont les bases du pouvoir que les Égyptiens accordaient au père de famille : aussi nous pourrons constater qu'il fut toujours très doux, et qu'il n'exista jamais sur la terre des Pharaons, rien d'analogue à la « Patria potestas » romaine.

Nous diviserons notre étude en quatre parties, correspondant chacune à une période de l'Histoire de l'Egypte : 1° Dans les origines ; 2° Sous Sésostris ; 3° Sous Bocchoris ; 4° Sous les Lagides. Les trois premières périodes sont absolument claires et définies ; mais la quatrième est plus douteuse, plus incertaine. Ce fut celle pendant laquelle, par suite des idées grecques, les rois Lagides semblent avoir accru les droits du père ainsi qu'ils avaient accru ceux du mari.

(1) Diodore de Sicile, I, § 90.

CHAPITRE PREMIER

ORIGINES

Dans la première période de l'histoire de l'Egypte, dont nous pouvons nous faire une idée assez précise, par les monuments de l'ancien Empire, et particulièrement ceux de la XIIe Dynastie (Dynastie des Diospolites. 3406 av. J.-C.), nous trouvons en Egypte la famille patriarcale, telle qu'elle exista chez les Hébreux. L'autorité paternelle du chef de famille peut se comparer à celle d'Abraham, dans le récit de la Genèse. Tout était alors similaire dans la vie sociale des Semites et des Egyptiens.

A cette époque, chaque famille vivait isolée dans le domaine qu'elle s'était adjugé par voie d'occupation ; les patriarches, seuls juges et seuls législateurs, à la fois protecteurs et magistrats, eurent une autorité sans bornes sur tous ceux qui faisaient partie de leur famille. Leur puissance ne pouvait se heurter à aucune autre puissance sauf celle de leur Dieu. La liberté, la vie même de leurs enfants étaient entre leurs mains. Le sacrifice d'Abraham n'est que l'exercice d'un droit incontesté ; la nature seule veillait à ce que le père n'abusât point de cette terrible puissance.

Les enfants coupables entendaient sortir de la bouche de leurs pères, la condamnation qu'ils avaient méritée. Ainsi Thamar est envoyé à la mort par la seule autorité de Juda, usant de son droit de juge (1). L'arrêt était irrévocable, il n'y avait d'autre règle que la volonté du père. Abraham chasse Ismaël, le déshérite, le retranche de sa famille, du peuple choisi par son Dieu (2) ; Isaac porte lui-même le bois du sacrifice, et, sans se permettre une plainte, il obéit à son père, et se laisse lier sur l'autel (3).

Le père était le représentant de la Divinité ; il invoque les bénédictions du Tout Puissant ; il en promet les faveurs ; quelquefois aussi, il en prononce les malédictions. Il est presque oiseux de citer l'exemple de Jacob, béni par Isaac, au grand désespoir d'Esaü ; et maudissant Siméon et Levi, pour un meurtre, et Ruben pour avoir souillé la couche paternelle (4).

Cependant, même à cette époque, il est presque certain que le père Egyptien n'eut pas sur ses enfants ce droit de vie et de mort dont usait si facilement le Patriarche Hébreux. On a voulu soutenir l'opinion contraire : on s'est appuyé sur un argument d'analogie, tiré d'un passage du roman de Setna (5) :

(1) *Genèse*, xxxviii, vers. 11 et suiv.

(2) *Genèse*, xxi, vers. 10 et suiv.

(3) *Genèse*, xxii, vers. 9.

(4) *Genèse*, xxxiv, vers. 25-30 ; xxxv, vers. 22 ; xlix, vers. 3. 7.

(5) Le roman de Setna est un grand roman historique égyptien. Il se divise en deux parties : la première partie se passe sous un roi inconnu des premières dynasties, Mer-neb-ptah ; on ne peut fixer de date ; la seconde partie du roman se passe sous le règne de Sésostris ou Rhamsès II, le père de Thermuthis, qui sauva Moïse des eaux, l'adopta et le fit élever. C'est la plus considérable des deux.

La courtisane Tabubu, après s'être fait donner tous les biens de Setna, voulut s'en assurer la possession certaine et incontestée, et prévoyant que, si son amant venait à mourir, ses enfants pourraient venir lui réclamer à elle les biens de leur père, elle lui demande tout simplement de les supprimer (1), ce que celui-ci lui accorde, du reste, avec une facilité que ne peut, en aucune façon, excuser sa folle passion. Or l'histoire n'ajoute pas qu'il ait été le moins du monde inquiété : c'est donc que le père avait le droit de vie et de mort sur ses enfants.

Or, si à l'époque où l'on place les héros de ce roman, c'est-à-dire un peu avant Moïse, le père avait encore ce droit de vie et de mort, à plus forte raison, doit-on le lui attribuer, alors qu'il était considéré comme le seul seigneur et maître de la famille.

Mais ce récit ne prouver qu'une seule chose : c'est qu'à cette époque comme de tout temps, les crimes royaux restèrent souvent impunis. Setna était prince : son ordre rentre donc dans cette catégorie de faits que l'histoire seule peut punir, en les flétrissant.

Le droit de vie et de mort était si peu admis par les Egyptien que la loi punissait d'une manière terrible, le père meurtrier de son fils. Diodore de Sicile

---

Ce fut sous le règne de Meneptah, frère de Setna (Kamus), qu'eut lieu l'exode des Juifs.

La rédaction est beaucoup plus récente : elle date du temps des Lagides (iv° siècle av. J.-C.).

(1) Tabubu lui dit : « Est-ce que si tu veux faire ce que tu désires avec moi, tu ne feras pas tuer tes enfants, afin qu'ils n'entreprennent pas de disputer avec mes enfants sur ton bien ? » Setna dit : « Qu'on fasse l'abomination qui est entrée dans ton cœur. »

Elle fit tuer ses enfants devant lui. Elle les fit jeter par la fenètre devant les chiens et les rats. Ils mangèrent leur chair, et il les entendait pendant qu'il buvait avec Tabubu.

(Traduction de M. Eug. Révillout).

nous rapporte en effet que « le père qui tuait son enfant, était forcé de tenir embrassé, pendant trois jours, le corps de sa victime (1) ». Châtiment mille fois plus terrible que la mort elle même ! Les Juges Egyptiens appelés à juger Setna, eussent donc probablement fait une réponse analogue à celle que firent plus tard les juges royaux de Perse, consultés sur le point de savoir si Cambyse pouvait épouser sa sœur : « Nous connaissons bien une loi qui défend au frère d'épouser sa sœur, mais nous n'en connaissons pas une autre, qui défende au roi de Perse de faire ce qu'il veut » (2). On pourrait encore citer une autre légende dans laquelle un père paraît faire peu de cas de la vie de ses enfants :

Sésostris de retour de sa grande expédition (3) fut reçu à Daphné, près de Péluse, par son frère à qui il avait confié la régence de l'Egypte pendant son absence. Celui-ci aurait fait amonceler du bois autour de la maison où le roi, sa femme et ses enfants étaient descendus : Il y fit mettre le feu, espérant conserver le titre de roi après la mort de son frère. La femme de Sésostris lui conseilla de jeter deux de ses fils dans le brasier, et de s'échapper en passant sur l'espèce de pont que formaient leurs corps. Sésostris suivit ce conseil : deux de ses enfants périrent de cette manière, les autres furent sauvés avec leur père (4). Ce trait que l'historien nous rapporte, en ajoutant que Sésostris pensait

(1) Diodore de Sicile, lib. I, LXXVII, 7.
(2) Hérodote, *Euterpe*, CVII.
(3) Hérodote, *Thalie*, XXXI.
(3) L'expédition de Sésostris eut lieu vera l'an 1732 avant J.-C., d'après la chronologie de M. Duchâtelet. — Voir *Bibliothèque populaire*. 1832.

probablement que ce n'était pas payer trop cher son salut, par la mort de ses deux fils, ne dénote pas une bien grande somme d'amour paternel chez ce conquérant Egyptien : mais c'est là tout ce qu'il prouve, car il n'est pas douteux, qu'avec de pareils sentiments, Sésostris eut aussi bien sacrifié ses parents que ses enfants pour se tirer sain et sauf du piège qui lui avait été tendu. Mais ce sont de monstrueuses exceptions, on ne peut guère en douter d'après les récits de Diodore, récits qu'il confirme en parlant de l'obligation imposée aux pères de nourrir et d'élever avec soin tous leurs enfants (1).

(1) Diodore de Sicile, I, p. 22.

CHAPITRE II

Sous le règne de ce même Sésostris, eurent lieu deux faits qui marquèrent dans l'histoire de l'E-gypte: l'expulsion des pasteurs Sémitiques et l'or-ganisation définitive des castes. Le pouvoir royal, parvenu à l'apogée de la toute puissance, ne laissa subsister à côté de lui que deux castes nobles. L'in-dividu disparut dès lors derrière la race : et le père, représentant de cette race, reçut comme un reflet de la toute puissance royale. Ce fut l'époque de la Féodalité égyptienne.

« C'est à ces deux premières époques que re-montent la plupart des livres de maxime et de sagesse ; aussi ils sont fortement empreints de ces traditions de respect et d'obéissance filiale que nous retrouvons dans les stèles funéraires, les livres reli-gieux... etc » (1).

Bien que les Egyptiens fussent, alors déjà, bien loin de l'état patriarcal, et que chaque enfant marié eût une maison et des biens particuliers, le père était toujours le chef vénéré de la famille : « Ton

(1) Révillout, *Cours de Droit Égyptien*, p. 171, t. 1.

Dieu t'a donné d'avoir des enfants, dit le scribe Ani à son fils, ton père les connaît, si l'un d'eux a faim, il le nourrit dans sa maison » (1). L'obéissance filiale était la vertu le plus hautement recommandée : « aimer Dieu, c'est obéir ; ne pas obéir, c'est haïr Dieu », dit le Papyrus Prisse (2). Et non seulement cette docilité filiale faisait le bonheur de l'enfant, elle assurait aussi celui du père : « C'est un bienfait de Dieu que l'obéissance d'un fils. — Un fils obéissant à son père, c'est la joie. — Un bon fils est un don de Dieu » (3). Horus était le type du fils dévoué et Ramsès II eut l'honneur d'être comparé à ce Dieu, sous ce rapport : « Aucun fils, excepté toi-même, n'a jamais fait ce qu'Horus a fait pour son père (4). »

La législation, elle aussi, avait probablement consacré la puissance paternelle en lui donnant des limites fondées sur la nature et la raison, que l'avarice ou la tyrannie des rois osèrent seuls franchir. Dans le roman de Setna, nous avons vu un père n'hésitant pas à sacrifier la vie de ses enfants, à la demande d'une courtisane ; la légende nous a transmis le souvenir d'autres rois, avides et inhumains, qui n'hésitèrent pas à sacrifier jusqu'à la vertu de leur fille, pour remplir leurs caisses vidées par leurs prodigalités. Chéops, ruiné par la dépense des monuments qu'il avait fait construire, poussa, dit-on, l'infamie jusqu'à mettre à prix la beauté de la malheureuse qui lui devait le jour (5). Avant lui,

(1) *Maximes du scribe Ani*, XXV⁰ max.
(2) Chabas, *Biblioth. internat. univ.*, t. II, frag. du Papyrus Prisse.
(3) *Ibid.*, frag. du Papyrus Prisse.
(4) Mariette-Bey, *Abydos*, pp. 7-57.
(5) Hérodote, II, § 126. — Cet historien rapporte même que cette

Rhampsinite, s'il en faut en croire les récits d'Hérodote, qui, il est vrai, n'y croit pas beaucoup lui-même, commanda à sa fille de se prostituer dans les maisons publiques, pour découvrir un voleur, dont il récompensa ensuite l'habileté, en lui donnant comme épouse celle qui avait été sacrifiée pour le rechercher (1). Mais il ne faut pas ajouter une trop grande foi à toutes les histoires que raconte Hérodote : Il est probable que les prêtres auxquels il s'adressait pour se renseigner, ont plus d'une fois amplifié, sinon inventé, les faits qu'il nous donne naïvement comme authentiques.

Constatons simplement, sans nous étendre plus longuement pour le moment, car nous y reviendrons plus tard, que déjà, à l'époque du scribe Ani, les pères de famille avaient pris la coutume de céder, de leur vivant, tous leurs biens à leurs femmes et à leurs enfants. De sorte que le père n'était plus, pour ainsi dire que l'usufruitier de sa fortune, et qu'il devait obtenir le consentement de ses enfants lorsqu'il voulait aliéner un bien d'une façon définitive. Atteinte énorme portée à la puissance paternelle par les chefs de famille eux-mêmes, et dont la conséquence nécessaire fut à un certain moment le presque anéantissement complet de la puissance paternelle en Égypte.

---

fille, voulant elle aussi laisser un monument, pria tous ceux qui venaient la voir de lui apporter une pierre, et c'est avec ces pierres que fut construite la pyramide, que, de nos jours encore, les Arabes appellent *heram-elbent*, l'édifice antique de la fille.

(1) Hérodote, II, § 121.

CHAPITRE III

SOUS BOCCHORIS

Le règne du roi Bocchoris, (Bok en ranf) marque le premier pas dans la voie de la réaction, contre les traditions toutes religieuses et sacerdotales qui avaient jusque-là dominé tous les législateurs Egyptiens.

Le premier, il ordonna de procéder à la codification du droit contractuel, de le rendre accessible à tous en le rédigeant en entier. « Sans détruire les castes, dit M. Révillout, il les énerva, pour ainsi dire, en ne leur laissant que la propriété des terres, et, si je puis ainsi m'exprimer, que l'estime éminente des populations. Le but de la réforme fut celui de la loi de Solon (1) qui, les historiens grecs nous le

(1) Révillout, *Cours de Droit Égyptien*, 1re année, pp. 47 et suiv.

La puissance paternelle n'était guère plus forte en Grèce qu'en Égypte. Elle y avait pour principe et pour condition le culte domestique, du moins à Athènes ; or on sait que l'antique religion s'affaiblit très rapidement. A Spartes, l'enfant appartient à l'État, qui, dès l'âge de sept ans, l'enlève au père, pour le faire élever avec les autres enfants et l'habituer dès sa jeunesse au travail et à la fatigue.

De même la loi de Gortyne, à qui M. Dareste assigne une date qui correspondrait au VIe siècle avant notre ère, ce qui la rendrait contemporaine de Solon, ne reconnaît au père qu'un pouvoir de tutelle et de protection qui cesse à la majorité des enfants. D'après cette loi, la famille Grecque aurait formé une espèce de communauté. Nous trou-

rapportent, l'imita autant que possible : désormais c'est la volonté des hommes qui règle tous leurs rapports : le contrat fait la loi. »

Les Droits sacrés et inviolables de la famille furent de nouveau consacrés, mais cette révolution juridique, analogue à celle de notre Droit civil diminua singulièrement (ce n'est pas en quoi elle s'écarterait de celle-ci) l'autorité paternelle des vieilles traditions sacrées.

« Chacun pour soi » sembla être la nouvelle devise. Cette puissance absolue que le père tenait de la religion et de l'organisation même de la famille, disparut définitivement. Les droits de la femme s'accrurent ; l'enfant participa lui-même à cette libération. Les incapacités légales du sexe et de l'âge n'existèrent plus ; mais, jamais cependant le pouvoir du père ne fut complètement annihilé.

Pour étudier complètement la législation Egyptienne à partir de la réforme de Bocchoris, nous serons obligés de toucher quelque peu au régime des biens, mais nous abrégerons autant que possible cette digression, de manière à ne pas trop sortir de notre sujet.

Outre le droit au respect et à l'amour de ses enfants, le chef de famille conserva certaines prérogatives, à lui propres, et qui lui permirent de sauvegarder son influence auprès des siens.

verons la même chose en Droit Égyptien. Dans ce régime, les enfants sont co-propriétaires avec le père et la mère. Primitivement, le fils pouvait quitter la communauté et se retirer en emportant sa part, il pouvait dire à son père :

« Δος μοι τό ἐπιβάλλον μερος τῆς οὐσιας »

La loi de Gortyne supprima ce droit, mais on comprend néanmoins que, dans ces conditions, la puissance paternelle ne pouvait pas être bien grande (Dareste, *La loi de Gortyne*).

Les enfants ne pouvaient se marier sans le consentement de leur père. Cette ingérence du père dans le mariage de ses enfants résulte de beaucoup de textes. Nous pouvons en citer particulièrement trois qui ont été publiés par M. Eug. Révillout dans la *Revue Egyptologique*.

Dans le premier de ces actes, daté de l'an III de Philopator, il s'agit à la fois d'un mariage par établissement pour femme, avec communauté du tiers pour l'épouse dans tous les biens de son mari, et de la reconnaissance par ce dernier, d'enfants déjà nés. Il s'agit donc d'introduire de nouveaux membres dans la famille. Le père du mari intervient en ces termes : « Hor, fils de Paha, dont la mère est Tséchons, son père dit : Reçois cet écrit de la main du tisseur d'étoffes, de la fabrique d'Amon, Imouth fils de Hor, dont la mère est Taoukès, mon fils sus-nommé, pour qu'il soit fait selon toutes les paroles ci-dessus. Mon cœur en est satisfait, sans avoir à alléguer aucune pièce, aucune parole au monde avec toi ».

Dans le second acte, daté de l'an XI de Philometor, il s'agit d'une dot, en nature, assez importante, apportée par la femme. Cette dot devra lui être remboursée en argent, par le mari, en cas de divorce, ou ses héritiers, suivant une estimation spécifiée dans le contrat, sans qu'elle ait à faire par le serment, la preuve légale de son apport : « Tu n'auras pas à faire serment par la suite, dit le mari, au sujet de tes biens mobiliers de femme indiqués plus haut, sous prétexte que tu ne les as pas apportés à la maison avec toi. C'est toi qui prends puissance à cet égard à ma place. » Le père adhère dans des termes semblables à ceux de l'acte précédent.

Enfin, dans le troisième contrat daté de l'an XL d'Evergète II, il s'agit encore d'une dot, cette fois en argent, reconnue à la femme par le mari et dont la mère de celui-ci répond : « La femme Héribast, fille de l'Archentaphiaste Téos, dit : « Reçois l'écrit ci-dessus de la main de l'Archentaphiaste Petési, fils de Petimouth dont la mère est Héribast, mon fils aîné ci-dessus nommé. Qu'il agisse envers toi, comme il est écrit ci-dessus. Mon cœur en est satisfait. S'il n'agit envers toi selon toutes les paroles ci-dessus, comme il est écrit ci-dessus, moi-même je les accomplirai, de force, sans délai. »

« Il est vrai, dit M. Révillout, après avoir cité ces textes, que dans ces cas, l'adhésion du père ou de la mère pourrait peut-être s'expliquer en partie par la garantie hypothécaire, donnée à la femme, et frappant les biens patrimoniaux, sur lesquels le père ou la mère avait des droits soit de propriété, soit d'usufruit, soit d'hypothèque (1) ».

Mais d'autres textes nous prouvent la nécessité d'un véritable consentement des parents au mariage de leurs enfants ; on peut citer entre autres un contrat de mariage, après séduction, dans lequel cette autorité du père de la jeune fille est expressément reconnue. D'autre part, dans un livre de morale, écrit en démotique, mais certainement traduit d'un livre hiératique fort ancien, on lit cette maxime : « Ne fais prendre à ton fils, une femme, que selon son cœur à lui (2) ». Le mariage des enfants, au moins à l'époque primitive et patriarcale, pouvait

(1) Eug. Révillout, op. cit.
(2) Livre Sapiential. Voir *Revue Égyptologique*.

donc avoir lieu, parfois même sans leur consentement, et par suite de la seule autorité paternelle.

Le père de famille avait certainement dans l'ancienne Egypte, ce droit, qui est un des principaux
attributs de la puissance paternelle : le droit de correction. On lit dans le même livre Sapiential : « Ne
châtie pas tes enfants, jusqu'à user de violence, pour
qu'ils grandissent en âge et en force. — Ne maltraite pas ton fils avec violence. Prends sa main. —
Ne laisse pas ton fils se lier avec une femme qui a
un mari, etc. (1) » et ailleurs : « La discipline dans
la maison, c'est la vie ; use de la réprimande et tu
t'en trouveras bien (2). »

Le père resta, d'ailleurs, même après le Code de
Bocchoris, un véritable magistrat familial, pouvant
imposer des amendes dans certains cas à ses enfants,
s'ils désobéissaient à son autorité légitime. Il peut
sembler étonnant de voir un père user d'amendes
comme moyen de correction vis-à-vis de ses enfants.

Mais il ne faut pas perdre de vue qu'à ce moment
le fils pouvait être propriétaire, et d'ailleurs il faut se
reporter à l'époque où cela se passait : tous les actes
de la vie se résolvaient par des questions d'argent.

Les pères et les enfants avaient l'un vis-à-vis de
l'autre des devoirs mutuels et communs : ils se doivent l'un à l'autre, dans un état différent de la vie,
la nourriture et l'appui ; ce devoir n'est pas moins
impérieux pour le fils à l'égard de son père vieilli,
que pour le père dans les premiers moments de l'enfance de son fils : le pouvoir d'en dispenser n'est
même pas dans les attributions de la loi. Les Egyp-

(1) Livre Sapiential. *Revue Égyptologique.*
(2) *Maximes du scribe Ani.* XIXe max.

3

tiens avaient néanmoins adopté une distinction contraire à la nature et à leurs mœurs : « Si les enfants mâles ne veulent pas nourrir leurs pères et mères, dit Hérodote, on ne les y force pas ; mais si les filles refusent, on les y contraint. » « Τρέφειν τοὺς τοκέας πᾶσι μεν παισὶ οὐδεμίη ἀνάγκη, μὴ Βουλομένοι ι (1). » Ainsi, un fils pouvait refuser de fournir des aliments à ses parents âgés ou infirmes : la loi le lui permettait. On a cherché à altérer le sens de cette loi, parce qu'on ne pouvait en nier l'existence : « Il ne s'agissait pas du tout, a-t-on dit, de l'obligation de nourrir les parents, mais du devoir de les soigner ; et il est naturel que le législateur ait choisi des filles, puisque les fils pouvaient être absents pendant plusieurs mois dans les familles sacerdotales et guerrières (2). » L'expression d'Hérodote ne laisse aucun doute : on pourrait seulement douter de la véracité de l'historien. « Nous trouvons dans les sculptures de Thèbes, des allusions bien claires, au respect et aux égards que les Egyptiens pouvaient exiger de leurs fils ; on peut en conclure qu'en Egypte, les devoirs du fils envers le père étaient beaucoup plus sérieux que dans aucune autre nation civilisée des temps modernes : et cela, non-seulement parmi le peuple, mais dans les classes les plus élevées de la société. Si l'office de porte-éventail était honorable, et si les fils du monarque étaient préférés pour le remplir, on leur demandait d'un autre côté une certaine dose d'humilité : ils mar-

---

(1) Hérodote, liv. II. § 35.
(2) De Paw, *Recherches philosophiques sur les Égyptiens*, sect. IX, t. II, p. 259. Voir aussi Larcher, note 107 du IIᵉ livre de sa *Traduction d'Hérodote*.

chaient à pieds devant son chariot en portant certains insignes durant les processions triomphales
qui avaient lieu en commémoration de leurs victoires, et les cérémonies religieuses qu'ils prési-
daient (1). »

Nous verrons plus tard que d'après les coutumes
admises également dans les premiers temps de
l'histoire de l'Europe, le fils devait montrer une
grande déférence à son père ; les nations euro-
péennes n'y restèrent pas longtémps fidèles :
mais le respect pour les anciens usages prévalut
toujours chez les peuples que ne domine pas l'amour
du changement, et l'on peut observer, selon la
remarque de l'écrivain anglais que nous venons de
citer un peu plus haut, que, même chez les Egyptiens de nos jours, il est irrespectueux pour un fils
de s'asseoir devant son père sans sa permission :
encore moins oserait-il fumer devant lui (2) !

Remarquons qu'en Egypte la puissance paternelle s'appliquait également aux enfants nés hors
mariage et aux enfants nés d'un mariage régulier ;
aucune distinction n'était faite entre les enfants de
l'épouse et les enfants d'une autre femme, et tous
avaient les mêmes droits de succession. Diodore de
Sicile nous le dit en termes exprès : Il n'y avait pas
de bâtards en Egypte ; tous les enfants étaient
réputés légitimes « νόθον δ'ουδενα τῶν γεννηθεντῶν
νομίζουσιν, οὐδ'αν εξ αργυρῶνητου μήτρος γεννήθη » (3).
Nulle idée de discrédit ne s'attachait à une nais-

(1) Wilkinson, *Old manners of Egyptian.*
(2) Wilkinson, op. cit. — Un Arabe du désert ne voudrait ni s'asseoir
ni causer, même en présence de son beau-père. sans en avoir été prié.
(3) Diodore de Sicile, liv. I, LXXVII, 7.

sance illégitime. Aussi, ne trouve-t-on en Egypte,
en dehors des enfants nés en légitime mariage et
qui pouvaient, en vertu de la présomption *pater is
est*, venir de plein droit à la succession de leur
père, que des enfants dont le père est inconnu ; ce
sont ceux que désigne le mot grec « απατωρες, » et
que les textes démotiques correspondants dési-
gnaient par une expression énergique (1) mais
intraduisible en français. Mais jamais on ne trouve,
dans les listes d'individus ou autres documents de
ce genre, le mot « νόθος » qui signifiait bâtard en
grec, employé pour désigner un Egyptien, né hors
mariage. Les plus anciens textes hiéroglyphiques
indiquent toujours, du reste, le nom de la mère, en
premier lieu, et parfois même uniquement, dans les
généalogies à propos d'enfants légitimes. En somme
on se servait indifféremment des termes : Fils d'un
tel, ou engendré par une telle, pour désigner l'état-
civil d'un individu. Nous trouvons de nombreuses
stèles portant d'un côté : fils d'un tel, et de l'autre
côté : engendré par une telle, mais c'est une super-
fluité.

On conçoit qu'avec un tel système, la mère a des
droits très étendus. C'est pour ainsi dire elle qui
possédera le plus souvent la puissance paternelle
car la paternité n'est jamais certaine. La conception,
chose cachée et impossible à déterminer avec précision, cède le pas à la naissance, fait patent et dont
la preuve est toujours facile. L'individu ne sera donc
très souvent que l'enfant de sa mère.

Mais devons-nous admettre cette idée qui a été

(1) Seka, c'est-à-dire : *filii concubitus, seu filii phalli.*

avancée et soutenue par des auteurs de talent, que les Egyptiens avaient conservé avec religion cette idée que c'est toujours la maternité qui domine, que c'est elle qu'on doit avant tout considérer et que c'est de là que venait la prédominance de la femme ou plutôt de la mère dans la société ? Malgré l'autorité des auteurs qui ont écrit sur cette théorie, qu'on a appelé « la Théorie du droit de la Mère », nous n'hésiterons pas à déclarer qu'elle est au moins hasardée.

Mais alors d'où vient ce droit exorbitant de la femme égyptienne, qui a dans la famille une puissance égale à celle de son mari ? Pourquoi ne la trouvons-nous pas soumise à une puissance chargée au moins de la surveiller « *propter imbecillitatem sexus* », comme disaient les Romains ? Tous les documents dont nous pouvons disposer, contredisent cette idée de l'égalité de l'Égyptienne avec son mari, seulement en tant que mère. En Egypte la puissance de la femme ne repose pas sur l'idée de maternité, elle repose tout entière sur l'idée de sexe. Ces deux idées semblent bien connexes, il ne faut cependant pas les confondre ; elles sont très distinctes et presque exclusives l'une de l'autre. La mère pourrait avoir sur ses enfants une puissance très étendue et cependant être elle-même soumise à un tuteur ou à son mari. De plus l'idée de puissance de la mère n'implique pas l'idée d'égalité civile. La mère pourrait par la naissance de un ou de plusieurs enfants, conquérir des droits nouveaux, comme en Droit Romain, et n'avoir aucun droit comme femme. Prétendre qu'il y a un droit de la mère, c'est soutenir que la femme n'en a pas en sa seule qualité de femme, tant qu'elle n'est pas mère. Or, ce n'est pas ce qui se passe en Egypte. Depuis les époques les plus reculées jusqu'au prostagma de Philopator, nous voyons la femme avoir des droits, en tant que femme, durant toute sa vie, et quelles que puissent être, d'ailleurs, les modifications apportées à son état par le mariage ou la maternité ; au contraire, on pourrait presque dire que la femme, en Egypte, voit diminuer ses droits par la naissance d'un enfant, puisque sa fille ou son fils aîné deviendra le neb, le κυριος de tous ses biens à un moment donné.

Tout enfant, lors de sa naissance, était immédiatement inscrit sur les registres *de la double maison de vie :* c'étaient les registres de l'Etat Civil. Ces registres, déposés dans les Temples étaient tenus par les Hiérogrammates, prêtres ou scribes sacrés, chargés spécialement de l'état des personnes. C'est qu'en Egypte plus que partout ailleurs, plus qu'à Rome où la qualité si précieuse de citoyen romain s'acquiert cependant par la naissance, plus même que dans nos sociétés modernes, l'Etat Civil était important. Il était, en effet, impossible de plaider devant aucune juridiction, sans rapporter auparavant, la preuve de sa naissance, autrement dit, pour parler notre langage, sans produire un extrait des registres de l'Etat-Civil. Cela nous apparaît d'une manière évidente, dans le papyrus premier de Turin : Il nous apprend que tout plaideur qui ne pouvait, avant de commencer l'instance, faire la preuve de sa naissance, était invariablement repoussé par le Tribunal, quel qu'évident que pût paraître son droit, le grand juge ne pouvant

— 43 —

poser la statue de la vérité que sur la tête d'un individu dont la filiation n'était pas douteuse (1).

Il en était de même du reste, chez les Patriarches hébreux. Les enfants de Jacob, nés des esclaves de ses deux femmes, sont là pour le prouver. Cela n'empêchait pas la puissance du père d'exister sur les enfants de l'esclave pendant leur bas âge, puissance en vertu de laquelle, dans le récit de la Genèse, Abraham chasse Ismaël encore enfant, avec sa mère l'esclave Agar. Le motif de cette rigueur est indubitablement celui-ci : Abraham sait bien que cet Ismaël pourrait revendiquer, comme enfant né de ses œuvres, sa part d'hérédité à Isaac : Sara en amenant Agar à son époux, n'avait-elle pas eu elle-même l'idée de corriger son infécondité et de lui donner un héritier, un fils ?

La question de savoir si les Egyptiens eurent recours à la fiction de l'adoption, comme plus tard les Grecs et les Romains, était restée longtemps sans solution. « La loi Egyptienne, a dit M. Révillout, qui n'admettait pas de bâtards, et voyait dans tous les enfants des fils légitimes, ne pouvait pas admettre une parenté de convention reposant seulement sur le caprice (2). » Et d'ailleurs quel besoin

(1) Les registres de l'État Civil en Égypte n'étaient pas seulement utiles sous le rapport de la preuve de la filiation. Il est même probable que ce n'est pas à ce point de vue qu'ils furent créés. A en croire Hérodote, ils avaient pour but de rattacher les individus de chaque nome au sanctuaire du lieu, et de les astreindre ainsi aux charges communes, à la culture, à la corvée, à l'impôt. Ce qui contribuerait à le prouver, c'est que primitivement l'individu appartient à son nome, et qu'après sa mort, il doit y être renvoyé, en quelque lieu qu'il soit décédé. Les hiérogrammates qui ont été chargés d'enregistrer la naissance sont aussi appelés à constater la mort, car ce sont eux seuls qui peuvent inscrire les titres du défunt sur les stèles funéraires.

(2) Cours de Droit Égyptien, I⁰ʳ vol.

se serait fait sentir d'une pareille institution, étant donnée l'excessive fécondité des femmes Egyptiennes (1)? Cependant postérieurement, le savant maître, s'appuyant sur un papyrus daté de l'an 32 du règne d'Amasis, (voir aux pièces justificatives, n° 1), récemment découvert en Egypte, puis traduit et commenté par lui tant dans la *Revue Egyptologique* que dans la *Revue Archéologique,* a fort bien démontré que les Egyptiens avaient eu eux aussi recours à ce dernier moyen, pour assurer la transmission de leur nom et de leurs biens. C'était du reste l'opinion de Joséphe, qui, racontant comment Thermuthis avait sauvé des eaux le futur législateur des hébreux, ajoute qu'elle le porta au roi son père, et lui dit : « Vous n'avez point d'enfant mâle ; j'ai résolu d'adopter Moïse ; je vous l'offre comme successeur (2). » Cette adoption se faisait généralement sous forme de testament. Elle avait pour but, non pas de donner à l'adoptant les jouissances d'une parenté fictive, mais de détourner les biens de leur véritable destination. « Les sujets des Pharaons, dit M. Paturet, ne connaissent pas le testament. Tous les membres de la famille ont une sorte de co-propriété sur les biens patrimoniaux, qui ne peuvent être transmis à un étranger. Cependant, quand on veut déshériter ses parents, on prend un moyen détourné : on fait, par une espèce d'adoption, entrer dans la famille, l'étranger que l'on veut avantager. C'était donc une sorte de testament. Il en était du reste ainsi dans l'Inde et même en

(1) Les anciens attribuaient à la femme Égyptienne une excessive fécondité (Aulu Gelle, liv. X, ch. 11). — Strabon affirme, d'après l'autorité de Columelle, qu'elles n'avaient habituellement que des jumeaux.
(2) Josephe, *Antiquités Judaïques,* II, ch. ix, § 6.

Grèce : La loi de Gortyne, dont M. R. Dareste vient de donner une traduction nouvelle, nous montre l'adoption n'étant autre chose qu'un testament (1). » Cette adoption était-elle rompue par la survenance d'un enfant à l'adoptant ? L'affirmative soutenue par M. Paturet nous semble s'appuyer sur des motifs assez faibles. — En Grèce, où l'adoption était le plus souvent testamentaire, tout semble prouver qu'elle n'était nullement rompue par la survenance d'enfants ; à Rome même, l'adopté restait dans la famille de son père adoptif, qui continuait à avoir tout pouvoir sur lui, mais sans plus être obligé pour cela d'en faire son héritier. Comment donc admettre cette opinion en Egypte où la polygamie était admise, où tous les enfants étaient légitimes? Pourquoi donc la survenance d'enfants romprait-elle l'adoption dans de telles conditions, alors qu'elle ne la rompt pas en France, malgré l'interdiction formelle de toute adoption, dans le cas d'enfants préexistants. Le système contraire a d'ailleurs pour lui l'autorité de M. Révillout (2).

Deux choses sont particulièrement à remarquer dans l'acte d'adoption, dont nous donnons la traduction plus loin (3). C'est d'abord qu'on n'y indique pas la mère de Haret', le nouveau fils adoptif, mais seulement son père naturel T'éti ; c'est qu'ensuite, après son adoption, comme avant, dans tous les actes très nombreux où il est question de lui, il est toujours indiqué comme le fils de T'éti, sans aucune mention de son père adoptif Pétésé. Pourquoi cette

(1) Paturet, *Condition juridique de la femme dans l'ancienne Égypte*.
(2) Révillout. *Lettre à M. Paturet*.
(3) Voir *Pièces justificatives*, n° I.

double anomalie ? Le nom de la mère était ordinairement exigé, comme celui du père, dans tous les contrats et en justice : le papyrus Ier de Turin est là pour le prouver, nous l'avons déjà vu. On ne peut s'empêcher de rapprocher cette exception d'une règle générale, de cette coutume légale en vigueur à Athènes, et d'après laquelle il suffisait que le père déclarât à la phatrie, qu'un tel était son fils, et né d'une Athénienne, sans spécifier laquelle : l'enfant était alors légitimement inscrit comme citoyen, mais il était « sans mère », comme notre Egyptien. Souvent cette manière de procéder était usitée dans les adoptions. — Quant à l'absence du nom du père adoptif, dans les actes postérieurs à l'adoption, elle prouve une fois de plus que en dépit des formules consacrées d'après lesquelles l'adopté se vendait à l'adoptant, il ne devenait, comme en droit Athénien, la chose de son père adoptif qu'en apparence seulement (1).

Les droits de la mère dans la famille, au point de vue de l'exercice de la puissance paternelle, si l'on peut ainsi s'exprimer, n'étaient en rien inférieurs à ceux du père ; en Egypte comme en Assyrie, la Nebtpa, ou maîtresse de maison, était dans le ménage, au moins avant le Prostagma de Philopator, sur un pied d'égalité absolu avec son mari. Aussi la voyons-nous posséder des esclaves, par exemple dans le contrat inédit du British Museum ; posséder des immeubles, et cela, quelle que soit sa

(1) A Gortyne, l'adoption se faisait par une déclaration de l'adoptant, non pas à la phatrie, mais dans l'assemblée des citoyens, du haut de la pierre où l'on montait pour parler au peuple. L'adoptant donnait cependant, comme à Athènes, à sa phatrie, des repas et une distribution de vin.

situation dans la famille. On peut citer entre autres
exemples une mère qui est désignée à côté de l'Egyptien Armaïs, parmi les voisins d'un terrain vendu :
elle y est indiquée simplement sous le titre de mère
d'un personnage dont le nom est malheureusement
effacé (1), sans aucune mention de son mari.

La malédiction de la mère était tout aussi redou-
table que celle du père. M. Victor Révillout vient de
traduire des actes de Warka, une des deux villes
de Chaldée qui portaient le nom de « Ur », actes
datés des rois prédécesseurs d'Hammourabi, d'Hammourabi lui-même et de ses premiers successeurs,
et auxquels on s'accorde à attribuer une antiquité
d'au moins deux mille ans avant Jésus-Christ. L'un
de ces actes, qui porte le numéro 27 dans la collection, contient des malédictions prononcées par
une mère, contre un fils ingrat qu'elle désavoue :
« Pour les jours à venir, sentence : Haniirba a dit
de la femme Suatum, sa mère : Ce ne m'est pas une
mère ! de terrain, jardin, construction quels qu'ils
soient, il sera exclu. — Pour les jours à venir, sentence : la femme Suatum a dit d'Haniirba, son fils :
Ce n'est plus mon fils ! de terrain, jardin, construction quels qu'ils soient, il sera exclu. Cela ne peut
être changé. Les noms du dieu Uruki (dieu de la
ville), du dieu Samas (dieu Soleil) et du roi Rimsin,
sont invoqués (2). »

On le voit, dit M. Eug. Révillout (3), cet acte
renferme deux paragraphes principaux qui se

---

(1) *British Museum*, IIIe vol., pl. xlviii, n° 6.
(2) Collection de Warka. Dans l'appendice du *Cours sur les obligations en Droit Égyptien*, comparé avec les autres droits de l'antiquité,
et *Revue Égyptologique*, t. iv, fasc. 3-4.
(3) Eug. Révillout, *Lettre à M. Paturet*.

répondent pour aboutir à une conclusion identique. Dans le premier, la mère motive son arrêt par l'ingratitude du fils qui ne la traite pas comme sa mère ; dans le second, elle parle comme un magistrat familial, qui, même sans donner ses motifs, peut rejeter le fils indigne.

Nous verrons bientôt, à propos des biens, la mère prenant une part très active à la vie civile et aux affaires.

Nous avons dit plus haut que, sur la terre des Pharaons, il n'y avait ni bâtards, ni enfants légitimes, mais une seule condition juridique, la même pour tous. Les contrats démotiques nous fournissent cependant une foule de reconnaissances faites par le père, d'enfants nés en dehors du mariage. Dans un contrat de mariage du Vatican (1), commenté par M. Eug. Révillout, la formule : « *Mon fils aîné, ton fils aîné, est le maître de tous les biens que je possède et de ceux que j'acquérerai* », par laquelle le mari se désinvestissait, pour le cas de divorce, de toute sa fortune en faveur de l'enfant, né le premier après le mariage, est remplacée par celle-ci : « *Mon fils aîné, ton fils aîné parmi les enfants que tu as engendrés antérieurement, et les enfants que tu m'engendreras, seront les maîtres de tous mes biens présents et à venir.* » Le mari spécifiait ainsi qu'il avait eu, antérieurement au mariage, un fils de la femme qu'il épousait, et qu'il entendait donner à cet enfant une légitimité semblable à celle des enfants qu'il pourrait avoir dans la suite.

(1) *Revue Égyptologique*, 1re année, nos 2 et 3. Voir aux *Pièces justificatives*, no 2.

Cette reconnaissance donnait aux enfants une filiation incontestable, et les mettait sous la puissance du père au lieu de les laisser à la seule direction de la mère. L'enfant ainsi reconnu, aura tous les droits d'un enfant né en légitime mariage, il entrera dans la famille de son auteur, sera soumis à son pouvoir, héritera de lui et de tous ses parents, aura, en quelque sorte, la position des enfants que nous appelons légitimes.

C'est l'hypothèse prévue par l'article 331 de notre code : « Les enfants nés hors mariages, autres que ceux nés d'un commerce incestueux et adultérin, pourront être légitimés par le mariage subséquent de leurs père et mère, lorsque ceux-ci les auront également reconnus avant le mariage ou *qu'ils les reconnaîtront dans l'acte même de célébration.* »

Nous venons de voir dans le contrat de mariage cité ci-dessus, une clause bizarre, faite par le père, en prévision du divorce, en faveur de son fils aîné. Il nous faut, pour la faire comprendre, entrer dans quelques explications sur le régime des biens, dans le droit Egyptien.

La famille Egyptienne formait une espèce d'association, propriétaire de tous les biens patrimoniaux, et cette idée de copropriété familiale était tellement absolue, du moins dans une certaine période, qui va probablement jusqu'à Darius Ier, que, non seulement, le représentant de la famille, le chef, ne pouvait, si ce n'est au moyen d'une adoption (voir sup.), enlever ses biens à la famille par une aliénation naturelle à titre gratuit, mais encore qu'il n'avait aucun moyen de les faire sortir de son patrimoine même à titre onéreux, tout au moins lorsque ce sont des immeubles, faisant partie de la copropriété. En effet, jusque-là nous ne trouvons aucune vente d'immeubles, c'est-à-dire de terres, suivant la division des biens existant alors. Parmi les nombreux documents que l'on possède, remontant à cette époque, on retrouve tous les autres contrats, locations, partages... etc., mais pas une seule vente. Et cela ne doit pas être un cas fortuit, puisque, à partir de Darius I\ :sup:`er`, les contrats de vente se retrouvent aussi souvent que les autres actes juridiques.

Le chef de famille n'était donc pas, plus que les autres membres de la famille, propriétaire de ses biens. Pour représenter la communauté, pour défendre ses intérêts, pour plaider en son nom..., il y avait un homme, c'était le père ou le frère aîné : mais ce mandataire agissait au nom de tous, absolument comme le faisait un de ces associés Babyloniens, qui, d'après des actes de partage parvenus jusqu'à nous, recevaient aussi bien au nom de leurs coassociés qu'en leur nom propre. Le père est bien l'administrateur de l'avoir familial : mais cet avoir est là pour ses enfants (1). S'il les veut frustrer sans leur consentement, ses actes pourront être attaqués par eux. Il en est de même s'il agit avec le concours d'une adhésion, qui n'est pas pleinement libre ou éclairée. Dans le cas où le père vend des biens appartenant en propre à un de ses enfants, c'est l'enfant qui est seul partie dans l'acte ; aussi pourra-

(1) Tout ce que nous disons des fils, peut également s'appliquer aux filles, la femme étant juridiquement l'égale de l'homme en Égypte. (Voir Révillout, *Cours de Droit Égyptien*. I\ :sup:`er` vol. et Paturet, op. cit.).

t-il, être admis plus tard à réclamer contre cet
acte et à se faire restituer en cas de lésion! On
possède à ce sujet bon nombre d'actes contenant
des adhésions faites par les enfants à des aliénations consenties par leurs parents : on peut citer
un papyrus de Wilkinson de l'an II de Philopator,
dans lequel deux enfants de Tanofré adhèrent à
une cession faite par leur mère ; le papyrus 374
de Leyde dans lequel deux enfants d'Hor Ut'a
consentent à une vente faite par leur père ; l'acte
dans lequel Patma, veuf et ayant une fille, cède
fictivement toute sa fortune à la jeune femme avec
laquelle il veut se remarier et qu'il veut avantager,
et au bas duquel Ati, sa fille, donne son adhésion
en ces termes à la prétendue vente : « Ati, fille
de Patma, ayant pour mère Tsemin, dit : Reçois cet
écrit de la main du Pastophore d'Amon Api de
l'occident de Thèbes, Patma, fils de Pechelchons,
ayant pour mère Neschons, mon père sus-nommé,
pour qu'il soit fait selon toutes les paroles ci-dessus.
Je t'ai donné cession de toutes choses, tous biens
énumérés ci-dessus, au sujet desquels il t'a fait
écrire : Mon cœur en est satisfait, etc... (1). » On
peut encore citer un passage analogue du roman de
Setna, celui où Tabubu commence par se faire
céder les biens de son royal amant, avant de lui
demander la vie de ses enfants. Les malheureux
qui doivent payer de leur sang les amours de leur
père, sont obligés d'adhérer à l'acte de cession par
lequel on les dépouille de tous leurs biens. Voici ce
passage : « On annonça à Setna : Tes enfants sont

(1) *Chrestomathie Démotique* de M. Eug. Révillout, p. 255.

en bas. Il dit : Qu'on les fasse monter. — Tabubu
se revêtit alors d'une étoffe de byssus. Setna vit
tous ses membres à travers le vêtement. Sa passion
alla s'agrandissant bien plus encore qu'auparavant.
— Setna dit à Tabubu : « Que j'accomplisse ce
pourquoi je suis venu ici. » Elle lui dit : « Nous y
arriverons, ta maison est celle où tu es. Moi je suis
sainte. Je ne suis pas une personne du commun.
Est-ce que si tu veux faire ce que tu désires avec
moi, tu ne feras pas écrire tes enfants sur mon écrit
(sur la donation ou la cession), afin qu'ils n'entreprennent pas de disputer avec mes enfants sur tes
biens ? » — Il fit amener ses enfants. Il les fit écrire
sur l'acte (1). »

Les enfants de Setna qui adhéraient ainsi à l'acte
qui les dépouillait complètement, étaient en bas-
âge. Ils pouvaient néanmoins signer une renonciation valable. C'est le père, il est vrai, qui a
rédigé l'acte. Mais une approbation de ce genre
ne suffirait pas dans notre droit actuel pour valider
une pareille renonciation faite au détriment du
pupille, au profit du tuteur.

Bien plus, dans une multitude d'actes, nous
voyons des enfants, sans doute majeurs, vendre,
acheter, et faire toutes les transactions possibles du
vivant du *pater familias* et sans que celui-ci
intervienne en rien. Ils devenaient donc, à un
certain moment, maîtres complets de leurs actions.
Le moment de la pleine majorité paraît être environ
celui de la puberté, c'est-à-dire entre treize et
quatorze ans. Les textes relatifs au roi Epiphane

---

(1) *Chrestomathie Démotique* de M. Eug. Révillout.

et les inscriptions de Pseptah et d'Imouth, nous montrent que les souverains prenaient alors la direction des affaires (laissée jusque-là aux tuteurs royaux), que les grands prêtres étaient alors intronisés, et pouvaient procéder au couronnement des souverains. C'était vers le même âge que les filles étaient circoncises et mariées.

Mais il ne faut pas croire que c'est seulement à partir de cet âge, comme en Grèce et à Rome, que l'enfant devenu, pour ainsi dire, homme, a tous les droits et peut seul faire tous les actes de la vie juridique. L'enfant fait seul tous les actes juridiques dès qu'il peut en comprendre le sens et la portée. Avant cette époque, on les lui fait faire, mais ils ne sont pas définitifs. Ils ne sont que provisionnels, comme nous dirions aujourd'hui, et devront être recommencés plus tard, si l'enfant dont les droits auraient été lésés vient à réclamer. Tel est le cas pour la petite Chachpéri (1) : Cette enfant de onze ans achète de Néchutés et en son nom personnel, une maison en l'an L d'Evergète II, maison que son père revend, quatre ans plus tard, à sa propre sœur, tante de Chachpéri.

Nous voyons donc que les enfants gardaient leurs droits spéciaux et une très large part d'indépendance en Egypte ; nous allons même en trouver, jouant un grand rôle dans la famille. En vertu de l'idée de copropriété familiale, dont nous parlions ci-dessus, le fils aîné pouvait être le représentant de ses frères et sœurs, à l'encontre de tous, à l'encontre même du père qui aurait pu gaspiller

(1) *Procès d'Hermias*, par M. Eug. Révillout. Voir aux *Pièces justificatives*. n° 3.

la fortune. Il était le neb, le κυριος des biens. Quand nous disons le fils aîné, il faut entendre aussi la fille aînée, qui au moins jusqu'au temps des lagides, pouvait être κυρια.

D'habitude, le père faisait de son vivant, souvent même en se mariant, le partage de ses biens (en ne se réservant que l'usufruit) entre sa femme et ses enfants. De là la mention constante, dans les contrats de mariage, « du fils aîné qui doit être le maître des biens présents et à venir » du père. Le fils aîné devient alors le maître, administrateur des biens ; il a les mêmes pouvoirs que le père. Quand celui-ci n'a pas fait le partage de ses biens, c'est le κυριος qui le fait. C'est lui qui « donne telle chose » ; les frères et sœurs lui répondent : « nous te cédons, nous t'abandonnons telle part ». C'est à lui que les frères s'adressent pour renoncer à leur part d'héritage paternel. C'est lui qui intente les procès, qui répond à toutes les contestations, en un mot il agit comme un véritable administrateur, et cela du vivant du père. Il remplissait donc une sorte de magistrature familiale. Les enfants sont en même temps, bien qu'à des points de vue différents, sous la direction du père et sous celle du frère aîné ; celui-ci n'a aucune autorité sur leurs personnes (celle-là seule reste au père), mais il l'a en quelque sorte sur leurs biens, sans pouvoir toutefois en bénéficier lui-même. Il représente, par une espèce de mandat légal, les biens de la famille envers et contre tous, même contre le père.

Cette situation du fils aîné κυριος, et participant avec le père à la direction de la famille, est absolument particulière à l'Egypte. Elle ne s'explique

guère que par la succession de deux couches juridiques. Dans les deux premières périodes de l'histoire de l'Egypte, et surtout dans la seconde qui
rappelle l'époque de notre féodalité, le fils aîné,
dans les familles nobles, avait sans doute des privilèges spéciaux, attachés à sa qualité d'aîné. Dans
le peuple au contraire, les enfants partageaient les
biens de la famille par parts égales. A la révolution
de Bocchoris, le droit d'aînesse a probablement
presque complètement disparu, mais pour ne pas
détruire d'un seul coup une institution comme celle-
là, on laissa au fils aîné une sorte de magistrature
familiale.

Comme on le voit, la puissance paternelle était
bien faible, chez les Egyptiens, du moins dans la
dernière période.

De même en Chaldée, dès l'époque si reculée à
laquelle remontent les actes de Warka, les fils intervenaient souvent, à l'Egyptienne, dans les actes de
leurs pères, pour adhérer en même temps qu'eux, à
la cession des biens, qui, sans cela, leur seraient
revenus un jour en héritage. De même aussi on y
retrouvait cette idée de la co-propriété familiale,
sans laquelle on ne peut comprendre en Egypte la
position, les droits et les devoirs du fils aîné κυριος,
bien que rien n'y démontre l'existence des droits de
ce κυριος. L'esprit d'association, qui est pour ainsi
dire la caractéristique des anciens habitants de la
ville d'Ur et de tout le pays d'Accad, leur faisait
concevoir la famille sous un aspect tout différent
de la famille du Quirite Romain. Souvent le bien
patrimonial restait indivis après la mort du père.
Les fils, associés dans tous leurs biens, adminis-

traient ensemble, faisaient produire l'héritage paternel, et après de nouvelles acquisitions, comme les
bons serviteurs de l'Evangile, ils pouvaient dire
avec fierté, ainsi que Sininana et son frère l'ont
inscrit au bas d'un de nos actes de Warka : « le domaine du père, ils l'ont grossi (1). »

(1) Les actes de Warka, que nous avons déjà eu occasion de citer
plusieurs fois, ont été traduits et publiés dans l'appendice du cours
sur les Obligations en Droit Egyptien, par M. Victor Révillout, le
frère de notre savant professeur du Louvre, assyriologue aussi distingué
que médecin et juriste éminent.

CHAPITRE IV

SOUS LES LAGIDES

Nous avons dit qu'il était permis de supposer que sous la domination des Lagides, par suite des idées grecques, les droits du père avaient dû comme ceux du mari, être accrus dans une proportion assez considérable.

En droit Egyptien pur, nous l'avons déjà dit : la femme avait une situation exceptionnelle. Elle était, juridiquement parlant, l'égale de l'homme. Peu à peu même, le mari avait accepté un rôle tellement passif, que les grecs le représentaient ironiquement (1), comme assis au coin du foyer, tandis que la femme traitait les affaires du ménage.

Le roi Ptolémée Philopator, qui d'après les historiens grecs (2), fut peut-être le moins recommandable au point de vue des mœurs, se trouva « scandalisé de voir ses sujets égyptiens, soumis depuis si longtemps au pouvoir des femmes. » Il voulut donc étendre à tout son empire la règle grecque du κύριος, mettant les femmes en quasi-

(1) Sophocle, *Œdipe à Colonne*, vers. 337 à 343.
(2) Hérodote, liv. II, § 35. — Polybe, xiv, xi, 5.

tutelle, et il rendit, dès les premières années de son règne, une ordonnance, un προσταγμα, portant que l'autorisation du mari deviendrait désormais nécessaire dans toutes les aliénations faites par la femme.

C'était, par un petit arrêté de détail, toute une révolution dans le droit Égyptien. L'autorité maritale était fondée et l'omnipotence des femmes avait disparu. Aussi du jour du prostagma, la physionomie des actes change-t-elle complètement. Jusque-là, il arrivait le plus souvent que les maris cédaient à leurs femmes la totalité de leurs biens ; et c'étaient les femmes qui les distribuaient aux enfants, du vivant même de leur père, réduit à être alors, selon l'expression des textes, « pour ses fils, » c'est-à-dire à être, pour ainsi dire, le mandataire de ses fils, véritables propriétaires. Désormais, ce fut le mari qui distribue aux enfants les biens de toute la famille, même ceux de sa femme.

Cette réforme, qui augmentait si considérablement la puissance maritale, dut, par là même, augmenter aussi la puissance paternelle. Le père, jouant un rôle plus actif dans la famille, dut reconquérir peu à peu les droits qu'il avait aliénés entre les mains de sa femme. Mais, comme nous le disions en commençant, les détails précis manquent sur cette époque, et on est réduit à de simples conjectures.

Quoiqu'il en soit, nous allons voir que la puissance du père Égyptien était bien loin d'être comparable à la *potestas* si absolue du *paterfamilias* Romain, dont nous allons commencer l'étude. Et quand on songe à ce rôle si particulier, attribué à l'aîné vis-à-vis du père, en qualité de maître, *neb* ou κυριος, c'est-à-dire de représentant de l'hérédité, chargé de la défendre et de la partager ensuite, on est tenté de voir en celui-ci, le curateur Romain ; et dans le père, un simple tuteur.

PIÈCES JUSTIFICATIVES

I. — ACTE D'ADOPTION DU TEMPS D'AMASIS

An 537, avant J.-C. (Papyrus 7832. Collection du Louvre).

L'an 32, Athyr, du roi Amasis, Hor, fils de Pétésé, dont la mère est Taouaou, dit au Choachyte de la nécropole Haret', fils de T'eti :

Tu m'as donné, et mon cœur en est satisfait, l'argent pour faire *(sic)* à toi fils. Moi (je suis) ton fils, et (sont à toi) mes enfants que j'enfanterai, et totalité de ce qui est à moi, et de ce que je ferai être (de ce que j'acquerrai). Point à pouvoir, (ne pourra point) homme quelconque du monde, m'écarter de toi, depuis père, mère, frère, sœur, seigneur, dame, jusqu'à grande assemblée de justice, moi-même, mes enfants (qui seront) les enfants de tes enfants à jamais. Celui qui viendra à toi à mon sujet, pour me prendre de toi (à toi) en disant : Ce n'est pas ton fils, celui-là ; — quiconque au monde, dis-je, depuis père, mère, frère, sœur, seigneur, dame, jusqu'à grande assemblée de justice ou moi-même, — te donnera argent quelconque, *(sic)* blé quelconque qui plairont à ton cœur. Moi je serai ton fils encore, ainsi que mes enfants à jamais.

(Signature du notaire).

(Au revers, liste de douze témoins).

II. — LÉGITIMATION PAR MARIAGE SUBSÉQUENT

247 avant J.-C. (Papyrus 2838. Collection Louvre).

L'an 3, au mois de Thot, du roi Ptolémée, fils de Ptolémée et de Bérénice, les Dieux Evergètes,

Démétrios, fils d'Apellès, étant prêtre d'Alexandre et des dieux frères, des Dieux Evergètes, Me...ptias, fille de Ménapion, étant canéphore devant Arsinoë, philadelphe.

Le fabricant d'étoffes de Byssus de la fabrique d'Amon, Imouth, fils de Hor, dont la mère est Taoukès, dit à la femme Tset..., fille de Pseosor, dont la mère est Tesetosor :

Je t'ai prise pour femme. Je te donne un argenteus, en sekels 5, un argenteus encore pour ton don nuptial..... Je t'établirai pour femme..... Mon fils aîné, ton fils aîné parmi les enfants que tu m'as engendrés antérieurement, et les enfants que tu m'engendreras, seront les maîtres de tous les biens que je possède et posséderai à l'avenir, en dehors du tissage d'étoffes de Byssus d'Amon.

Adhésion du père. — Hor, fils de Pœba, dont la mère est Tséchons, son père, dit :

Reçois cet écrit de la main du tisseur d'étoffes de Byssus de la fabrique d'Amon, Imouth, fils de Hor, dont la mère est Taoukès, mon fils ci-dessus (nommé) pour qu'il soit fait selon les paroles ci-dessus. Mon cœur en est satisfait, sans avoir à alléguer aucune pièce, aucune parole au monde avec toi.

Souscriptions de notaires. — A écrit l'écrivain Pséchons, fils de Hor-hotep, qui écrit au nom des prêtres des cinq classes d'Amon, des dieux frères, des Dieux Evergètes et des Dieux philopators.

A écrit Pséchons, fils de Hor-nofré, le commis de Hor-hotep, fils de Psémin, le Basilicogrammate.

A écrit... fils d'Ereius, le commis de Hor-ut'a, fils de Téos, l'écrivain du roi.

III. — QUITTANCE DÉLIVRÉE A CHACHPÉRI (1)

An 52 avant J.-C. (Papyrus 2410 et 2418 Collection du Louvre).

L'an 50, mechir..... du roi Ptolémée, le Dieu Bien-
faisant et de la reine Cléopatre sa sœur........

Le Pastophore d'Ammon Api, de la région occidentale de Thèbes, Nechutès, fils de Asos, dont la
mère est Ta-ei-toote, dit à la femme Chachperi,
petite fille de Osoroer, dont la mère est Ta...? necht:

Tu m'as donné, et mon cœur en est satisfait,
l'argent de mon 35ᵉ de lieu clos et construit, de mon
35ᵉ de cour........ (suit une description détaillée des
lieux vendus, et de leurs tenants et aboutissants).......
que je t'ai cédé.

J'ai reçu ton prix de ta maison, il est complet
sans reliquat aucun, — mon cœur en est satisfait.
Je n'ai plus aucune réclamation à te faire. Celui
qui viendrait t'inquiéter soit en mon nom, soit au
nom de quiconque au monde, je l'éloignerai de
toi..... Je justifierai pour de toi de l'acte fait ci-
dessus, ainsi que de l'adjuration et de l'établissement (en possession) que l'on fera pour toi dans le
lieu de Justice.......

Souscriptions des notaires.

Signatures des Témoins.

(1) Ce document est absolument inédit. Nous en devons la traduction à M. Eug. Révillout, que nous ne saurions trop remercier du
reste des bons conseils qu'il nous a prodigués chaque fois que nous
avons eu à le consulter.

DROIT ROMAIN

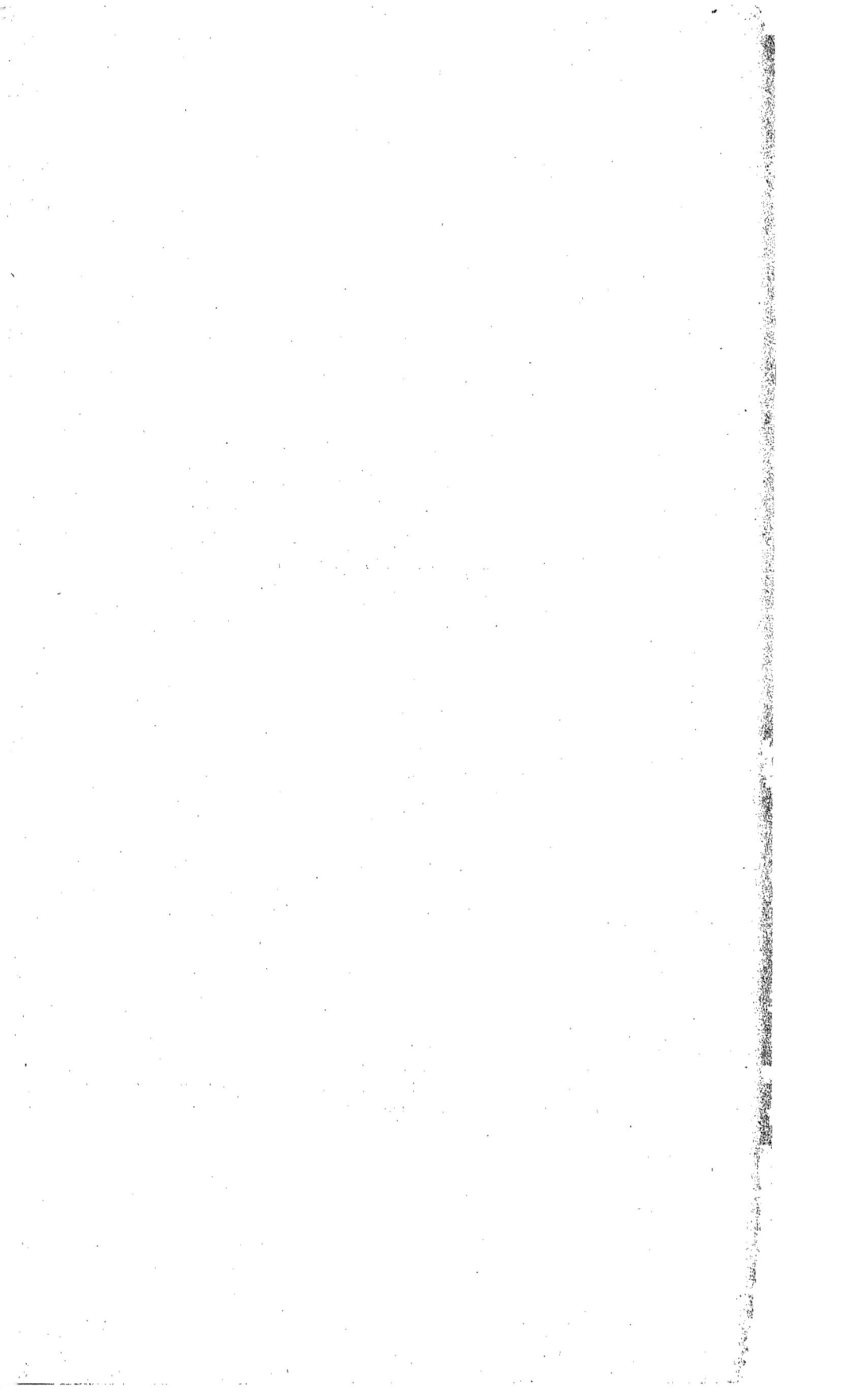

DROIT ROMAIN

« Le trait caractéristique, et, l'on peut dire, le principe fondamental du droit de famille romain, dit M. Madvig dans son récent ouvrage sur l'Etat romain (1), est la puissance paternelle *(patria potestas)*, sous laquelle sont placés tous les enfants nés *ex justis nuptiis,* et leurs descendants agnatiques, en sorte que les fils et les filles du fils, sont tout comme leur père, sous la puissance de leur grand-père. — Cette puissance indique le sens et la portée des termes de *paterfamilias* et de *filiusfamilias.* D'après les idées strictement romaines, en droit privé, le fils (ainsi que la fille non mariée, les fils et filles du fils), était considéré comme la propriété de son père (2) ; au point de vue purement personnel,

---

(1) *L'Etat Romain,* par Madvig, traduction de Morel, t. III, p. 189 du *Droit de famille.*

(2) On admet généralement que la puissance paternelle n'eut jamais la nature d'un véritable droit de propriété sur le fils de famille. Elle ne pouvait du reste pas l'avoir, car si le fils de famille était considéré comme la chose de son père, on ne le regarda jamais comme une « *res* » en général, dont on pût transférer l'entière propriété. Nous verrons, toutefois, que le pouvoir du chef de famille était, dans l'origine, extrêmement rigoureux et fort analogue, dans ses effets, à la *dominica potestas.* Car bien qu'il ne portât pas atteinte aux « *jura*

quel que fût son âge, il était absolument soumis à
ses ordres et à sa discipline, bien que dans la vie
publique il n'en possédât pas moins tous les droits
du citoyen libre. »

Voilà en quelques mots le tableau fidèle de la
« *patria potestas* » romaine ; « puissance absolue
sur la personne des enfants, puissance absolue sur
leurs biens, » tout au moins dans les premiers temps
de la législation romaine. Telle elle resta, tant que
les vieux Quirites, fidèles à ces vieilles institutions
qui avaient fait leur force et leur grandeur, purent
résister à la civilisation ; tant qu'elle resta une
institution politique qui concourait à maintenir
l'ordre dans la cité. La loi romaine sacrifiait complètement les individus au chef de famille : tous les
biens que le fils acquérait étaient acquis pour le
père. Le fils ne pouvait tester, ne pouvait disposer
de rien, puisqu'il ne pouvait rien posséder en
propre. C'est le père qui faisait la loi de sa succession : « *Uti legassit super pecuniâ tutelâve
suæ rei, ita jus esto.* » La femme, « privée de toutes
les garanties protectrices que lui ménageait la dou-
ceur des lois grecques, livrée sans défense au despotisme d'un père ou d'un époux qui avait sur elle
un droit de vie et de mort, n'échappait à la tyrannie de son époux que pour tomber sous celle des
agnats (1). » Elle est la sœur de ses enfants, la fille
de son mari « *loco filiæ.* » Il est vrai, ajoute
M. Gide, après avoir tracé ce noir tableau de la

_____

status et familiæ » du fils de famille, qu'il formât au contraire la base
du « *status familiæ* », il enlevait cependant au fils à peu près toute
indépendance personnelle.

(1) Gide, *De la condition de la femme*, p. 98.

condition de la femme, d'après les juristes romains,
que les mœurs avaient dû lui faire un sort tout
autre ; et il y a peut être un rapprochement à faire
entre ce que nous avons dit de la condition de la
femme en Egypte, et cette parole de Caton l'ancien :
« Partout les hommes gouvernent les femmes ; et
nous qui gouvernons les hommes, ce sont nos
femmes qui nous gouvernent (1). »

Nous étudierons spécialement la « *patria potestas* », considérée dans ses effets sur la personne
de l'enfant ; nous verrons si cette législation, qui
n'arriva, pour ainsi dire, à s'humaniser que sous l'influence du christianisme, méritait l'éloge pom-
peux qu'en fait Cicéron : « Vous comprendrez très-
facilement combien nos ancêtres l'ont emporté en
sagesse sur les autres nations, si vous voulez comparer nos lois avec celles de Lycurgue, de Dracon
et de Solon. La distance entre elles est infinie (2). »

Une remarque à faire avant de commencer cette
étude, c'est qu'il ne faut pas prendre le mot
« *Paterfamilias,* » en Droit Romain, dans un
sens restreint. A Rome, la puissance paternelle
n'est pas la consécration du pouvoir naturel du
père sur ses enfants. Le titre de père de famille est
indépendant de la paternité : « *Patrès familiarum... sive puberes, sive impuberes* (3). » L'indépendance personnelle, le droit propre, tels sont

(1) Plutarque, *Reg. apophthegm.*, éd. Didot, t. III, p. 240.
(2) Cic., *De Oratore*, I, 44. « Quantum præstiterint nostri majores
prudentia cæteris gentibus facillime intelligetis, si cum illarum, Lycurgo
et Dracone et Solone editis, nostras leges conferre volueritis. — Incre-
dibile est enim, quam sit omne jus civile, præter hoc nostrum, incon-
ditum ac pœne ridiculum. »
(3) Ulp., liv. IV, *De his qui sui vel alieni juris.*

les signes qui caractérisent le père de famille.
« *Patres familiarum sunt qui sunt suæ potestatis* (1) ; » Le plein domaine dans la maison, telle
est la marque de la puissance paternelle. « *Pater
autem familias appellatur, qui in domo domi-
nium habet* (2). » Donc, les impubères pouvaient
être pères de famille, bien qu'ils ne fussent point
capables de procréer. Et par contre, les fils de
famille, pères légitimes d'enfants issus de justes
noces, n'avaient aucun droit de puissance paternelle.
L'autorité de leur père s'étendait d'eux sur leur
descendance. « *Qui ex filio et uxore ejus nascitur,
id est nepos et neptis, æque in tua sunt potestate,
et pronepos, proneptis et deinceps cæteri* (3). »

(1) Ulp., liv. CLXXXXV, *De verb. signif.*
(2) *Ibid.*
(3) Ulp., liv. IV. *De his qui sui vel alieni juris.*

SOUS LES ROIS

« Il est démontré par tous les monuments historiques qui nous restent de l'antiquité, que tous les législateurs ont cherché à élever aux pères, dans le sein de leurs familles, un trône indépendant. Partout on a cherché à les ériger en despotes arbitraires. Partout on leur a attribué sur les enfants qu'ils ont fait naître, la même autorité qu'au jardinier sur les arbres qu'il a plantés (1). »

Cela est vrai surtout du premier législateur romain à qui l'histoire et les jurisconsultes attribuent la publication de lois positives sur la puissance paternelle et sur la puissance maritale, c'est-à-dire sur la composition de la famille romaine.

Romulus, chef d'une troupe de brigands, associés pour bâtir un village, qu'un concours heureux de circonstances rendit, au bout de plusieurs siècles, la capitale d'un immense empire ; Romulus eut certainement beaucoup de peine à maintenir sous ses ordres les sujets que le hasard lui avait amenés. Aussi la constitution qu'il donna à Rome, ou plutôt que Rome se donna sous lui, fut-elle comme toutes les constitutions des Républiques anciennes, violente et contraire à la nature humaine. Créée

_____

(1) Linguet. *Théorie des lois civiles*, t. II, liv. IV. ch. I. p. 5.

dans des circonstances très pénibles, au milieu de
dangers incessants qui faisaient sentir un besoin
impérieux de force et d'unité sociale ; créée par des
esprits, et pour des esprits incultes, elle ne sut pas
trouver un moyen terme entre l'autorité nécessaire
au chef de famille et l'excès dans lequel il était
facile de tomber.

« Ὁ δὲ τῶν Ῥωμαίων νομοδέτης ἄπασαν, ὡς εἰπειν,
ἔδωκεν ἐξουσίαν πατρὶ καθ'υἱου καὶ παρὰ πάντα τὸν
του βίου χρόνον, ἐάντε εἴργειν, ἐάντε μασιγουν, ἐάντε
δέσμιον ἐπὶ τῶν κατ'ἀγρὸν ἔργων κατέχειν, ἐάντε ἀποκ-
τιννύναι προαιρῆται (1). »

« Le législateur des Romains, donna, dit-on,
une puissance absolue au père sur ses enfants :
Celui-ci pouvait, pendant toute leur vie, les frapper
de verges, les faire charger de chaînes, les employer
aux travaux des champs, et même disposer de
leur vie. »

Dans cette première période de l'histoire romaine,
la puissance paternelle domine tout : le *paterfamilias* était un chef et un maître : il acquérait ses
enfants et sa femme par le mariage, des esclaves
par la guerre, et possédait *(in potestate erant)*
femme, enfants et esclaves, comme des choses, non
comme des personnes. La famille entière se grou-
pait sous sa main, et formait au milieu de la
société générale, une petite société soumise à un
régime despotique. Le chef est seul, dans le droit
privé, une personne complète, c'est-à-dire il forme
seul un être capable d'avoir des droits. — Tous
ceux qu'il a « *in manu* » ne sont que des repré-
sentants, des instruments. Romulus voulant fonder

(1) Denys d'Halicarnasse. *Archæologica Romana*, liv. II, § 26.

une République, avait dû nécessairement favoriser les mariages et leur fécondité, et « il consacra l'autorité des parents, dit Sénèque, parce qu'il lui importait de remplir sa cité de citoyens (1). »

Chez les romains, comme chez presque tous les anciens peuples, le père avait le droit de décider de la vie de ses enfants nouveaux-nés. Dès le premier moment de sa naissance, l'enfant est présenté au chef de famille, qui l'accueille s'il n'a aucun doute sur la légitimité, et s'il est né viable et bien conformé « *Tollit ac recipit* (2) ; » si au contraire, il craint d'introduire dans sa famille un descendant illégitime, ou dans la cité un enfant mal conformé, et par conséquent inutile, il le laisse exposer ou le fait tuer. La légende de Romulus est une application de ce droit du chef de famille, alors qu'il n'avait pas encore été réglé : à ce moment le père avait le droit absolu d'abandonner tous ses enfants : c'est ainsi que les deux frères furent exposés sur les bords du Tibre. Aussi rien d'étonnant à ce que Romulus, échappé miraculeusement aux dangers de cet abandon, et parvenu au pouvoir, s'empressât de réformer autant qu'il le put, cet usage si cruel. Romulus, d'après Denys d'Halicarnasse, força le père à élever tous ses fils et sa fille première née ; il défendit de tuer les enfants au dessous de trois ans, à moins qu'ils ne fussent mutilés ou monstrueux dès leur naissance « πλὴν εἴ τι γένοιτο παιδίον ἀνάπηρον, ἤτέρας εὐθύς ἀπό γονῆς (3). » Romulus alla même plus loin,

. (1) Sénèque, *De Beneficiis*, liv. III, c. xi. — Parentum conditionem sacravimus, quia expediebat liberos tolli.
(2) *Donati in terentii Comedias commentarius*. Audr. III, t. xvi.
(3) Denys d'Halicarnasse, liv. II, xv.

il défendit aux parents d'exposer les monstres sans avoir préalablement pris l'avis de leurs cinq plus proches voisins « ἐπιδειξαντος πρότερον πέντε ἀνδράσι τοῖς ἔγγισα οἰκουσιν (1). » Cette loi est caractéristique : le *pater* peut bien encore protéger la cité contre l'invasion d'êtres difformes, qui lui seraient probablement inutiles, et dont la naissance pourrait au contraire être pour elle une source de malheurs ; mais c'est désormais une fonction qu'il exerce sous le contrôle d'autres citoyens.

Parmi les différentes applications du pouvoir paternel que nous énumère Denis d'Halicarnasse, il en est une qu'il considère comme la plus exorbitante et la plus contraire à la nature humaine : c'est le droit pour le père de vendre ses enfants. « Καὶ οὐδέ ἐνταῦθα ἔση τῆς ἐξουσίας ὁ τῶν Ρωμαίων νομο'έτης, ἀλλὰ καὶ πωλειν ἐφῆλε τὸν υἱὸν τῷ πατρὶ, οὐδεν ἐπισραφεὶς ἐι τις ὠμὸν ὑπολήψεται τὸ συγχώρημα καὶ βαρύτερον ἡ κατὰ τὴν οἰπείαν συμπάθειαν (2). » « Le législateur non content de donner une puissance absolue au père de famille, lui donna même le droit de vendre ses enfants, sans craindre que plus tard on ne juge ce droit par trop cruel, et contraire à l'affection naturelle. » Puis, l'historien grec cite une loi dont il fait honneur à Numa Pompilius et qui était ainsi libellée : « ἐὰν πατὴρ υἱῷ συγχωρήση γυναῖκα ἀγχγέσθαι, κοινωνὸν ἐσομένην ἱερῶν τε καὶ χρημάτων κατὰ τοὺς νόμους, μηκέτι τὴν ἐξουσίαν εἶναι τῷ πατρὶ πωλεῖν τόν υἱόν (3). » « Si le père a permis à son fils de prendre une épouse qui, d'après la loi, participe à ses biens

---

(1) Denys d'Halicarnasse, liv. II, xv.
(2) *Ibid.*, liv. II. xxvii.
(3) *Ibid.*

et à ses Dieux, il a perdu le droit de vendre son fils. » Mais, remarquons de suite que le mariage n'émancipe pas les enfants, ne les rend pas maîtres de leurs droits ; il les mettait seulement à couvert de la vente que le père pouvait auparavant faire de leur personne. C'est là tout ce que la loi de Numa avait accordé.

On pouvait même prétendre que, sous ce rapport, la condition du fils de famille était pire que celle de l'esclave ; en effet, celui-ci recouvre une liberté définitive dès qu'il est, par l'affranchissement, sorti du patrimoine de son maître ; le fils, au contraire, affranchi par celui qui l'a acheté, retombe jusqu'à trois fois sous la puissance de son père. Trois mancipations successives peuvent seules épuiser cette puissance qui se survit pour ainsi dire à elle-même « μτεὰ δὲ τὴν τρίτην πράσιν ἀπήλλαξο του πατροσ (1). » « C'est seulement après la troisième vente qu'il sortait de la puissance du père. » Du reste, il faut prendre le mot vente, ici, dans un sens assez restreint : son effet était de transmettre ou d'acquérir un droit très large aux services de l'enfant, le droit que l'on avait sur un individu libre « in mancipio ; » l'enfant était « loco servi (2). » Cette vente n'entraînait pas nécessairement la perte de la puissance paternelle, seulement l'exercice de celle-ci était suspendue en fait, tant que durait le droit de l'acheteur. Après l'extinction du manci-pium il n'y avait aucune raison pour empêcher

(1) Denys d'Halicarnasse, liv. II, xxvii.

(2) Gaius, *Commentaires*, 1-123, iii-114. Nous verrons plus loin que l'on arriva bientôt à se servir de la mancipation, pour en arriver à l'émancipation. Ce qui était un des droits les plus exorbitants du père devint une cause d'extinction de ces droits.

cette puissance de reparaître dans son intégrité. Mais on dut considérer trois ventes successives comme un abus manifeste, comme une spéculation contre nature, de la part du père, ou tout au moins comme la manifestation formelle de l'intention de se débarrasser de ses enfants. C'est pourquoi on le déclara déchu de ses droits. On a, du reste, toujours refusé au père le droit de manciper son enfant avec l'idée de perpétuité qui correspond à l'essence absolue de la propriété quiritaire. C'était une différence avec l'esclave qui, après la vente, voyait bien le pouvoir de son ex-maître disparaître, mais pour retomber immédiatement sous 'la puissance de son nouveau maître. Il y avait, du reste, encore une autre énorme différence entre le fils et l'esclave : c'est que la personnalité du fils n'était méconnue et anéantie qu'à l'égard du père et existait à l'égard de tous autres, tandis que la personnalité de l'esclave était entièrement anéantie « *erga omnes* » ; en un mot, le servage du fils n'était que relatif, le servage de l'esclave était absolu.

On s'est demandé si ce droit des Quirites, qui tempérait les pouvoirs du *pater* par une restriction souveraine, ne s'arrêtait pas impuissant aux limites du *pomœrium*, et si le *pater*, profitant du principe du droit des gens qui admettait l'esclavage du citoyen, chez les ennemis, ne pouvait pas faire de ses enfants de véritables esclaves en les vendant « *trans Tiberim.* » Une phrase, et même, chose plus grave, une opinion de Cicéron semble admettre l'affirmative. Dans son plaidoyer pour Cécina (1),

---

(1) Cic., *Pro Cœcina*, 34 : « Si pater vendidit eum quem in suam potestatem susceperat, ex potestate dimittit. »

il constate que le fils peut être, non pas seulement « mancipé, » mais « vendu » à l'étranger, et il le prouve en s'appuyant sur un argument bien faible pour l'établissement d'un droit aussi exorbitant : « Si le père vend celui qui était en sa puissance, il l'en fait sortir. » Cette justification si faible est un moyen d'audience : il s'agissait pour l'orateur de démontrer que la qualité de citoyen est indélébile, qu'elle ne peut pas se perdre, même à titre de peine. L'avocat réfute les objections qu'on pourrait faire à sa thèse et transforme habilement en l'exercice d'un prétendu droit de propriété ce qui n'était, au fond, que l'application d'un pouvoir de juridiction. Quoi qu'en dise Cicéron, le *pater* vendant son fils « *trans Tiberim*, » n'agissait pas autrement que le peuple, faisant vendre le citoyen assez lâche pour se soustraire au service militaire ou le fécial livrant un citoyen pour délier la cité du serment qu'il a prêté en son nom.

Un pouvoir despotique comme celui-là n'était pas susceptible de degrés : aussi le fils de famille restait-il toujours sous la même dépendance vis-à-vis de son père, quels que fussent son âge, sa capacité, les honneurs ou les dignités auxquels il était parvenu. C'est un des caractères les plus frappants de la *patria potestas,* que cette perpétuité ; car les législateurs, même ceux qui ont consacré avec le plus d'énergie le principe de la puissance du chef de famille, lui ont donné généralement un terme : les uns ont fixé un certain âge, à partir duquel l'enfant n'y serait plus soumis ; les autres ont fait découler l'émancipation du mariage ; d'autres, de certains honneurs, de certaines charges.

Rien de tout cela en droit romain, tout au moins

dans le vieux droit des Quirites : le fils ne peut échapper à la puissance de son père que par la volonté de celui-ci.

Sans doute à Rome, comme chez tous les peuples, l'enfant peut avoir une certaine capacité juridique, à partir du jour où il a joui, en fait, d'une certaine capacité intellectuelle et d'une certaine puissance physique : le droit, comme il arrive souvent, n'était que la consécration du fait.

Soumis à une éducation rude et sévère, de bonne heure aux prises avec la nécessité, l'enfant, dans une société pauvre, comme l'était alors la société romaine, atteint très-vite cette majorité ou plutôt cette capacité précoce qui, à première vue, nous semble aujourd'hui si extraordinaire. Polybe avait entendu raconter que, lors de la seconde guerre punique, des enfants de douze ans avaient pris part aux délibérations du Sénat : l'historien grec ajoute qu'il n'en croit rien (1). Les Romains, à ce moment, valaient cependant bien les Goths de la Décadence qui formuleront plus tard toute la théorie de la majorité chez les peuples primitifs, en ces termes énergiques : « *Ætatem legitimam virtus facit* (2). »

On a, du reste, des témoignages indiscutables de cette capacité de l'enfant romain : encore impubère, il peut, dès qu'il est sorti de « *l'Infantia*, » c'est-à-dire âgé de plus de sept ans, intervenir dans un acte juridique à l'effet d'acquérir un droit de créance, la propriété, la possession, un droit réel quelconque (3) ; lorsqu'il est *sui juris,* mais soumis

(1) Polybe, III, 20, 3.
(2) Cassiodore. Var., liv. I, ep. 38.
(3) *Dig.*. XLV, 1, 141, § 2.

encore à un tuteur, à cause de son impuberté, il peut, sans l'autorisation du tuteur, agir seul, pour rendre sa condition meilleure (1).

Enfin, la pleine majorité se confond avec la puberté, dès l'époque primitive du droit romain. Le jeune homme pubère jouit de tous les droits politiques (autant du moins qu'on peut se permettre une affirmation, dans une matière que si peu de documents nous ont permis de connaître) ; il peut occuper tous les emplois publics.

Mais jamais à Rome, la majorité n'a brisé les liens de la puissance paternelle : le jeune romain restera toujours subordonné dans la famille (2). Jamais l'âge seul, la majorité seule, indépendamment de toute autre circonstance, ne conquerra la vertu de soustraire l'enfant à la puissance paternelle ; et par une inconséquence bien curieuse à constater, ce fils de famille qui ne peut rien avoir à lui, qui ne peut se marier quel que soit son âge, sans la volonté de son père, est appelé à remplir toutes les fonctions publiques ; presque esclave dans l'intérieur de la maison, il peut être dictateur sur le forum, consul à la tête des armées, et alors la majesté du peuple romain se reflétant sur lui, il fera baisser la *potestas* du père devant l'*imperium* du magistrat : c'est qu'au dessus du père, il y a toujours la cité et le peuple romain.

Cette puissance extraordinaire donnée au père sur ses enfants, ne doit du reste pas étonner de la part d'un peuple qui regardait comme sacrée la personne des pères de famille, et dont une loi dévouait aux

(1) *Instit. de Justin.*. I. xxi proœm.
(2) *Dig.*, I, vi, 9.

dieux infernaux l'enfant qui avait osé frapper son père, alors même que par ses larmes et son repentir, il en aurait obtenu le pardon de sa faute « *Sei. parent. puer. verberit. ast. olæ. plora. sit. diveis. parent. sacer. esto* (1). » Etre dévoué aux dieux infernaux, c'était devenir un homme proscrit, que l'on pouvait tuer sans crainte d'être exposé aux poursuites des Tribunaux. « On cessera d'être surpris de la sévérité de cette loi, dit Terrasson, quand on fera attention que, chez les romains, la puissance paternelle était une loi politique, et faisant partie du droit public : par conséquent, que l'indulgence qu'un père pourrait avoir pour son fils, ne pouvait pas interrompre l'effet d'une loi de l'Etat (2). »

Le père, maître absolu des biens et de la personne de l'enfant, était nécessairement responsable des délits que celui-ci pouvait commettre. Mais, dans ce cas encore, on lui avait accordé un droit exorbitant, il pouvait désavouer l'enfant coupable, et le livrer, pour ne point payer de dommages-intérêts, à la victime du délit, qui le faisait travailler pour son compte : c'était l'abandon noxal. — Nous en reparlerons plus longuement, plus loin.

L'ancien droit, soucieux de la perpétuité des familles, donnait même encore plus de pouvoirs au père de famille, pour augmenter que pour diminuer le nombre de ses sujets. Dans chaque famille, au dessus de tous, au dessus du père lui-même, il y a quelque chose. « C'est la religion domestique, c'est ce Dieu que les grecs appellent le foyer maître,

(1) Cette loi que les uns attribuent à Romulus, les autres à Tullus Hostilius, est rapportée par Festus et Scaliger.
(2) Terrasson. *Hist. Jurispud. Rom.*, 1re partie, loi 30.

ἑστία δέσποινα » que les latins nomment « *lar fami-
liaris* (1).» La même religion qui obligeait l'homme
à se marier, qui prononçait le divorce en cas de
stérilité de la femme, offrait au chef de famille une
dernière ressource pour échapper au malheur si
redouté de l'extinction de sa race. L'adoption, c'est-
à-dire le passage d'un enfant d'une famille dans
une autre paraît n'avoir été admise qu'après la loi
des XII Tables ; mais l'adrogation, c'est-à-dire la
transformation d'un *paterfamilias* en *filius familias*, l'absorption d'une famille tout entière par
une autre, présente bien tous les caractères d'une
institution primitive. Tout dans cet acte nous re-
porte à une époque où chaque famille était un petit
état. Quand le *pater* voulait augmenter sa famille,
d'un *filius*, d'un citoyen romain qui put prendre
son nom, recueillir la charge de ses *sacra*, il se
faisait d'abord autoriser par le collège des pontifes
gardiens des « *sacra privata* », puis il se présentait devant le péuple assemblé avec l'adrogé, qui
consentait à échanger son « *caput* » contre celui de
l'adrogeant. Aulu Gelle (2) nous a conservé la formule de la proposition de loi que l'on faisait alors,
et sur laquelle le peuple avait à se prononcer :
« *Velitis, jubeatis, Quirites, uti Lucius Vale-
rius, Lucio Titio tam jure legeque filius sibi
sit, quam si ex eo patre, matreque familias
ejus, natus esset : Utique ei vitæ necisque in eo
potestas siet, uti patri endo filio est. Hæc uti
dixi, ita vos, Quirites, rogo.* » A cette époque, le
pouvoir de vie et de mort était tellement insépa-

(1) Fustel de Coulanges, *La Cité antique.*
(2) Aulu Gelle. 5ᵉ *Nuit attique.* — Cicéron, *Pro domo,* 29.

rable de la paternité légale qu'il paraissait en découler naturellement pour quiconque engendrait
un fils, dans un mariage légitime, et qu'en, assimi-
lant, au point de vue de la loi et du droit, les effets
de l'adrogation à ceux de la naissance, on le men-
tionnait, à titre d'exemple comme une conséquence
forcée de cette assimilation même.

L'adrogation n'était pas le transport d'un droit
de propriété, c'était surtout l'investiture d'un
pouvoir social. Elle n'avait pas pour but de con-
sommer la déchéance d'un citoyen de sa qualité
d'homme libre, mais bien de réaliser sa naturalisa-
tion dans une nouvelle famille et de transporter au
nouveau *pater* le « *Jus gladii*, » ce droit de
juridiction que le père peut revendiquer contre
tous, même contre le peuple. Lorsque le vainqueur
des trois Curiaces, condamné à mort pour avoir
tué sa sœur, fait appel au peuple, son père intervient et s'écrie que s'il avait jugé son fils coupable,
il eût lui-même sévi « *jure patrio* (1). » Ce trait,
en nous montrant sous son véritable jour le droit de
vie et de mort, alors attribué au père, nous prouve
qu'en somme, la *patria potestas*, sous le vieux
droit des Quirites, ne comprenait guère que les
droits ordinaires attribués par le droit naturel à
l'autorité domestique, droit de contester la filiation,
de louer les services du fils, de le corriger, de juger
ses actes, mais qu'ils ont à cette époque la forme
rigoureuse adaptée aux besoins d'une société primitive. Ils sont faussés en raison de leur exagération
même, et cela pour deux motifs: d'abord la raison
politique, qui exigeait l'omnipotence du chef de

(1) Denys d'Halicarnasse. III, 22. op. cit. — Tite-Live. I, 26.

famille comme corollaire de l'omnipotence de l'Etat, et ensuite un amour trop grand de la simplicité, justifié d'ailleurs par la grossièreté et l'ignorance d'un peuple encore à demi barbare.

Ce serait sortir des limites que nous nous sommes tracées, que parler de la puissance du père au point de vue des biens de l'enfant. Disons simplement que tous les auteurs s'accordent à reconnaître à cette époque un pouvoir absolu sur tous les biens de la famille. « Οἱ Ῥωμαίων νομοθέται, nous dit Sextus Empiricus, τοὺς παῖδας ὑποχειρίους καὶ δούλους τῶν πατέρων κελεύουσιν εἶνα καὶ τῆς οὐσίας τῶν παίδων μὴ κυριεύειν τοὺς παῖδας, ἀλλὰ τοὺς πατέρας, ἕως ἂν ἐλευθερίας οἱ παῖδες τύχωσι, κατὰ τοὺς ἀργυρωνήτους. (1). » Denis d'Halicarnasse constate aussi le droit exorbitant d'après lequel le père romain peut disposer arbitrairement de la personne et des biens de son enfant (2).

Dans les temps modernes, des auteurs ont condamné ce droit de la puissance paternelle chez les Romains de cette époque, comme une tyrannie dénaturée. « L'esclavage des enfants, à Rome, est une des taches de ses législateurs, dit Hegel (3). » Mais cet auteur et quelques autres ont complètement méconnu le caractère de la puissance paternelle romaine. « Ils oublient que chez aucun peuple de l'antiquité la mère de famille n'a été plus respectée que là, et qu'une obéissance servile et dégradante des enfants envers leurs parents est incompatible avec la constitution qui permettait aux fils de famille d'exercer

(1) Sextus Empiricus, *Hypotyposes Pyrrhoniennes*, III. 24.
(2) Denys d'Halicarnasse, op. cit., VIII. 79.
(3) Hegel, *Philosophie de l'Histoire*.

tous les droits politiques, de parvenir aux plus hautes magistratures, sans que la puissance pater-nelle en reçût la moindre atteinte (1). »

« Si l'on se demande, dit M. Accarias, comment il se fait que cette puissance paternelle, de même que la puissance dominicale, ait subsisté tant de siècles sans recevoir le moindre adoucissement, je répondrai par cette phrase de Tite-Live : « *Prius natæ sunt cupiditates, quam leges quæ iis mo-dum facerent.* » Les réformes parurent inutiles, tant que les pères et les maîtres usèrent avec dou-ceur et humanité des pouvoirs exorbitants que leur avait donnés la loi (2). »

---

(1) Savigny, *Recht des Besitzes,* sect. 11. — M. Gide, dans son livre *De la Condition des Femmes,* trace un magnifique portrait de la *ma-terfamilias* romaine, à laquelle le père, passant sa vie soit à la guerre, soit sur le forum, déléguait une part de son autorité, pour qu'elle prît soin des enfants et veillât à leur éducation : « Grœmio ac sinu matris educabatur, cujus præcipua laus erat tueri domum et inservire liberis. » Tacite, *De Oratore.*

(2) Accarias, *Précis de Dr. Rom.,* I, p. 189.

SOUS LA RÉPUBLIQUE

Trois siècles s'étaient écoulés, depuis la fondation de Rome, et déjà ses victoires excitaient les
alarmes et la jalousie des peuples du Latium, lorsque les Décemvirs y promulguèrent la loi des douze
Tables, ce fameux « *carmen necessarium* » que
l'on faisait apprendre par cœur aux enfants, ce recueil de lois que Cicéron (1) trouvait incomparable,
et dont Tite-Live disait qu'il était la source de tout
le droit romain : « *Corpus omnis romani juris :
Fons publici privatique juris* (2). » La sévérité
de ces lois était extrême : cependant elles traver-
sèrent les divers âges de Rome, et survécurent
même à la République, et ce ne fut qu'après la
conquête du monde, que l'on osa y porter véritablement atteinte, alors que le peuple romain perdit,
avec la liberté, son respect pour les institutions
et les coutumes qui avaient fondé et maintenu

(1) « Fremant omnes licet, dicam quod sentio : Bibliothecas, me-
hercule omnium philosophorum unus mihi videtur XII Tabularum
libellus, si quis legum fontes et capita viderit, et auctoritatis pondere
et utilitatis ubertate superare. » (Qu'on en soit révolté, mais je dirai
ce que je pense : Pour celui qui remonte à la source et aux principes
des lois, je trouve que le petit livre des douze tables est, par son
autorité et son utilité, bien au-dessus de toutes les bibliothèques des
philosophes.) Cic., *De Orat.*, I, 44.

(2) Tite-Live. 3. 4. — Conf. Tacite « finis œqui juris ». *Annales*, 3, 27.

si longtemps sa grandeur et son irrésistible influence.

Nous venons de parler précédemment de ce droit, que composaient dans leur ensemble, avant la loi des douze Tables, les mœurs, les lois, les traditions romaines. Il existait cependant bien un recueil de lois royales « *Jus papirianum* », rendues par les rois dans les comices ; mais ce sont des documents par trop incertains ; d'ailleurs, outre que ces lois avaient perdu leur autorité après l'expulsion des Tarquins, elles devaient concerner principalement les choses du culte. Mais nécessairement le droit des douze Tables a dû reproduire la vie intime et les mœurs de la cité, la constitution préexistante de la famille, de la propriété, de l'hérédité, telles qu'elles existaient avant sa rédaction. Nous pourrons constater la vérité de cette assertion en ce qui concerne le sujet de cette étude (1).

La IVe Table contient quatre dispositions : les trois premières seules nous intéressent.

La loi de Romulus qui permettait au père d'exposer ses enfants monstrueux, après avoir toutefois pris préalablement l'avis de cinq de ses voisins, passa dans la loi des douze Tables, et en forme la première disposition.

La seconde disposition est relative à la puissance du père sur ses enfants : droit, pendant toute leur vie, de les jeter en prison, de les flageller, de les tenir enchaînés aux travaux rustiques, de les vendre ou de les tuer, même lorsqu'ils gèrent les plus hautes fonctions de la République « κἄν τὰ πολιτικὰ

(1) La loi des douze Tables fut promulguée l'an 303 de la fondation de Rome.

πράττων ὁ παῖς ἤδη τυγχάνη, κἄν ἐν ἀρχαῖς ταῖς μεγίσταις
ἐξεταζόμενος, κἄν διὰ τὴν εἰς τά κοινά φιλοτομίαν ἐπαι-
νούμενος (2). »

Nous retrouvons donc encore entier ce droit de
vie et de mort qu'une « *lex regia* (1) » avait donné
au chef de famille. La fameuse loi « *Valeria* » qui
défendait qu'aucune peine qui priverait un citoyen
romain de la vie, de la liberté, de ses droits de cité,
pût être prononcée par un magistrat seul, et qui
ordonnait que l'accusé, en cas pareil, pourrait toujours en appeler au peuple, « *provocatio ad popu-
lum*, » s'arrêtait devant la puissance paternelle, et,
chose étonnante, celui dont l'état ne devait dépendre
que du peuple réuni pouvait être mis à mort sur
l'ordre de son père. Mais, bien entendu, il ne faut
pas croire que le père de famille pouvait user de ce
« *jus vitæ necisque* » sans motifs, avec un arbitraire absolu « *Poterat pater filium, quovis
supplicio, si meruisset, necare* (2). » Le père avait
le pouvoir de réprimer les crimes de ses enfants
par de justes décrets : il pouvait sévir contre eux
comme « magistrat domestique » *si quid commisis-
sent*. Il est vrai que, suivant la gravité de leurs
fautes, il pouvait aller jusqu'à ordonner leur mort (3).
Mais il faut reconnaître avec Cicéron que les crimes
des enfants devaient être bien grands pour forcer
leurs pères à oublier le lien qui les unissait à eux
« *magna fuisse peccata filii, quibus pater*

(2) Denys d'Halicarnasse, op. cit., II, 26 et 27.
(1) Papinien, *De Adulteriis*, tit. iv, § 8 (Collatio).
(2) Simplicius, *Commentaire sur Epictète*, 37. — Digeste, *de liberis
et postremis heredibus*.
(3) Sénèque. *Controv.*, lib. II. cont. iii : *De benef.*, lib. III, cap. ii.
— Suétone, *Vie de Claude*, cap. xvi.

potuisset animum induere, ut naturam vinceret,
et patrem se esse obliviceretur (1). »

Les historiens rapportent plusieurs actes d'une
justice terrible, exercée par les pères contre leurs
enfants coupables, mais toujours on les voit agir
comme « juges. » Le père est le « *judex domes-*
ticus (2), » le « *domesticus magistratus* (3), » le
« *censor filii* (4), » qui ne condamne ses enfants
que « *cognitâ domi causâ* (5). »

Si Brutus ordonne aux licteurs de trancher la
tête à ses deux fils, c'est comme consul et parce
qu'ils sont les chefs de la conjuration qui menace
la liberté romaine (6); si Manlius Torquatus refuse
à son armée entière la grâce de son fils, vainqueur,
pour avoir combattu, malgré ses ordres, avant
l'heure du combat, c'est parce que chaque jour
s'affaiblit davantage cette discipline rigoureuse à
laquelle Rome devait sa grandeur (7) : il agit comme
général ; si Cassius arrache son fils de la tribune
aux harangues, l'entraîne dans sa maison et le
condamne à mort, « *judicio domestico, filium*
verberari ac necari jussit, » c'est que ce fils avait
osé proposer la loi agraire, dont le nom seul faisait
tressaillir les dernières classes du peuple et qui
devait être la cause des plus longues et des plus
sanglantes querelles (8); si Aulus Fulvius se montre
inexorable pour son fils, qu'on lui a ramené au

(1) Cicéron, *Pro Roscio*, ch. ix.
(2) Sénèque, *Controverse*, II, iii.
(3) Sénèque, *De Beneficio*, III, xi.
(4) Suétone, *Vie de Claude,* cap. xvi.
(5) Tite-Live, liv. II, ch. xix.
(6) Tite-Live, liv. VIII, ch. vi.
(7) *Ibid.*
(8) Valère Maxime, liv. III, ch. viii. — Cf. Tite-Live, liv. II. ch. xli.

moment où il était en route pour se joindre à Catilina
« *filium in castra Catilinæ euntem, necari
jussit* (1) » c'est afin d'arrêter l'émigration
effrayante de la jeunesse la plus distinguée, qui
entretenait des intelligences avec ce conspirateur,
qui désertait Rome en masse pour se ranger sous
ses drapeaux et partager avec lui les immenses
richesses qui seraient le prix de sa victoire ; si,
enfin, Fabius Eburnius se montre si sévère pour son
fils « *filium impudicum, causâ cognitâ, domi
necavit* (2), » c'est afin de conserver cette pureté
des mœurs, qui avait fait la force des vieux Romains.

On ne pourrait, du reste, concilier le droit de vie
et de mort, laissé à l'arbitraire du père, avec le trait
rapporté par Tite-Live. Manlius Torquatus avait
un fils bègue et peu favorisé de la nature sous
d'autres rapports : il l'avait relégué à la campagne,
où il l'employait aux plus rudes travaux avec les
esclaves. Un tribun saisit cette occasion pour accuser
Manlius devant le peuple, d'avoir sequestré illéga-
lement son fils (3). Celui-ci, en ayant été averti,
accourt à Rome, parvient à parler en secret au
tribun, et, lui mettant le poignard sur la gorge,
obtient de lui qu'il se désistera de son accusation.
Le tribun promet tout, mais le lendemain il instruit
le peuple de ce qui s'est passé, et veut continuer
ses poursuites. Le peuple, touché de ce trait de piété
filiale, lui ordonne de s'en départir, et récompense
le dévouement du jeune homme en lui donnant un
emploi dans l'armée. Assurément, quelle que fût

(1) Salluste, *De bello Catilinæ*, c. XXXIX.
(2) Quintilien, *Déclam.*, 3.
(3) Tite-Live. liv. VII. ch. IV.

la haine que Manlius, comme personnage consulaire, inspirât aux tribuns du peuple, il n'avait rien à craindre d'une pareille accusation, si les lois lui donnaient le droit de tuer arbitrairement son fils, puisqu'on ne lui reprochait même que d'avoir usé de mauvais traitements à son égard ; et l'action de ce dernier n'eût point été, de la part du peuple Romain, un objet d'éloge et un sujet de récompense.

Quelquefois, le père se bornait à bannir de sa présence le fils qui s'était déshonoré par un fait honteux. C'est ainsi que Manlius Torquatus interdit l'entrée de la maison paternelle à son fils qui était accusé et convaincu, par les villes de Macédoine, d'avoir commis des exactions dans l'exercice de sa préture (1), et que Scaurus intima la défense de se présenter jamais devant ses yeux, à son jeune fils, qui se trouvait parmi les fuyards que la cavalerie des Cimbres avait chassés, devant elle, jusque sous les murs de la ville sacrée. Mais alors, cette disgrâce rendait les enfants tellement malheureux, que le fils de Manlius se pendit de désespoir au plafond de sa chambre, et que celui de Scaurus s'arracha la vie, avec la même épée dont il n'avait pas su faire usage contre les ennemis.

Ce dernier châtiment, qu'on nommait « *abdicatio* » était même très usité et très pratiqué, bien que dans toute la compilation de Justinien, on ne trouve qu'un seul texte qui le mentionne, et encore pour dire qu'il n'a jamais été approuvé par les lois : « *abdicatio quæ, Græco more, ad alienandos*

(1) Valère Maxime, liv. V. « Cum Syllanum filium meum, pecunias a sociis accepisse mihi probatum sit, et republica et domo mea indignum judico, protinusque e conspectu meo abire jubeo. »

liberos usurpabatur et ἀποκήρυξις *dicebatur, Romanis legibus non comprobatur* (1). » Le père rompait tous les liens qui l'unissait à son fils, le rendait comme étranger, « *alienum facit* ». En somme *l'abdicatio* se rapprochait beaucoup de l'émancipation, bien que cette dernière ne fut jamais considérée comme une peine : Quant à son caractère essentiellement correctionnel, il nous est attesté à chaque page de Quintilien, qui l'appelle « *fulmen istud patrum, ira domestica, abdicationis emendatio* », et qui nous apprend qu'elle pouvait se faire de deux manières : « *Abdicationum formæ sunt duæ: altera criminis perfecti ; altera velut pendentis et adhuc in conditione positi ; quales sunt in quibus abdicatur filius, quia non pareat patri* (2). » Si Quintilien ne reproduit pas fidèlement le droit, il doit du moins représenter avec exactitude les mœurs et les idées communes de son époque.

Le père était donc, dans sa maison, un véritable magistrat, un juge appelé à statuer en dernier ressort sur tous les faits intéressant l'honneur de la famille. Soumis aux mêmes périls que les magistrats, le père recourut aux mêmes précautions qu'eux. Le juge Romain, choisi et nommé par le préteur « *prætore addictus,* » après avoir été discuté par les parties, choisissait quelques-uns de ses amis, ou des légistes, avec lesquels il composait une espèce de conseil, *consilium,* et qui siégeaient avec lui (3): c'étaient les « *judices pedanei,* » ainsi

(1) L. IX. *De patria potestate.* c. viii. 47.
(2) Quintilien, *De Institutione oratoriâ.* VII. iv. 27. éd. Lemaire.
(3) Aulu Gelle. *Nuits Attiques.* XIV. 2.

appelés parce qu'ils n'étaient pas assis sur le tribunal, comme les magistrats, mais sur des sièges placés plus bas que le tribunal, pour ainsi dire aux pieds du préteur (1). Cette coutume existait déjà au temps des rois, qui, au témoignage de Denis d'Halicarnasse, s'entouraient d'un *consilium* pour exercer leur juridiction criminelle (2). Un des plus grands crimes de tyrannie que Tite-Live reproche à Tarquin, c'est d'avoir jugé seul et sans *consilium* (3): « *Cognitiones capitalium criminum sine consiliis per se solus exercebat.* » Sous la République, cette institution se fortifia encore ; le même Tite-Live, à propos d'une accusation criminelle contre Scipion, fait dire à un préteur : « *Si de Scipione queri vellent, legatos mitterent Messanam, ibi secum consilio cogniturum... et prætorii et consilio haud mediocre onus demptum erat de Scipione cognoscendi* (4). »

Nous avons vu que le père qui voulait faire exposer ou tuer un enfant monstrueux ou mal conformé, réunissait quelques-uns de ses amis ou de ses voisins, qui décidaient s'il y avait vraiment lieu de se défaire de l'enfant. Comment croire qu'il était plus facile pour le père de mettre à mort un citoyen Romain, adulte, « *quem pater non solum sibi sed patriæ susceperat,* » qu'un enfant nouveau-né et monstrueux ? Donc, en fait, il arrivait toujours que les pères s'entouraient, pour juger leurs enfants coupables, des lumières de leurs parents

(1) Pauli Sententiæ, V, xxviii, § 6. *De pedaneis Judicibus.*
(2) Denys d'Halicarnasse, op. cit., IV, 56. 111, 26, 30. Voir aussi Dion Cassius, V, 23.
(3) Tite-Live, I, 49. — Conf. Denys d'Halicarnasse, II. 56.
(4) Tite-Live, XXIX, 21.

et amis. Mais la convocation de ce *consilium* était-elle simplement une pratique conseillée par les mœurs, une précaution que le père, comptable de la façon dont il exerçait la *patria potestas,* devant le censeur et devant le peuple, tenait à prendre pour dégager sa responsabilité? ou bien existait-il un véritable tribunal de famille, contrôlant le pouvoir correctionnel du père, et pouvant, au besoin, imposer son jugement à celui qui était tenu de le consulter?

Aucun texte fondamental ne parle de l'existence de ce tribunal, ni d'un contrôle exercé légalement sur les actes du père. Les textes qui proviennent, pour la plupart, d'ouvrages d'historiens qui ne se piquaient pas d'une grande précision juridique dans les mots, prouveraient tout au plus que le père pouvait consulter ce conseil : « *Consilio propinquorum adhibito.* » Il n'y a pas dans ces mots l'idée d'une obligation : c'est dépasser beaucoup le sens des termes, que l'y trouver. Du reste, étant donné l'état des mœurs à cette époque, et l'idée que les Romains se faisaient de la puissance paternelle, il est plus simple et plus naturel d'admettre que la convocation du *consilium* était facultative pour le père.

Mais quelle était la valeur des avis de ce *consilium* une fois convoqué? Certains auteurs, pour démontrer le rôle décisif du *consilium* et prouver que les opinions émises par lui liaient le père, s'appuyaient surtout sur les détails circonstanciés, donnés par Sénèque (1), dans une cause célèbre dans les annales de la juridiction domestique. T. Arius, pour juger son fils accusé de parricide, appela Au-

(1) Sénèque. *De Clementiâ,* I, 25.

guste dans son *consilium,* et celui-ci, afin de laisser
entière la liberté des votes, exigea qu'ils fussent
secrets : « *Cogniturus de filio, T. Arius advo-*
cavit in consilium Cæsarem Augustum, venit
in privatos pœnates, pars consilii alieni fuit....
petit ut sententiam suam, quisque scriberet, ne
ea omnium fieret quæ Cæsaris fuisset. » Auguste,
en exigeant que chacun écrive séparément son
opinion, voulait que le vote fût sérieux ; apparem-
ment, si le père consultait un conseil de famille,
c'était pour avoir l'avis de tous. Mais conclure de là
que l'avis du *consilium* liait le père, nous paraît
au moins étrange. « Vraiment, fait remarquer
M. Boistel (1), en lisant cette argumentation, je crois
voir dans plusieurs siècles d'ici, un brave savant,
découvrant un contrat de mariage de notre époque,
couvert des signatures de tous les parents des deux
futurs, et en concluant logiquement, d'une manière
irréfragable, que le contrat de mariage devait être
discuté et arrêté en conseil général de la famille,
et devait être approuvé à l'unanimité par tous les
membres. Que serait-ce s'il découvrait que l'un des
signataires est un enfant de six ans ? Quel étonne-
ment d'abord ! Puis, quelles théories splendides !
Voyez la démocratie, cette reine souveraine du
XIXᵉ siècle et de la France, pénétrer jusqu'au sein
des familles, et établir entre tous les hommes l'égalité la plus absolue. Quelle précieuse découverte,
ce serait vraiment superbe ! »

Peut-être, tel est l'avis de M. Gide, les anciens
Romains considéraient-ils les devoirs de famille
comme d'une nature trop noble et trop délicate

(1) Boistel, *De la Puissance paternelle.*

pour les livrer au contrôle indiscret des tribunaux et aux débats d'une procédure publique ; ce foyer domestique était pour eux un asile sacré dont aucun agent de l'Etat ne pouvait forcer le seuil (1), un sanctuaire impénétrable dont le législateur et le magistrat devaient respecter le mystère.

« *Endo liberis jus vitæ necisque, venumdandique potestas esto.* » Cette loi qui consacre, pour le père, le droit de vendre ses enfants, passa du vieux droit des· Quirites dans la loi des douze Tables. Il faut y joindre, du reste, un autre texte des douze Tables qui restreint un peu ce pouvoir exorbitant : « *Si pater filium ter venumduit, filius a patre liber esto* (2). » La loi des douze Tables ne parle que de la vente du seul « fils. » Les interprétateurs du « Droit civil » argumentèrent de ce silence par rapport aux filles et aux petits enfants des deux sexes, pour admettre que, pour ces derniers, une seule vente ferait perdre la puissance paternelle. Ainsi le père ne pouvait vendre ses filles et ses petits-enfants, qu'en renonçant par là à tous ses droits de père sur eux. On comprend du reste, que la vente des filles, qui pouvait être fort dangereuse pour leur moralité, fût vue avec beaucoup de défaveur, et que pour les petits-enfants, on jugeât qu'il y aurait abus à les vendre, lorsqu'on avait pu déjà vendre leurs pères jusqu'à deux fois.

Nous avons déjà parlé du moyen employé pour la vente des enfants, c'est-à-dire la mancipation. On peut seulement supposer que, lorsque l'on ne voulait

(1) Frag. 18, 21. D. *De in Jus voc.*
(2) Ulpien, fragm. 10. — Gaius, *Comm.*, I. 132.

pas en arriver à l'émancipation, les mœurs empê-
chaient qu'on ne l'employât hors des cas de nécessité extrême chez le père, ou d'une faute du fils.

Il est à peu près certain que ces restrictions au
droit absolu du père, ne furent pas formulées par
les lois, du moins sous la République. En tout cas,
le mancipé avait, dès cette époque, le droit de se
faire affranchir « *censu*, » en se faisant inscrire
sur les livres du cens, même malgré la volonté du
maître (1). De la sorte, il devait arriver que, tous
les cinq ans, tous les individus *in mancipio*
redevenaient libres, sauf dans deux cas : lorsque
le père avait stipulé que son fils lui serait remancipé,
ou lorsque la mancipation n'avait été faite que
comme abandon noxal ; et du reste, les prudents
étaient arrivés à faire de la mancipation le moyen
d'éteindre indirectement la puissance paternelle. Les
lois n'admettaient aucun moyen de produire cet
effet, mais on y arrivait, grâce à cette déchéance,
qui, d'après la loi des douze Tables, frappait le
père qui avait vendu trois fois son fils. Après la
dernière vente le père se faisait remanciper son
fils et l'émancipait lui-même.

L'abandon noxal qui, nous l'avons dit, avait
lieu lorsque le père ne voulant pas réparer le
dommage causé par son fils et dont il était responsable, se soustrayait à la condamnation en aban-
donnant complètement à la personne lésée l'auteur
du fait coupable, se faisait aussi par une mancipation (2), et l'enfant abandonné en noxe était « *in
mancipio* » comme l'enfant vendu, sauf la différence

(1) Gaius, *Comm.*, I, 140.
(2) Gaius, I, 140. 4, 79.

que nous avons signalée plus haut, par rapport à l'inscription sur le cens. La raison de cette exception était que le maître de l'enfant en noxe ne l'avait reçu qu'en l'acquit d'un droit antérieur, et comme compensation de dommages-intérêts, auxquels il avait droit (1). Il y eut une discussion très vive sur le point de savoir combien on devait faire de mancipations pour l'abandon noxal du fils. Il est probable qu'il n'en fallait qu'une seule, car peu importait à celui qui avait le fils « *in mancipio ob noxam* » qu'il fût ou non affranchi de la puissance paternelle, puisque cette puissance était suspendue pendant tout le temps du *mancipium* et ne pouvait reparaître qu'après un affranchissement volontaire, de sorte que le père ne pouvait user de la « *filii vindicatio* » que lui donnait la loi contre tout tiers qui retenait, malgré sa volonté, son fils de famille, et l'entravait ainsi dans l'exercice de la puissance paternelle.

Le père pouvait également mettre son fils en gage, comme sûreté d'une dette personnelle ; mais cet usage disparut de très bonne heure : il était, en effet, aussi dangereux pour l'enfant, que le créancier torturait de toutes les manières, pour amener le père à s'acquitter, que pour le père qui, se faisant illusion sur les facilités qu'il aurait pour payer, donnait facilement ses enfants en gage et ne pouvait les en retirer une fois le terme du paiement arrivé.

Comme chef de la religion domestique, c'est au *paterfamilias* qu'il appartient de statuer souverainement sur les modifications dans la composition de la famille : de là son droit de donner ou de refuser

(1) Gaius, I, 140. « Hunc pro pecunia habet. »

son consentement au mariage ou à l'adoption de ses enfants. La fille qui se mariait, entrait le plus souvent sous la puissance de son mari ou du père de son mari : Elle était perdue pour la famille. Le fils, lui, changeait plus profondément la composition de la famille, car il y introduisait sa femme, c'est-à-dire, une personne qui jusque-là y avait été complétement étrangère, et qui venait, *loco filiæ*, participer aux *sacra* de la famille et prendre part à la jouissance du patrimoine commun. Aussi le droit du père est-il absolu : « *Nuptiæ consistere non possunt, nisi consentiant omnes, id est qui coeunt quorumque in potestate sunt* (1). »

La nécessité du consentement du père est établie par une foule de textes (2). La question que l'on pouvait agiter était celle de savoir quel degré de liberté pouvaient avoir les enfants. A cet égard il semble qu'il fallait distinguer : Le fils, ne pouvait jamais être légalement forcé à se marier malgré lui (3) mais, lorsqu'il avait consenti, fût-ce sous l'empire de la crainte, et même de la contrainte « *si patre cogente ducit uxorem* », le mariage était valable, le consentement paraissait suffisant « *maluisse videtur* » (4). A l'égard de la fille, on regardait son consentement comme suffisant, si elle ne se refusait pas à la volonté de son père. La loi 20, *de nuptiis*, au Code 5. 4, paraît même aller plus loin et n'exiger le consentement de la fille que lorsqu'elle est *sui juris ;* c'est-à-dire dans un cas où la nécessité du

(1) L. II, *Dig.*, 23, 2. Paul. De ritu nuptiarum.
(2) *Instit.*, I, 10 pr. — Ulp., *Reg. Jur.*, V, 2. — Pauli Sentent., II, 19, 2. — *Dig.*, 23, 2.
(3) L. XIII, De sponsalibus. *Dig.*, 23, 1.
(4) L. XXII. De ritu nuptiarum. *Dig.*, 23, 2.

consentement du père a été plus difficilement et plus tard admise.

Les Institutes nous disent que le consentement du père devait précéder le mariage « *in tantum ut jussus parentis præcedere debeat.* » C'est une condition *sine qua non* de la validité des *justæ nuptiæ.* L'union contractée à son mépris ne revêterait le caractère de mariage que du jour où le père aurait donné un consentement ultérieur ou du jour de sa mort, et cela sans effet rétroactif : de sorte que l'enfant né avant le jour où l'union est devenue valable, ne serait pas *justus*, et ne serait pas placé sous la puissance paternelle.

Le père, disons-nous, est entièrement libre sur le choix de l'époux qu'il destine à sa fille. Cependant dans quelques cas les enfants pouvaient réclamer contre les abus de la puissance paternelle : par exemple, quand un père voulait contraindre sa fille à accepter un mari indigne ou de mœurs dépravées. « *Tunc autem solum dissentiendi a patre licentia filiæ conceditur, si indignum moribus vel turpem sponsum ei pater eligat* (1). »

Le pouvoir paternel était et restait, quand la fille n'avait pas été placée *in manu mariti,* tellement absolu, que le père pouvait toujours user sur elle de la puissance paternelle, et qu'il pouvait même faire dissoudre le mariage « *pater, invitâ filiâ, repudium genero misit* (2). »

L'auteur de la rhétorique à Herennius, probablement Cicéron, cite (3) ces vers de Pacuvius, où une

(1) *Dig.*, 23, 1. L. XII, § 1. De sponsalibus.
(2) *Fragm. Vatic.*, § 116.
(3) *Rhétorique à Herennius*, II, 24.

fille se plaint à son père de la dissolution de son mariage :

Injuria, abs te afficior, indigna, pater :
Nam si improbum Cresphontem existimaveras,
Cur me huic locabas nuptiis ? sin est probus,
Cur talem invitum invitam cogis linquere ?

« Oh ! mon père, tu me causes un tourment que je n'ai point mérité : car si tu regardais Cresphonte comme un malhonnête homme, pourquoi me l'as-tu fait épouser? Et s'il est honnête, pourquoi nous forces-tu à nous quitter, malgré lui et malgré moi? »

Et Plaute dans la comédie de Stichus, exprime la même idée : une fille, s'adressant à son père, lui dit :

« Ou nos maris ne te plaisaient pas, et il ne fallait pas nous les faire épouser, ou ils te plaisaient et il n'est pas juste aujourd'hui de nous en séparer. »

Aut olim nisi, tibi placebant, non datas oportuit
Aut nunc non æquum est abduci, pater.

Les femmes n'avaient, à Rome, aucun des attributs de la puissance paternelle ; aussi les enfants, lorsqu'ils se mariaient, n'avaient-ils pas besoin du consentement de leur mère. Cependant les mœurs allaient au-delà, et l'on peut affirmer que la mère, expressément exclue de la magistrature domestique et de toutes les fonctions qui s'y rattachaient (1), occupait dans la vie de la famille la place qui lui convient. Tite-Live nous raconte à ce propos, une jolie anecdote, qui nous prouve bien que, si le consentement de la mère n'était pas nécessaire au mariage, en fait, on la consultait toujours et même

(1) Ulpien. *Fragm. Vatic.*, tit. viii. § 8.

le jurisconsulte qu'elle honorait de sa confiance (1).
Scipion l'africain, pendant un festin du Sénat au
Capitole, avait fiancé sa fille à Gracchus. A son
retour, il dit à sa femme qu'il a conclu la sponsio
pour le mariage de sa fille : la mère se plaint et lui
reproche « de ne point l'avoir consultée pour le mariage de leur enfant commun (2). » Scipion cite le
nom de Gracchus, et aussitôt tout cet émoi s'apaise
devant l'heureux choix du fiancé.

La formule que nous employons ci-dessus, tou-
chant les droits de la femme, est un peu exagérée,
car tous les auteurs, envisageant la femme dans ses
rapports avec le mari, nous disent clairement que
les époux sont égaux et associés entre eux : « *mulier
socia rei humanæ atque divinæ domus* (3). »
Mais cette égalité, cette société, n'existe certainement ni sur les biens, (le mariage, à moins d'être
accompagné de la *manus*, laisse subsister la
distinction des deux patrimoines), ni au point de
vue des droits politiques. En quoi donc les époux
sont-ils vraiment associés et égaux ? Si d'abord
nous nous plaçons dans la société, nous voyons que
le mari et la femme y tiennent le même rang, mais,
naturellement, c'est la femme qui prend le rang de
son mari, de sorte qu'elle s'élève ou s'abaisse
socialement par le mariage ; la femme habite le
même domicile, participe au culte privé de son mari,
et, pour en arriver au point de vue particulier qui
nous occupe, bien que la puissance paternelle ne
lui appartienne jamais et qu'elle-même, bien sou-

(1) Cic., *De Oratore*, III, § 53.
(2) Tite-Live, XXXVIII, 57.
(3) C. L. II, *De crim. exp. her.*, IX, 32.

vent, soit soumise à celle de son mari, elle exerce
la même autorité que lui sur les enfants ; les textes
ne manquent pas pour prouver qu'ils lui obéissent
avec autant de respect qu'au père, et que c'est à
elle surtout qu'est confiée la direction de leur première éducation (1). Il serait facile de multiplier
les témoignages de l'égalité des deux époux. Tite
Live dit d'un jeune homme : « *Sub tutela matris
et vitrici educatus fuerat* (2). » Cependant le
mari seul pouvait avoir la tutelle de son beau-fils,
mais en fait sa femme l'exerçait avec lui : « *Ubi tu
Gaius, ibi ego Gaia.* » Ainsi parlait la femme au
mari, au moment où elle entrait dans la maison
conjugale et prenait pour ainsi dire son rôle d'épouse.
D'une manière générale, les deux époux étaient
égaux dans l'intérieur de la maison. Cornélius
Népos, en la préface de ses biographies, qui contient
une intéressante comparaison de la femme Romaine
et de la femme Grecque, va jusqu'à dire, qu'à
Rome, la femme tient le premier rang dans la
famille, sans doute par les égards et la considération
dont elle est entourée. Et quand le mariage est
accompagné de la *Manus*, cette société des deux
époux, leur égalité est encore plus forte et plus
complète bien qu'alors la femme soit considérée
comme la fille de son mari, et la sœur de ses enfants. C'est probablement dans ce cas que Denis
d'Halicarnasse dit de la femme Romaine qu'elle
est maîtresse dans la maison : « κυρία τοῦ οἴκου τὸν
αὐτὸν τρόπον ὄνπηρ καὶ ὁ ἀνήρ ». (3).

(1) Hor., *Od.*, III, 6, vers. 39 et 40. — Tac., *De Orat.*, 28.
(2) Tite-Live, XXXIX, 9.
(3) Denys d'Halic., II. 25.

Nous avons vu que dans, le droit primitif, la composition de la famille dépendait absolument du *paterfamilias,* qui pouvait même, par l'adrogation, introduire une famille étrangère tout entière dans la sienne, ou mettre la sienne sous la *patria potestas* d'un autre que lui. L'adopté, quittant sa famille naturelle, prend dans sa famille adoptive les mêmes droits et les mêmes obligations que s'il y était né. La loi des douze Tables n'avait pas prévu cette situation juridique : ici encore on se servit du principe qui enlevait au père, sa puissance, après trois ventes, et on arrivait au moyen d'une fiction à investir l'adoptant de cette même puissance. Mais encore fallait-il tenir compte de la délibération du peuple, qui, à cette époque, dans les assemblées appelées comices par curies, participait directement aux affaires publiques, et décidait même de toutes les affaires privées qui pouvaient intéresser l'Etat : or, ici il y avait disparition d'un culte et d'une famille. Aussi était-ce à ce moment un acte fort grave et dont la solution n'était donnée qu'après consultation des pontifes et délibération du peuple. Mais lorsque les vieilles institutions de Rome ne servirent plus qu'à attaquer la république, dont jusque-là elles avaient fait la force, l'adoption elle aussi perdit son caractère, et fournit seulement aux citoyens le moyen de tourner les lois, dont on voulait encore, malgré tout, respecter la lettre. Le droit de faire une adoption ne fut accordé à la femme qu'assez tard. Ce n'est guère qu'à partir des règnes de Dioclétien et de Maximien, que nous voyons la femme qui avait eu des enfants et les avait perdus. obtenir du prince l'autorisation d'adopter, afin d'ac-

7

quérir une espèce de puissance paternelle (1). Mais
l'empereur Léon le philosophe, par la novelle 27,
permit l'adoption même aux femmes qui n'avaient
jamais été mères, se fondant sur ce qu'une femme
peut tenir à la conservation de sa virginité et néanmoins éprouver un légitime besoin d'affection ma-
ternelle. Vers la fin de la république, et dans les premiers temps de l'empire, nous trouvons des adoptions
ou des adrogations faites par testament. « Pareil
acte ne pouvait évidemment avoir pour but de faire
acquérir la puissance paternelle au testateur; peut-
être n'était-ce autre chose qu'une institution d'héritier avec charge de porter le nom du défunt (2). »

Par rapport aux biens, le principe : « *Quidquid
ad liberos pervenit, hoc parentibus suis acqui-
runt* » resta intact sous la république. Tant que le
fils restait soumis à la puissance paternelle, il ne
pouvait rien acquérir personnellement. Sa situation
ressemblait fort à celle de l'esclave, quoique, comme
nous l'avons déjà remarqué, son incapacité n'était
pas aussi absolue. L'esclave, quant au droit civil
« *pro nullo habetur* (3), » c'est une chose possédée
et qui ne saurait posséder « *nullum caput habet* (4). » C'est selon l'expression d'Aristote dans sa
politique : « Un instrument susceptible de manier
d'autres instruments ». Le fils de famille au contraire
a une personnalité : elle est absorbée, il est vrai,
dans celle de son père ; mais, et c'est ce qui témoigne
de son individualité, il a la co-propriété, le *condo-*

(1) L. V, code VIII, 48.
(2) Maynz, *Cours de Droit Romain*, Droits de famille, t. III, § 412,
p. 86, édit. de 1874.
(3) L. XXXII, *Dig.*, De Reg. Juris, 50, 17.
(4) *Instit. Just.*, liv. I, tit. XXVI, § 4.

minium (1). N'est-il pas en effet *suus heres ?* Et cependant le pouvoir du père est tellement grand, qu'il peut dicter la loi à ses enfants, par son testament, pour le moment où il ne sera plus. La loi des douze Tables, qui l'investit pendant toute sa vie de la souveraine juridiction sur la personne de ses enfants, l'investit encore de la toute-puissance au moment suprême ; et il l'exerce sur la personne par la nomination d'un tuteur, sur les biens par la liberté absolue de disposition : « *Uti legassit super pecunia tutelâve suœ rei, ita jus esto.* »

Paul trouve que ce droit devait naturellement appartenir au père à qui l'on donnait même le droit de vie et de mort : « *Nec obstat quod licet eos exhœredare, quod et occidere licebat* (2). » Le testament fut à Rome une arme puissante entre les mains du père, qui en abusa comme de toutes celles que la loi lui avait données. En effet, le père mécontent d'un de ses enfants l'exhérédait, c'est-à-dire le privait dans son testament, de la portion du patrimoine à laquelle il avait naturellement droit ; on fut contraint de réagir, et l'on tempéra la rigueur de ce pouvoir, d'abord par des règles compliquées auxquelles on en soumit l'exercice, puis par la faculté que l'on donna à l'enfant de protester contre l'acte qui le dépouillait injustement. Ces restrictions, toutefois, ne furent point le résultat de dispositions législatives, elles furent apportées par la coutume, et les jurisprudents qui les consacrèrent, eurent bien soin d'avoir recours à des fictions pour

(1) « Vivo quoque patri domini existimantur ». (*Instit. Just.*, liv. II, tit. XIX, § 2.)
(2) L. XI. *Dig.*, 28, 2.

laisser en apparence les droits du père, intacts. On exigeait l'exhérédation nominative sous ce prétexte que la volonté du père ne devait pas être manifestée d'une manière douteuse ; puis, quand on permit plus tard d'attaquer le testament, comme contraire à l'*officium pietatis*, ce fut sous cet autre prétexte que le père, en le faisant, n'était pas sain d'esprit.

Mais à la différence des temps primitifs, où le père et la mère n'étaient tenus d'aucune obligation envers l'enfant, nous voyons maintenant la loi leur imposer certains devoirs.

En premier lieu, le législateur imposa aux parents l'obligation d'entretenir et d'élever leurs enfants (1); quand l'enfant était « *vulgo conceptus* » l'obligation incombait à la mère, puisqu'il n'y avait pas de père certain (2). Quand la filiation était certaine, mais qu'il n'y avait pas eu de justes noces, la charge de l'entretien et de l'éducation pesait également sur le père et la mère, parce qu'il n'y avait aucune raison pour que l'un d'eux la supportât plutôt que l'autre (3). Mais si l'enfant était issu « *ex justis nuptiis,* » l'obligation incombait au père seulement (4), sauf lorsqu'il était mort ou dans l'indigence. Cette distinction était très-équitable, car le père profitait de toutes les acquisitions que pouvaient faire les enfants nés *ex justis nuptiis* en puissance. Ce fut aussi pour cette raison que le législateur en vint à écrire dans la loi l'obligation pour les parents de constituer une dot à leurs

---

(1) L. V, § 1, *Dig.*, 25, 3.
(2) L. V, § 4, *Dig.*, 25, 3.
(3) Accarias, *Précis de Dr. Romain*. t. 1, p. 198.
(4) L. VIII. *Dig.*, 25, 4.

enfants (1), mais cette obligation ne fut imposée qu'au père : la mère n'en était pas tenue civilement (2). Ajoutons aussi que les ascendants paternels et maternels étaient également tenus d'assurer l'éducation et l'entretien des enfants (3).

Les jurisconsultes nous montrent combien était grand le respect qu'on accordait au père et auquel il avait droit comme chef de la religion, comme père et comme juge. Il avait sur ses enfants le même pouvoir qu'un roi sur ses sujets : il les gouverne « βα.ιλικῶς (4). » Il en a la majesté « *patria majestas* (5). Il en a même le nom : celui que les Hébreux appelaient Abimélech ; Homère, οἴκοιο-άναξ ; les Grecs, Δεσπότης ; les Romains lui donnaient souvent le nom de *rex,* de roi.

Le fils de famille n'a pas de culte distinct : mais il participe au *sacra* de son père, et ces *sacra,* lui deviennent propres quand il héritera de son père. La loi veut assurer la conservation des idées religieuses par l'unité du culte privé, la conservation des fortunes par l'unité de patrimoines, enfin, la conservation des mœurs et des traditions nationales par la souveraineté d'une seule volonté.

La loi punissait le fils qui n'observait pas cette loi du respect dû au *paterfamilias.* « *Si filius matrem aut patrem, quas venerari oportet, contumeliis adficit, vel impias manus ei infert, præfectus urbis, delictum, ad publicam pietatem,*

---

(1) L. XIX. *Dig.,* 23. 2.
(2) L. VII. Code.
(3) L. V, § 2, *Dig.,* 25, 3.
(4) Aristote. *Politique.* I, c. 1. § 18. — *Ethicorum,* c. XII.
(5) Valère Maxime. VII. 7, 5. — Quintilien, *Déclam.,* CCCLXXV.

pertinens pro modo ejus vindicabit (1). » Et Ulpien, résumant dans une formule remarquable par son énergie et sa concision, en même temps que par son exactitude, les devoirs du fils vis-à-vis du père, dit : « *Filio semper, honesta et sancta persona patris, esse debet* (2). »

Les Romains avaient une si haute idée du respect que le fils devait avoir pour la personne de son père, qu'ils avaient édicté un supplice atroce pour le parricide : on l'enfermait dans un sac avec un chien, un coq, une vipère et un singe, et on le jetait à la mer.

C'est cette même *paterna reverentia* qui s'opposait à ce que le fils intentât contre ses père et mère une action infamante, et qui obligeait le fils, même lorsque l'action n'avait rien d'infamant, à obtenir l'autorisation du magistrat pour citer en justice ses parents.

Telle était cette puissance exorbitante, sans fin et sans limites, a dit Vinnius, dans son commentaire sur les Institutes : *non finem habet, quia in omne vitæ filii tempus producta fuit, etiamsi summos honores gessisset ; non modum, quia immensa fuit.* »

Cependant, ces pères, si jaloux de la puissance paternelle qu'ils avaient sur leurs enfants, et dont aucune considération ne pouvait enchaîner la sévérité, lorsqu'il s'agissait du salut de la République, savaient honorer, dans leurs fils, les magistratures dont ils étaient revêtus ; ils servaient dans

(1) *Dig.*, 37, 15, 1.
(2) *Dig.*, 37, 15, 9.

les armées, sous leurs ordres, et s'enorgueillissaient de leurs victoires.

Le premier des Fabius qui porta le surnom de Grand avait été cinq fois consul ; le peuple lui avait décerné, en plusieurs circonstances, les honneurs du triomphe. Une guerre éclate : Il accepte la lieutenance de l'armée, dont le commandement suprême avait été confié à son fils, et lorsque ce fils rentre à Rome, en triomphateur, il accompagne son char dans le plus modeste équipage (1).

Le plus grand parmi les grands hommes que donna à Rome la famille Fabia, celui qui mérita le surnom de Maximus, celui dont la sage lenteur et la savante tactique déconcertèrent les projets d'Annibal, vainqueur, et préparèrent sa retraite en Afrique, et la ruine de Carthage, ayant pris un cheval pour aller à la rencontre de son fils, alors consul en exercice, ne mit point pied à terre, lorsqu'il le rencontra, soit à cause de son grand âge et de sa faiblesse, soit pour éprouver le caractère de son fils. Celui-ci, l'apercevant de loin, ne permit pas qu'il s'approchât ainsi et lui fit ordonner, par ses licteurs, de descendre de cheval et de venir à pied, s'il avait affaire au consul, bien qu'il fût son père, l'ayant en puissance et que « *inter eos sciebant maximâ concordiâ convenire* (2). » Le père félicita son fils d'avoir si bien manifesté l'*imperium* qu'il tenait du peuple : « Mon fils, lui dit-il en l'embrassant, tu penses et tu agis avec dignité, tu sens à quels hommes tu commandes et quelle autorité tu exerces. C'est ainsi que nous et

(1) Plutarque, *Vie de Fabius Maximus*, XXXVII.
(2) Aulu Gelle, *Annales de Claudius*.

nos ancêtres nous avons augmenté la puissance Romaine, en préférant toujours notre patrie, à nos pères et à nos enfants (1). »

La puissance paternelle était fière de ces sacrifices que lui imposait le salut de la République. Mais lorsqu'un fils abusait de la magistrature que lui avait confiée le peuple, pour aspirer au pouvoir suprême ou pour flatter les passions de la populace et ameuter les citoyens les uns contre les autres, la puissance paternelle reprenait toute son énergie. L'audace du fils tombait devant un seul mot prononcé par le père.

Flaminius, partisan de la loi agraire, avait fermé l'oreille aux remontrances des plus illustres personnages : il se montrait également insensible aux prières et aux remontrances de son père qui cherchait à le retenir. Monté à la tribune, il venait de proposer au peuple le partage de quelques terres qui avaient appartenu aux Senonois, et dont les Picentins et les Gaulois se trouvaient en possession ; le peuple l'encourageait par ses clameurs ; les protestations des bons citoyens ne pouvaient plus se faire entendre. Tout-à-coup, le père de Flaminius écarte la foule qui se presse autour de la tribune aux harangues, saisit son fils par le bras et lui intime d'un ton de maître l'ordre de le suivre. Flaminius, entraîné par un ascendant irrésistible, abandonne la tribune et se laisse conduire jusqu'à la maison où il est né, au milieu de la populace romaine qui n'ose pas défendre son Tribun (2).

Au reste, en fait, les pères n'exigeaient de leurs

(1) Plutarque, *Vie de Fabius Maximus*, XXXVII.
(2) Valère Maxime, liv. IV. — Polybe, liv. II.

fils que les travaux dont ils s'occupaient eux-mêmes,
et auxquels ils retournaient le jour même où ils
étaient rentrés dans Rome en vainqueurs, sur un
char de triomphe (1). Leurs enfants étaient leur
principale richesse : et leur plus grand souci était
d'éviter tout ce qui pouvait les froisser ou les faire
rougir. « *Maxima debetur pueris reverentia* (2). »
Ils connaissaient cet adage et le mettaient en pratique. Toute la famille réunie cultivait de ses propres
mains le patrimoine qu'elle avait hérité de ses ancêtres. Aussi, est-il permis de supposer, comme nous
le disions plus haut, que de tels pères ne faisaient
pas à plaisir un infâme trafic de la liberté de leurs
enfants : le silence des historiens et des jurisconsultes nous autorise à penser que la vente des
enfants fut un droit dont les pères ne voulaient pas
faire usage, sauf les cas d'extrême nécessité, dans
les beaux temps de la république, et qui était depuis
longtemps tombé en désuétude lorsqu'il plut aux
empereurs Dioclétien et Maximien d'en interdire
l'exercice (3).

Vers la fin de la république, des lois spéciales
apportèrent de grandes modifications au pouvoir du
chef de famille, de disposer de tous les biens de la
famille, de la manière la plus absolue, soit par donation entre-vifs, soit par testament. La jurisprudence
exigea, vers le temps de Cicéron, pour la validité
d'un testament où un père dépouillait un de ses
enfants, que l'hexérédation fût expresse. Toutefois

(1) Par exemple : Cincinnatus, Tite-Live, liv. III, ch. XVI. Attilius
Serranus, Val. Maxime, liv. IV, ch. IV, etc.
(2) Juvénal, Satire XIV.
(3) L. I, tit. XLIV, liv. IV au Code, de parentibus qui filios suos
distraxerunt.

le testament qui la contenait resta la loi suprème jusqu'au jour où apparut une garantie plus efficace, la plainte d'inofficiosité. Le fils déshérité put dès lors se plaindre de ce que son père ou son aïeul, dans l'exercice absolu de son pouvoir de tester, n'avait pas rempli à son égard, le devoir de la piété paternelle « *officium paternæ pietatis* (1) ». C'est le tribunal des centumvirs, nommé par l'élection des tribuns, qui était juge de la plainte d'inofficiosité : « *Quærela inofficiosi testamenti est judicium centumvirale* (2). »

Ainsi les droits du sang avaient maintenant une garantie dans l'institution du jugement centumviral, en matière d'inofficiosité : les espérances des enfants étaient subordonnées à leur conduite envers leur père.

Les modifications dues au Droit Prétorien n'eurent trait qu'aux biens de la famille. Nous n'avons donc pas à en parler. Le pouvoir du père avait conservé, au temps de Cicéron, tout son caractère de sévérité : et ce qui prouve bien que la puissance paternelle n'avait encore reçu aucune atteinte légale, par rapport à la personne des enfants, lors du déclin de la république, c'est que la loi *Pompeia de Parricidiis* ne fait aucune mention du meurtre des enfants par leurs parents (3).

---

(1) *Querela inofficiosi testamenti.*
Cic., *In Verr.*, I, 42 : « Testamentum Annius fecerat non improbum, non inofficiosum... » — Le jurisconsulte Marcellus (antérieur à Gaius) disait : « Inofficiosum testamentum dicere, hoc est allegare quare exheredari non debuerit. » (*Dig.*, v. 2, 2.)
(2) *Cod. Just.*, III, 31, 12. — *Dig.*, v. 2, 13, 17. — *De Legatis.* L. 76.
(3) L. I, *Dig.*, De leg. Pomp., 48, 9.

SOUS LES EMPEREURS PAIENS

Les institutions de Rome restèrent robustes et prospères, tant qu'elle fut la petite ville des vieux Quirites, laborieuse, et toute pleine d'une vie publique absorbante ; elles ne durèrent pas plus que la Constitution républicaine, et ne réussirent même ni à la protéger, ni à la sauver.

Depuis le désastre de Philippes, et la fin tragique des derniers défenseurs de la liberté Romaine, la *patria potestas,* fondée sur des institutions politiques qui allaient s'émiettant de jour en jour, était ébranlée par leur ruine, et elle avait besoin d'un remaniement presque aussi complet que la Constitution même de la cité.

Les pères, amollis par le luxe, craignant pour eux-mêmes, moins jaloux de laisser un nom sans tache, admiraient, sans l'imiter, la sévérité de leurs ancêtres : et s'ils méritaient un reproche, c'était d'user souvent d'une funeste indulgence. Sénèque nous rapporte cependant un trait, qui prouve que, à cette époque encore, il y avait des pères qui se considéraient comme maîtres de disposer de la vie de leurs enfants. Un certain Erixonus, nous dit-il (1),

(1) Sénèque, *De Clementia.* I, 14.

avait fait mourir son enfant à coups de fouet. Le peuple Romain fut tellement indigné, que, comme le père barbare, avait été reconnu dans la rue, il faillit être écharpé, et ce ne fut qu'à grand peine, que l'empereur Auguste put le faire mettre en sûreté. « *Quia filium suum occiderat, populus in foro graphiis confodit : vix illum Augusti Cæsaris auctoritas, infestis tam patrum quam filiorum manibus eripuit.* »

Auguste comprit qu'il fallait réformer l'ancienne législation ou la remettre en vigueur. C'est à ce dernier parti qu'il s'arrêta. Animé d'un véritable zèle archéologique, il rétablit le tribunal des censeurs, fit usage lui-même de l'ancien droit d'exposition, en condamnant à périr l'enfant de son indigne nièce Julia (1), et favorisa l'exercice de la juridiction domestique en la sanctionnant par sa présence au conseil de famille d'Arius. Mais « il couvrait ainsi d'un respect apparent, pour les anciennes lois, le moyen même qui préparait leur ruine (2). » Sans s'apercevoir des contradictions de son œuvre, il fit, par deux lois célèbres, des réformes qui constataient et consacraient la décadence de l'ancienne *patria potestas*. La loi Julia *de adulteriis*, fit de l'adultère un délit public et enleva par là même à la juridiction domestique sa compétence la plus importante. Le mari, même possesseur de la *manus,* ne put, dès lors, plus user de ce *jus vitæ necisque* (3) de ce terrible droit du glaive, qui faisait du père le maître absolu de sa famille. Il

---

(1) Suétone, *Auguste*, 65. — Ex nepte Julia post damnationem editum infantem adgnosci alique vetuit.

(2) Linguet, *Théorie des lois civiles*. t. II.

(3) D. 48, 5, 32 pr. — Paul. Sentent., I, 26, 4.

fut obligé de répudier sa femme (1), et fût-il *filius-familias*, il put intenter seul le *crimen publicum*, malgré toutes les règles qui refusaient cette faculté au fils de famille (2); le *pater*, au contraire, conserva le droit de tuer sa fille et son complice lorsqu'il les prenait en flagrant délit, et il obtenait même une action privilégiée contre la coupable : mais ces deux droits dépendaient uniquement de sa qualité de *genitor*. Le grand-père, même exerçant la *patria potestas*, ne pouvait les invoquer ; cette loi était un aveu du triste état de la famille Romaine à cette époque. Une seconde loi, rendue sous Auguste, la loi Pappia Poppœa, vint apporter une restriction au pouvoir qui appartenait auparavant au père de décider sans contrôle du mariage de ses enfants. Menacé des peines de la loi *de maritandis ordinibus*, le fils de famille put forcer le père à justifier son refus de consentir au mariage. Le magistrat devint juge entre le père et le fils et bientôt il put même forcer le père à doter sa fille (3). Sa volonté était toujours entièrement libre sur le choix d'un époux (sauf, comme nous l'avons vu, le cas d'indignité de celui-ci) : mais il ne pouvait refuser son consentement à tout mariage de ses enfants. Il est même probable que l'on entendait largement la disposition de la loi Julia, et que l'on considérait comme un refus de marier la négligence à chercher un parti.

La République Romaine s'était servie de la

(1) D. eodem Titulo, 33, 1.

(2) *Collatio legum Romanarum*. De adulteriis, c. IV, 1.

(3) D. 23, 2, 19. « Capite trigesimo quinto legis Juliæ qui liberos quos habent in potestate injuria prohibuerunt ducere uxores vel nubere vel dotem dare non volunt, præsides proconsulesque coguntur in matrimonium collocare et dotare. »

patria potestas pour préparer de bons citoyens par la rude discipline de la famille, les Empereurs s'en servirent pour trouver des complices et des bourreaux. Ils voulurent se ménager des auxiliaires dans les esclaves et les fils de famille : de là cette étrange et continuelle tendance de leur part à restreindre et à rendre dépendante de leur caprice la puissance des maîtres et des pères sur ceux qui leur étaient soumis.

Tibère voulut que la femme adultère fût jugée, comme dans les anciens temps, par un tribunal domestique (1). Mais il est facile de comprendre le sens de cette application de la juridiction domestique. Au lieu de rétablir pour les familles leur ancien droit de juridiction, que la loi Julia avait aboli, il leur en imposait l'exercice contre toutes les règles et en dehors de toutes les conditions ordinaires ; il obtenait des condamnations à huis-clos sans avoir même la peine de justifier une accusation, mettant ainsi ses crimes sous le couvert des anciennes lois : « *Proprium id, Tiberio fuit, scelera nuper repera, priscis verbis obtegere* (2). »

Claude et Néron qui, sans jugement préalable, faisaient tomber les plus illustres têtes et qui prenaient plaisir à contempler le supplice et à entendre les plaintes de leurs victimes, se montrèrent pleins de sollicitude pour les esclaves abandonnés malades, par leurs maîtres et défendirent à ces derniers de leur ôter la vie sans autorisation expresse du magistrat (3).

(1) Suétone, *Tibère*, 35.
(2) Tacite, *Annales*. liv. III.
(3) Crevier, *Hist. des Empereurs*. Vie de Claude et de Néron.

Néron voulut continuer la tradition : à l'exemple
de Tibère, il favorisa l'exercice de la juridiction
domestique et Tacite nous a transmis le récit d'un
procès qui fut ainsi tranché par les proches de
l'accusée. A son retour de Bretagne, Plautus reçut
la permission (?) du tyran de traduire devant lui sa
femme, Pomponia Græcina, accusée de « superstition
étrangère. » Plautus, assisté de ses proches et de
ses amis eut le courage de l'absoudre et de résister
ainsi à la volonté du persécuteur des chrétiens :
« *Pomponia Græcina, Plautio, qui ovans se de
Britannis retulit, nupta ac superstitionis
externæ rea, mariti judicio permissa. Isque,
prisco instituto, propinquiis coram de capite
famâque conjugis cognovit et insontem nun-
tiavit* (1). » D'après une conjecture presque certaine,
Pomponia Græcina était chrétienne (2) et c'est à
raison de ce crime, qui n'avait encore aucune
qualification légale, que Néron l'avait fait traduire
devant la juridiction de son mari. Au début de son
apologétique, Tertullien nous explique que beaucoup de chrétiens furent condamnés dans des
circonstances analogues, et que « jugés par des
tribunaux domestiques, *domesticis judiciis*, ils
n'ont pu faire entendre leur défense (3). »

Les jurisconsultes de cette époque voulaient

(1) Tacite, *Ann.*, XIII, 32.
(2) On a trouvé dans les catacombes une épigraphe chrétienne au
nom de Pomponius Græcinus.
(3) Tertullien, *Apologétique*, I. — On a donné plusieurs traductions
de ce mot « domesticis judiciis ». Nous formulons ici l'opinion de
Oehler (Leipsick, 1853, p. 113, note g. in fine) qui dit en note : « Nec
video cur domestica judicia non simplicius ejusmodi dici sumamus
de quibus Tertullianus, infra, cap. III, loquitur, quæ pater in filium,
maritus in uxorem, dominus in servos christianos factos exercet. »

rester fidèles à l'ancienne organisation de la famille,
mais la religion des ancêtres était morte, la famille
désorganisée par le divorce, annihilée, pour ainsi
dire, dans son rôle politique, ne recherchait plus,
comme jadis, la stabilité et la perpétuité. Aussi
plus de respect du fils envers ses parents, plus
d'affection. Dès lors, on comprend facilement qu'à
ce moment, les crimes de lèse-famille soient plus
fréquents que jamais. L'exemple venait, du reste, de
haut : Néron ordonna le meurtre de sa mère : il tenta
d'abord de la noyer ; comme elle était parvenue à
regagner le rivage, il la fit assassiner dans sa maison
de campagne. Les historiens ajoutent même qu'il
voulut contempler le cadavre sanglant de celle qui
lui avait donné le jour, et qu'il ne craignit pas d'en
louer et d'en critiquer les formes avec une joie féroce
et une curiosité cynique (1).

La même politique à l'égard des fils de famille
présida aux conseils des autres Césars, et de ceux
même dont les vertus, l'humanité et la justice pro-
curèrent quelque repos au peuple romain.

Trajan obligea un père à émanciper son fils, auquel il avait infligé une correction beaucoup trop
forte (2) et qu'il avait maltraité « *quem male affi-
ciebat* », et Papinien approuva la décision de Nera-
tius, qui avait privé le père de la succession du fils
ainsi émancipé.

Adrien relégua pour toute sa vie, dans une île,
un père qui avait tué, à la chasse, son fils, convaincu

(1) Tacite, l. XIV, § 7, 8, 9. — Adduntur, dit Suétone, his atro-
ciora, nec incertis auctoribus, ad visendum interfectæ cadaver accu-
risse, contemplavisse membra, alia vituperavisse, alia laudavisse,
sitique interim aborta bibisse. Suétone, liv. IV, *Vie de Néron*. § 34.
(2) *Dig.*, liv. VIII, tit. xii, loi dernière.

d'un commerce criminel avec sa belle-mère, parce qu'il avait agi, non comme un père, mais comme un voleur. « *Divus Adrianus fertur, cum in venatione filium suum quidam necaverat, qui novercam adulterabat, in insulam eum deportavisse, quod latronis, magis quam patris, jure eum interfecit. Nam patria potestas in pietate debet, non in atrocitate consistere* (1). » C'était aller un peu loin et refuser à un père, irrité par le plus sanglant outrage, un droit que les empereurs avaient eux-mêmes accordé au mari d'une femme adultère, lorsque le complice était ou avait été sous sa puissance (2).

Ni dans l'un ni dans l'autre cas, du reste, l'empereur ou le jurisconsulte n'invoque pour motif de la condamnation, que le père n'avait pas le droit de tuer ou de maltraiter son fils. On peut donc dire qu'à cette époque on punissait l'abus de la puissance paternelle, l'emploi de punitions corporelles, non justifié, ou entaché d'un caractère de vengeance et d'arbitraire, indigne de l'autorité paternelle ; mais que l'étendue du droit de correction n'avait *légalement* subi aucune restriction.

Ce fut Alexandre Sévère, qui posa expressément les limites de ce droit de correction : le père. peut désormais punir les enfants qui manquent à leurs devoirs de piété filiale ; mais s'ils persévèrent dans leur révolte, et s'ils méritent un châtiment un peu grave, le père les conduit au président de la province, auquel il expose ses plaintes, et qui doit rendre une sentence conforme à ses désirs. Voici le texte de

(1) L. V, *Dig.*, de lege Pomponià, liv. LXVIII, t. ix.
(2) L. XXIV et XXXIII, ad Legem Juliam.

8

cette constitution, qui est de l'année 228 de l'ère chrétienne : « *Filium, si pietatem patri debitam non agnoscit, castigare, jure patriæ potestatis, non prohiberis : acriore remedio usurus, si in pari coutumacia, perseveraverit, eumque provinciæ præsidi oblaturus, dicturo sententiam quam tu quoque dici volueris* (1). » C'était interdire l'exercice du droit de vie et de mort ; aussi les jurisconsultes de ce temps nous parlent de ce droit comme n'existant plus. Paul (2) dit simplement : « *Quod et occidere licebat,* » et non « *licet.* » Ulpien est plus explicite, il dit : « *Filium inauditum, pater non occidere potest : sed eum accusare apud præfectum præsidemve, provinciæ debet* (3). »

Cependant aucune disposition législative n'avait définitivement aboli le droit de vie et de mort, qui ne le fut que beaucoup plus tard (4).

Antonin le Pieux, sans détruire les autres effets de la puissance paternelle, avait autorisé la mère, par plusieurs décrets, à garder auprès d'elle ses enfants, à cause de la méchanceté ou des mauvaises mœurs du père, « *ob nequitiam patris* (5). Chose remarquable, dans les maximes romaines, « la piété envers la mère, suivant les sentiments de la nature, » est expressément recommandée par les juriscon-

---

(1) L. III, De pat. potestate, C. vIII, 47.
(2) L. XI in fine, De lib. et post. *Dig.*, 28, 2.
(3) L. II, Ad legem Corneliam. De Sic. *Dig.*, 48, 8.
(4) Voir plus loin sous Constantin.
(5) Etiamsi maxime autem probet filium pater in potestate sua esse, tamen causa cognita, mater in retinendo eo potior est, idque decretis divi Pii quibusdam continetur. Obtinuit enim mater ob nequitiam patris, ut sine deminutione patriæ potestatis, apud eam filius moretur. (*Dig.*, de lib. exhib., XLIII, 30, 3, § 5.)

sultes de cette époque : « *Inter matrem et filium pietatis ratio secundum naturam salva esse debet* (1). »

Une constitution de Dioclétien, effaçant toutes les traces de l'ancien *mancipium*, défendit de vendre, de donner, de livrer à titre de gage un enfant sous aucun prétexte (2).

Marc-Aurèle avait permis au fils du « *mente captus,* » de se marier librement (4) et interdit au père de rompre le mariage de sa fille en intentant contre son gendre l'interdit « *de liberis exhibendis* (5). » Tel était le penchant des empereurs à substituer le pouvoir du magistrat public à celui du chef de famille, que, comme nous l'avons vu plus haut, le père, s'opposant au mariage de son fils ou de sa fille, trouva dans le magistrat une autorité supérieure qui put le contraindre à marier comme à doter ses enfants. Dioclétien et Maximien accordent au mari le droit de réclamer sa femme, même à ses parents, comme le lui avait déjà accordé le jurisconsulte Hermogénien, et décident expressément que le refus par son enfant de divorcer ne sera pas pour le père un juste motif d'exhérédation (5). L'enfant exhérédé pour cette cause, pouvait attaquer le testament : il avait la *querela inofficiosi testamenti*.

Nous voici bien loin de ce vieux droit Quirite où

(1) *Dig.*, XXXVII, 15, 91, § 1. Ulp.
(2) Cod. Just., IV, 43, 1 : Liberos a parentibus neque venditionis, neque donationis titulo, neque pignoris jure..... aut alio quolibet modo, in alium transferre posse, manifestissimi juris est.
(3) Marc Aurèle, *Cit. in Just.*. c. v, 4, 25.
(4) Paul. Sentént. V, 6, 15.
(5) *Dioclet. et Maxim.*, c. III, 28, 18.

le père pouvait, presque arbitrairement, enlever la vie à ses enfants : le *filius familias* est maintenant un homme libre. Le droit de disposition du *pater* est limité par ce caractère même : le père ne peut l'émanciper (1) ni le donner en adoption contre sa volonté (2) ; il ne doit pas le maltraiter ; il peut encore louer ses services, mais il ne doit ni le vendre, ni le donner en gage : un homme libre n'a pas de prix (3) ; surtout il ne peut plus invoquer sa puissance pour justifier l'exposition de son enfant : « Non-seulement il faut compter parmi les assassins, celui qui tue l'enfant avant sa naissance, mais encore celui qui l'expose dans un lieu public pour exciter une pitié qu'il n'a pas lui-même. » Ce dernier texte de Paul (4) est remarquable : bien que l'usage de l'exposition des enfants fût encore très-fréquent (il ne fut aboli que bien plus tard, comme nous le verrons), il fait dire au commentaire de la loi païenne, une vérité qui s'était déjà rencontrée sous la plume d'un apologiste chrétien. Athénagore, en adressant à Marc-Aurèle, l'apologie des mœurs chrétiennes, dit en effet de même : « Nous tenons pour homicides les femmes qui se font avorter, et nous croyons que c'est tuer un enfant que l'exposer. »

Le père est toujours bien encore le chef unique de la famille, mais la *patria potestas,* avait cessé d'être cette institution étroite et anti-naturelle, que nous avons étudiée dans les premiers temps de

---

(1) Paul. Sentent. II, 25, 5 : Filius familias emancipari invitus non cogitur.

(2) Cels., *Dig.*, I, 7, 5. — Sin a patre dantur in adoptionem, utriusque arbitrium spectandum.

(3) Paul. Sentent. V, 1, 1.

(4) Paul, *Dig.*, 25, 3, 4.

Rome ; grâce aux progrès incessants réalisés par les empereurs, grâce à la constitution de Caracalla, étendant le droit de cité à tous les sujets de Rome, elle commençait à se rapprocher du droit naturel, de cet idéal que Pomponius traçait en parlant du *jus gentium* « la piété envers les Dieux, l'obéissance aux parents et à la patrie (1). »

(1) Pomponius, *Dig.*. I, 12.

SOUS LES EMPEREURS CHRÉTIENS

Le Christianisme, repoussé par les institutions politiques et religieuses de la société antique, persécuté par les Césars, discuté par les philosophes de toutes les sectes, avait, malgré tout, envahi l'Empire romain. La Constitution impériale qui appelait tous les sujets ingénus de l'empire à la jouissance du droit de cité romaine, était de l'an 212, et le premier édit favorable au culte des chrétiens fut rendu dix ans après, sous Alexandre Sévère, le dernier des Empereurs nommés dans le Digeste : il permettait aux disciples de la religion nouvelle d'ouvir un temple à Rome.

L'Edit de Milan (313) qui proclama le Christianisme comme religion d'Etat, dans l'Empire romain, marque une date dans l'histoire de la puissance paternelle comme dans celle de la société romaine. « Désormais le Christianisme, dit Montesquieu, donne son caractère à la jurisprudence, car l'empire a toujours du rapport au sacerdoce : on peut voir le code Théodosien qui n'est qu'une compilation des empereurs chrétiens (1). »

Dans l'ordre de la société civile, le Christianisme vint rendre un immense service aux institutions

(1) Montesquieu, *Esprit des lois*, liv. XXIII, ch. xxi.

domestiques. L'adultère, qui était puni sous un rapport, était par le fait autorisé, par la licence effrénée, mais légale du divorce. Le divorce brisait chaque jour le lien de l'union conjugale. C'était un usage, un plaisir, un moyen légal favorisant l'inconstance et l'immoralité. La femme divorcée après un second, un troisième mariage, pouvait revenir à son premier mari (1). « Le divorce, disait Tertullien, est le vœu et comme le fruit du mariage (2). » — « La multitude des coupables, disait Sénèque, étouffe l'ignominie ; la honte de chacun disparaît dans la honte commune. Quelle femme rougirait du divorce, lorsque les femmes d'un rang illustre ne comptent plus leurs années par les Consuls, mais par le nombre de leurs maris (3) ! » — Il n'y a pour peindre un tel désordre, que le mot énergique d'un poète latin :

Et nubit decimo jam Thelesina viro.
Quæ nubit toties, non nubit : adultera, lege est (4).

« La femme qui se mariait tant de fois, ne se mariait pas : elle était légalement adultère. »

Le christianisme régénéra la famille entière dans son principe, en fondant le mariage sur l'indissolubilité du lien religieux (5). Ce n'est pas encore un contrat indissoluble dans la société civile, mais au moins la constitution de la famille n'est plus laissée aux disputes des hommes. L'esclave a maintenant

(1) Post divortium mulier, si de dote maritus nil cavit, et quum aliis nupsisset, postea ad priorem virum rediit. (*Dig.*, 23, 3, 64. Javal.)

(2) Repudium jam et votum est, quasi matrimonii fructus. — Tertullien, *Apol.*, c. VI.

(3) Sénèque, *De benef.*, III, XVI.

(4) Martial, *Epigramme* VI, 7.

(5) *Epitre de S. Paul I aux Corinth.*, XI. 8-10. — *S. Mathieu*, III. ch. VIII, 32. — *A Thimothée*, ch. IV, 9.

autant de droits au mariage que le romain et le
barbare, et alors que Claude condamne la Maîtresse
qui épouse son esclave, à suivre la condition de son
mari, une Clarissima proclame sur son tombeau
des catacombes, une union semblable.

De plus le christianisme, par sa morale et ses
dogmes, fournissait à la législation des principes plus
justes sur la constitution de la famille. L'évangile
consacrait l'amour paternel comme la piété filiale.
Saint Paul rappelait le précepte du décalogue : « Tes
père et mère honoreras », et traçait, en donnant
aux parents les conseils les plus sages pour l'exercice de leur puissance sur leurs enfants, un magnifique programme de l'autorité dans la famille :
« Femmes, soyez soumises à vos maris, comme il
est raisonnable, en ce qui est selon le Seigneur.
Maris, aimez vos femmes et ne les traitez pas avec
rudesse. Enfants, obéissez en tout à vos père et
mère, car cela est agréable au Seigneur. Pères, ne
violentez pas vos fils, de peur de leur enlever la
fierté de l'âme (1). »

« Dire que les païens accusèrent les missionnaires
de la religion nouvelle, s'écrie Troplong dans son
livre de l'influence du christianisme sur le Droit
romain (2), d'être des missionnaires de désordre,
de conseiller aux enfants la révolte contre leurs
pères et leurs précepteurs, de les exciter à secouer
le joug d'une génération usée, frivole et ignorante
du vrai bien (3) ! »

(1) *Pauli Epistol. ad Col.*, III, 18-19, 20-21.
(2) Troplong, *Influence du Christianisme sur le Droit Romain*,
ch. IX, p. 253.
(3) Voir *Origène contre Celse*.

Mais les principes si féconds du christianisme ne produisirent pas immédiatement tous leurs fruits. Les Empereurs, même ceux animés du meilleur esprit, eurent à lutter contre l'esprit de tradition des jurisconsultes et les barrières que l'on avait amoncelé autour de la *patria potestas* et du mariage. Néanmoins les constitutions des Empereurs chrétiens tendent de plus en plus à substituer définitivement, à l'idée de puissance, l'idée de protection, et si elles ne rompent pas encore absolument avec les principes du droit quiritaire, elles en préparent la complète disparition.

Constantin compléta l'anéantissement du droit de vie et de mort, accordé auparavant au père de famille. Les peines réservées aux parricides sont applicables au père qui a donné la mort à son enfant, soit en public, soit en secret : « *Si quis parenti aut filio fata properaverit, sive clam, sive palam id enixus fuerit, pœnâ parricidii puniatur* (1). » Il rappela que jamais la loi n'avait permis au père d'enlever la liberté à son fils, et voulut interdire complètement la vente des enfants : « *Libertati, majoribus tantum impensum est, ut patribus, quibus, jus vitœ in liberos necisque potestas erat olim permissa, libertatem eripere non licebat* (2). » Malheureusement la misère des temps s'opposait à ce progrès ; et pour sauver la vie des nouveaux-nés, il est obligé de consentir à ce que l'enfant exposé passe sous la puissance de celui qui l'a recueilli (3). Bien plus, pour éviter le plus

---

(1) Loi unique. Code : *De his qui parent. vel liber. occiderunt.*
(2) Constantin. Loi 10. Code : *De patr. potest.*
(3) Il était encore fort en usage, même à cette époque, dans les

possible les ventes et les expositions d'enfants, il
fit distribuer des secours aux familles pauvres. Ceci
fut renouvelé par Théodose (1).

Théodose le Grand, en 391, réagit encore plus
violemment contre la vente des enfants. Il décida
que tout enfant vendu redeviendrait ingénu, sans
aucune restitution de prix, parce que l'ingénu qui
avait subi un seul jour de servitude, était censé, par
là même, avoir satisfait à toute indemnité (2). Mais
cette générosité de la loi devint fatale aux enfants
du pauvre ; ils furent en plus grand nombre exposés,
c'est-à-dire livrés le plus souvent à la mort et « à la
dent des chiens » suivant l'expression d'un concile.

Une autre constitution du même Empereur avait
consacré un principe absolument nouveau en droit
romain. Depuis longtemps la garde de l'enfant mineur orphelin de père était confiée à la mère (3) ; mais
il fallait une faveur spéciale pour qu'elle put exercer
la tutelle : en effet la tutelle était considérée comme
un office public, en conséquence refusée aux femmes.
Théodose consacra le droit de la mère et déclara que
si le père n'avait pas désigné de tuteur testamentaire,
s'il n'existait pas de tuteur légitime, et si la mère
s'engageait par serment à ne pas se remarier, le soin

familles pauvres, où l'arrivée d'un enfant était considérée comme une
calamité, soit d'abandonner l'enfant, ainsi condamné à mort, dans un
lieu désert, soit de l'exposer dans un lieu public. C'est pour cela
qu'avait été instituée la « *lactaria columna* ». — « Lactaria columna,
in foro olitoris dicta; quod ibi infantes lacte alendos deferebant. »
Voir Festus, p. 118. De verborum significatione (Leipsick, 1839).

(1) L. 1 et L. 2. Theod., *De aliment. quæ inop. parent. e publico
petere debent,* liv. XI, tit. xxvii.

(2) *Code Theod.*, III, 3, 1. « Nec sane remunerationem precii debet
exposcere cui etiam minimi temporis spatio servitium satisfecit ingenui. »

(3) *Dig.*, 27, 2.

de la tutelle lui serait confié. C'est indiquer le nouveau principe qui fait de la puissance paternelle un pouvoir de protection, et fait confier la tutelle de l'enfant à celui dont l'affection présente le plus de garanties.

Théodose le Jeune fit une heureuse application de ces nouveaux principes. Dans le vieux Droit Quiritaire, dès qu'un enfant était sorti de la puissance paternelle, il pouvait se marier librement sans avoir besoin de solliciter l'assistance d'aucun parent. Antonin (1) avait bien établi des règles pour trancher les conflits qui pouvaient naître à ce sujet : les mœurs admettaient bien que l'enfant ne se passerait pas de l'intervention de ses parents. Mais en Droit, rien n'empêchait l'enfant, fut-il mineur, d'accomplir seul cet acte si grave. Cette lacune fut comblée par la nouvelle législation : une jeune fille, *sui juris,* et mineure de vingt-cinq ans, aura besoin du consentement de son père ; si celui-ci est mort ou hors d'état d'acquiescer, on demandera le consentement de la mère (2).

Afin d'arrêter le fléau meurtrier de l'exposition, une nouvelle de Valentinien III, adressée en 451 au célèbre Actius, patrice des Gaules, et insérée au code d'Alaric, donna des garanties aux acheteurs d'enfants. Elle établit que les enfants vendus recouvreraient leur ingénuité, comme l'avait décidé Constantin, mais que l'acheteur recevrait les deniers payés, augmentés d'un cinquième du prix (3). D'un

(1) C. V, xli.
(2) L. 20, c. V, iv.
(3) *Code Theodos. Nov. Valent,.* XI. — Quicumque ingenui filios suos in qualibet necessitate, seu famis tempore vendiderint, necessitate

autre côté, les conciles provinciaux, profondément émus de la fréquence des expositions d'enfants, et d'accord avec les constitutions impériales, encourageaient les fidèles à recueillir les enfants ; et ceux qui les avaient recueillis et trouvés pouvaient les retenir contre tout réclamant, en l'état d'adoption ou de servitude qu'ils leur avaient d'abord destiné.

Une autre constitution (1) des mêmes Empereurs sanctionna encore une fois la protection accordée aux faibles, non seulement au point de vue de la vie, comme le faisaient les Empereurs païens, mais pour leur éducation et, pour ainsi dire, pour leur liberté intellectuelle : « Les pères qui ont favorisé le désordre de leurs enfants ne doivent plus jouir d'une puissance dont ils abusent, ni la transmettre à autrui » ; non seulement les parents dans ce cas perdent tout pouvoir sur leurs enfants, mais ils subissent une peine plus forte que les Proxénétes ordinaires.

Aux IVe, Ve, VIe siècles de notre ère, la société romaine était donc tombée à cet état de misère, que les empereurs, comme les évêques, se voyaient obligés d'autoriser la vente des enfants pour les arracher à la mort ou à la honte (2). Mais c'était la faute des temps calamiteux que l'empire avait à

compulsi, emptor si V solidis, emit sex recipiat, si decem, duodecim solidos similiter recipiat. — Interprétation de Ritter.

(1) L. 6, c. XI, tit. XL.

(2) Les Constitutions de Constantin et d'Honorius sont de 331 et de 412. Cette dernière veut qu'il y ait attestation par l'évêque et les clercs que l'enfant était exposé à la mort. — Les conciles provinciaux qui s'occupèrent spécialement de l'exposition des enfants sont ceux de 442 et de 506.

traverser. Et le trafic des enfants ne pouvait avoir lieu qu'en cas d'extrême nécessité. D'après les sentences de Paul, dont Constantin avait, dès le IVe siècle, recommandé l'observation dans la préfecture des Gaules, le créancier qui aurait reçu sciemment un enfant en gage, aurait été puni de la déportation (1). Ces ventes, ces mises en gage, ces expositions devaient naturellement cesser avec l'extrême misère qui les faisait tolérer.

Tel était l'état des choses, lorsque Justinien monta sur le trône ; les lois romaines étaient éparses dans une foule de recueils plus ou moins exacts, et dans les ouvrages des jurisconsultes qui, souvent, avaient substitué au texte leurs opinions particulières. Justinien les en fit extraire avec soin, et composa de leur réunion son livre des Pandectes. Le Code et les Novelles que l'Empereur publia dans la suite, contiennent les additions qui furent, par lui, jugées nécessaires.

Les droits qu'il conserva aux pères de famille parurent sacrés aux princes qui lui succédèrent, et nulle atteinte n'y fut portée dans leurs constitutions.

Ces droits étaient encore très-étendus.

Ni le mariage, ni le nombre des années, ni le service militaire, ni les magistratures, à l'exception de celle de patrice, ne libéraient les enfants mâles de la puissance paternelle (2). Plus tard les évêques furent considérées aussi comme émancipés de plein

---

(1) Iidem (filii) nec pignori ab his aut fiduciæ dari possunt. ex quo facto scieus creditor deportatur (Paul., *Sentent.* V, 1).

(2) Filiusfamilias, si militaverit, vel si senator, vel consul factus fuerit, remanet in potestate patris....., sed ex constitutione nostra patriciatus dignitas filium a patria potestate liberat (*Instit..* liv. I. tit. xii ; voir L. 15, C., liv. XII. tit. iii. *de Consulibus*).

droit par le fait de leur nomination. Mais le père avait le droit de se décharger de sa puissance, en émancipant ses enfants.

Anastase avait inventé un nouveau mode d'émancipation : on peut s'adresser à l'Empereur et lui demander un rescrit pour faire sortir le fils de la puissance paternelle. Ce mode était surtout applicable en cas d'absence.

Justinien alla plus loin. Il supprima toutes ces formalités de l'émancipation, qui n'étaient que des fictions. Désormais, il y eut une émancipation expresse et une émancipation tacite. La première était faite par la déclaration du père devant le magistrat, avec certaines solennités dont les lois déterminaient les formes (1). La seconde résultait de la conduite du père qui, ayant souffert que son fils ait, pendant un laps de plusieurs années, un domicile particulier et vive séparément, était présumé avoir voulu l'affranchir (2). Les enfants du fils non émancipé étaient sous la puissance de leur aïeul (3). Ils y demeuraient après l'émancipation de leur père, s'ils n'avaient pas été compris dans cette émancipation ; de même ils pouvaient être émancipés par leur aïeul, sans que leur père le fut (4).

Le père a conservé un droit de correction qui

(1) Loi 5 au Code, *de Emancipationibus*.
(2) Si pro suo arbitratu vivere filius videatur..... jus tamen liberi arbitrii illi confirmatum sit (Novelle XV *in fine*).
(3) In potestate tuâ œque sunt et nepos tuus, pronepos..., et omnes cæteri (*Instit.*, liv. I, tit. IX, § 3).
(4) Admonendi sumus liberum esse ei qui filium et nepotem in potestate habet filium de potestate dimittere, nepotem vero retinere et a converso (*Instit.*, liv. I, tit. XII, § 7).

l'autorise à infliger des peines domestiques (1) ;
mais lorsqu'il s'agissait de faits plus graves, il
s'adressait au magistrat qui pouvait prononcer la
peine réclamée par le père et qui, quelquefois, se
montrait plus sévère qu'il ne l'eût été lui-même.

L'abandon noxal qui subsistait encore, du moins
législativement, du temps de Gaius, fut définitivement aboli par Justinien qui nous apprend, du reste,
que cet usage était tombé en désuétude : « *ab usu
communi, hoc penitus recessit.* »

Les enfants étaient tenus de résider chez leur
père et ont le même domicile que lui (2) ; nous
avons vu plus haut une conséquence de la séparation
de domicile : le fils, au bout de quelques années,
était regardé comme émancipé.

Les enfants non émancipés ne pouvaient à aucun,
âge, se marier sans le consentement de leur père (3).

L'union contractée sans le consentement du
paterfamilias par un fils de famille, n'était pas
honorée du nom de mariage et les conjoints ne
pouvaient usurper ni le titre ni les droits de mari
et de femme (4). Les grands privilèges accordés par
les empereurs aux soldats ne les dispensaient pas
de cette règle (5).

Le père est autorisé à donner un tuteur à ses
enfants impubères (6) et il peut faire leur testament

---

(1) L. 3 Code. *De emendand. propinq.*. 8. 47.

(2) T. ii, § 299 VIII.

(3) L. 7, *Dig., de Sponsalibus.*

(4) Si adversus ea quæ diximus, aliqui coierint, nec vir, nec uxor.
nec nuptiæ, nec matrimonium. nec dos intelliguntur (*Instit.*, liv. XII,
tit. x, § 12).

(5) Filius miles matrimonium sine patris consensu non contrahit
(Loi 35, *Dig., de ritu nuptiarum*).

(6) T. i, § 46.

pour le cas où ils décèderaient avant d'être sortis de l'impuberté (1).

Justinien compléta l'œuvre que ses prédécesseurs avaient commencé, par la création des pécules, en proclamant le principe absolu de la capacité d'acquérir du fils de famille : toutes ses acquisitions deviennent sa propriété personnelle (2).

Outre son droit de correction, le père conserva un autre moyen de maintenir ses enfants : c'était l'exhérédation ; pour punir un fils ingrat ou rebelle, il le déshéritait en termes formels dans son testament. Mais cette sentence terrible devait être motivée par une des causes graves consacrées par les lois (3). Si l'exhérédation était injuste, l'enfant exhérédé ou oublié pouvait attaquer le testament, et l'institution d'héritier, faite à son préjudice, pouvait être anéantie (4).

Telle fut dans ces grandes lignes, cette fameuse *patria potestas* dont les Romains étaient si jaloux qu'il fallait, pour en réclamer l'exercice, jouir du droit de cité romaine. Justinien en donna pour motif qu'aucune puissance étrangère n'avait accordé aux pères de famille une telle puissance sur leurs enfants (5). Nous avons déjà pu constater que cette assertion n'était nullement exacte, on voit comme il serait facile de démontrer la fausseté et l'exagération de cette habitude qui fait tout rapporter

(1) T. II, § 329 II.
(2) § 1, I, 2, 9, *per quas person. adquir.* (L. 6. C. h. t.)
(3) Novelle CXV, ch. III.
(4) Voir *Titre, Dig. et Code de Inofficioso testamento.*
(5) Jus autem potestatis, quod in liberos habemus, proprium est civium Romanorum. Nulli enim alii sunt homines qui talem in liberos habeant potestatem, qualem nos habeamus (*Instit.* liv. II, tit. IX, § 3).

au Droit Romain, lorsqu'il s'agit de lois positives.

Sans doute Rome a été le sol classique de la science juridique : « *Roma patria legum* (1). » Sans doute, Ses jurisconsultes « ont escrit la raison civile de tous les états, comme Salomon a escrit la sagesse divine du ciel, » à ce point d'être ainsi salués par le christianisme lui-même : « *Neque vero vult (Deus), ut per nos tantum lex justitiæ eniteat, sed voluit quoque ut per Romanos eluceret ac splenderet* (2). » Sans doute leurs maximes ont été admirablement formulées avec cette énergique concision que comporte le génie de la langue latine. « Leur voix a sonné le bronze, chaque principe s'est fixé, est tombé en médailles d'airain, et le monde incliné les a ramassées comme au couronnement d'un roi (3). » Mais avant Rome il y avait la Grèce, son inspiratrice, et sa véritable Egérie ; avant la Grèce, l'Inde avec les Slocas que révélaient ses Brahmines, l'Egypte avec les lois des Pharaons, et enfin la législation de Moïse (4).

(1) Nov. IX, L. 7, C., *de Feriis.*
(2) *Const. Apostol.*, L. 6, c. 24,
(3) Michelet, *Origines du Droit*, introd., p. 107.
(4) On raconte que lorsque Michel-Ange voulut, dans sa grandiose figure de l'*Incarnation du Droit*, représenter le législateur typique. l'homme choisi ne fut ni Justinien, ni Solon, ni Minos, ni Manou, ni Bocchoris ; mais Moïse descendant du Sinaï avec ce front deux fois resplendissant qu'avait touché le doigt de Jéhovah.

DROIT FRANÇAIS

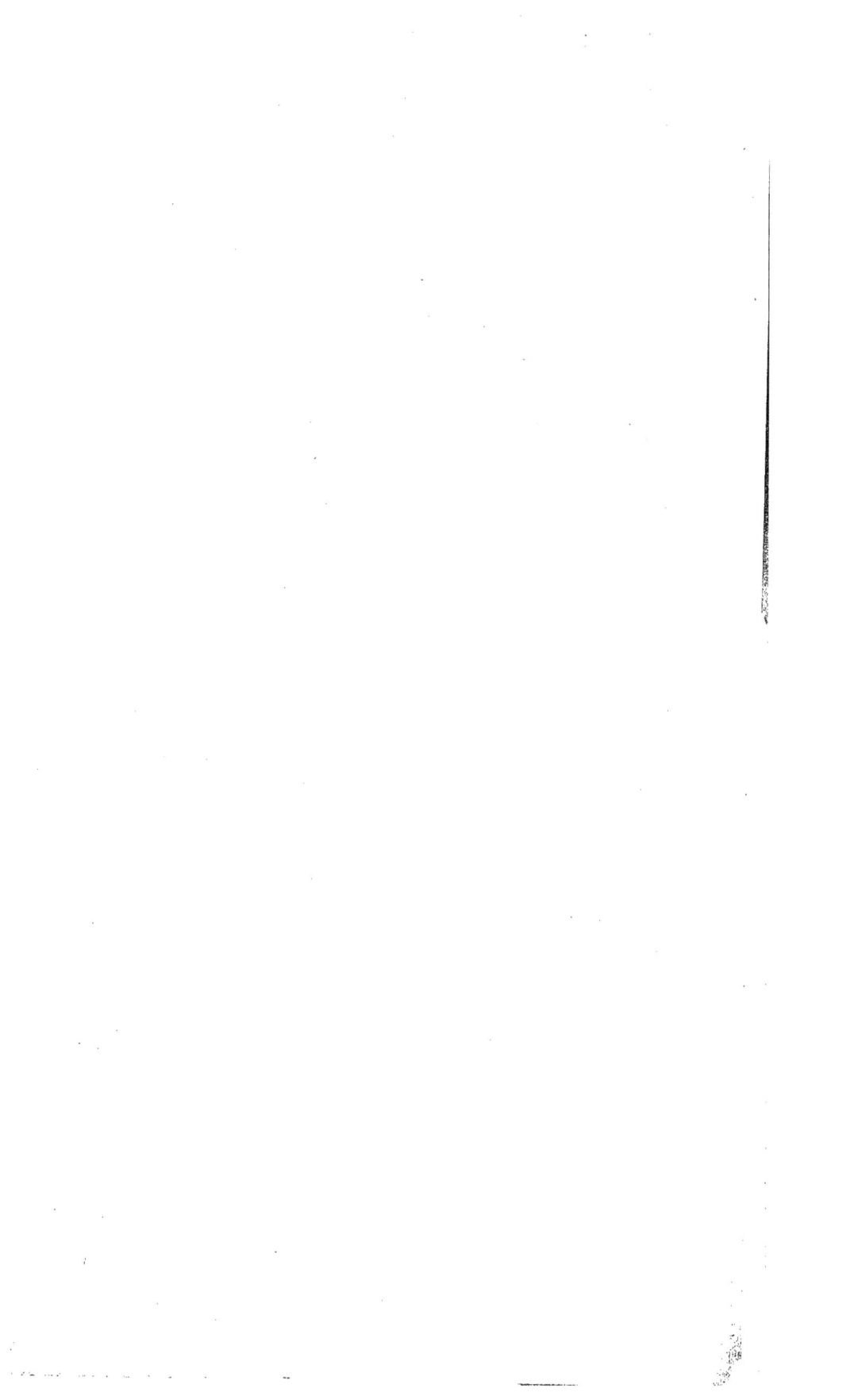

HISTOIRE

DE LA

PUISSANCE PATERNELLE

DANS LE DROIT FRANÇAIS

Lors de la conquête romaine, César nous montre
la Gaule divisée en trois parties : « *Gallia est omnis divisa in tres partes : quarum unam inco-
lunt Belgæ, aliam Aquitani, tertiam qui ipso-
rum lingua celtæ, nostra Galli appellantur* (1). »
Le Droit de ces Celtes, que César appelle Gaulois,
n'a laissé que des traces absolument insigni-
fiantes (2), étouffé qu'il a été par l'occupation romaine : nous essaierons cependant de faire ressortir
le principe de la suprématie du chef de famille, des
obscurités et des incertitudes des usages barbares.
Quant au Droit Germanique, son influence a été
telle dans le Nord et le centre de la France, qu'il
est évidemment nécessaire de le connaître pour
comprendre les différences qui existèrent plus tard
entre les pays de coutumes, et les pays de Droit
écrit.

Nous étudierons donc successivement l'organisation de la puissance paternelle chez les Gaulois,

(1) *Comment. de Bello Gallico*, liv. I, § 1.
(2) Girard. *Hist. du Dr. fr. au moyen âge*, t. 1, p. 56 et suiv. — Voir
aussi de Valroger, *la Gaule Celtique*.

et chez les Germains nous verrons quel a été le résultat et la mise en présence de cette organisation avec l'organisation romaine, et quelle fut aussi l'influence du Christianisme à cette époque.

Cette étude formera comme une préface indispensable à l'ancien Droit Français, et nous mènera jusqu'au neuvième siècle de notre ère. — C'est à ce moment que l'on voit apparaître la féodalité, qui a modifié si profondément le Droit des personnes, sans que cependant nous ayons rien de bien intéressant à y trouver sur le sujet de notre étude ; nous examinerons successivement ce que devint le pouvoir du chef de famille, pendant l'époque du moyen-âge avant et après la rédaction des coutumes dans le Droit de la Révolution, et enfin dans notre Code Civil. — Nous aurons, ce faisant, retracé pour ainsi dire l'histoire universelle de la puissance paternelle : « car cette France qui a été habitée par tant de races différentes, cette nation française à laquelle a été dévolu le rôle, à la fois si glorieux et si pénible, d'initiatrice de l'humanité, à laquelle il a été donné d'expérimenter toutes les phases du développement et de la civilisation humaine, offre, sur un plan réduit, il est vrai, le spectacle de la civilisation universelle : nous retrouvons sur son sol, et l'Asie et la Grèce, le génie romain et la rude Germanie, le monde païen et le christianisme, la féodalité et la monarchie absolue, le règne de l'aristocratie et le gouvernement démocratique (1). »

(1) Kœnigswarter, *De l'Organisation de la famille en France*, intr., p. 6.

ANCIEN DROIT FRANÇAIS

PREMIÈRE PARTIE

DE LA PUISSANCE PATERNELLE
CHEZ LES GAULOIS, LES GERMAINS ET LES FRANCS
JUSQU'A L'ÉPOQUE FÉODALE

§ I

Époque Gauloise ou Celtique.

Les premières notions que nous trouvons sur la Gaule barbare, nous sont données par Jules César, qui, appelé à son secours contre les invasions des Germains, soumit bientôt tout le pays à la domination romaine.

L'auteur des Commentaires, nous rapporte que les Gaulois accordaient au père de famille un très grand pouvoir sur ses enfants (1) et que le respect filial était poussé si loin que le fils ne pouvait paraître en public, sous les yeux de son père, avant l'âge ou, devenu homme, il était capable d'apprécier le prix de cet honneur, et de figurer dans les rangs des guerriers (2).

(1) César, *de Bello Gall.*, VI, 19 : « Viri in uxores, sicuti in liberos. vitæ necisque habent potestatem. »

(2) *Ibid.*, VI. 18. « In reliquis vitæ institutis, hoc fere ab reliquis

La puissance paternelle était donc absolue : les enfants n'avaient aucune individualité : la famille était représentée par le père seul (1). C'était, avec le droit Romain, une ressemblance dont Gaïus faisait encore la remarque de son temps : « *In nostra potestate sunt liberi nostri..... Quod jus est proprium civium romanorum..... Nec me præterit Galatarum* (2) *gentem credere in potestate parentum liberos esse* (3). »

Nous retrouvons, du reste, aussi un droit qui nous rappelle le droit souverain qu'avait le *paterfamilias* romain, d'accepter dans sa famille son enfant nouveau né, ou de le condamner à l'exposition. Quand un Gaulois des bords du Rhin, soupçonnait sa femme d'infidélité, il la forçait à jeter elle-même dans le fleuve l'enfant qu'elle venait de mettre au monde. Si l'enfant restait au fond de l'eau, la femme était livrée à la mort ; si l'enfant surnageait, la femme était reconnue innocente (4).

La pénurie des sources ne permet point de donner beaucoup de détails sur l'état du droit de la famille à cette époque ; ce que nous en disent les anciens est plus propre à exciter notre curiosité qu'à la

differunt quod suos liberos, nisi cum adoleverint, ut munus militare sustinere possint, palam ad se adire non patiantur ; filiumque, puerili ætate, in publico, in conspectu patris assistere, turpe ducunt. »

(1) Dareste, *Histoire de France depuis les origines,* t. I, liv. 1, p. 19. édit. de 1865.

(2) Les Anciens employaient indifféremment l'expression de « Galates » (*Galli* ou *Galatæ*) pour désigner soit la colonie Celtique anciennement établie dans l'Asie Mineure, soit les habitants même de la Gaule. C'est du moins l'opinion de M. Laferrière, dans son *Histoire du Droit Français.* — Voir, cependant, *Contra,* M. de Valroger, *la Gaule Celtique,* p. 168, *in fine.*

(3) Gaïus, *Comm.,* I, § 55.

(4) Julien (Empereur), *Orat.* XVI.

satisfaire ; on a essayé de recourir à des monuments qui, pour la plupart, appartiennent à des siècles beaucoup plus rapprochés. Les études de linguistique ont fait connaître, la grande famille à laquelle appartenaient les Celtes et les divers rameaux, qui sortirent de la branche celtique. Les peuples chez lesquels la langue des Celtes s'est conservée sous la forme de dialectes divers, ont encore des monuments de leur vieux droit : on a voulu en faire un miroir du vieux droit celtique (1), mais il faut bien reconnaître que, si les coutumes des Gallois qui nous donnent le plus de renseignements, sont une image des coutumes de la Bretagne à l'époque celtique, cette image est bien altérée ; et que le caractère, purement gaulois, a dû être bien modifié par l'influence des conquêtes et des révolutions qui séparent ces temps, de l'époque où furent composées les œuvres qui nous font connaître ce droit (2).

D'après les coutumes galliques, le fils de famille restait sous la puissance de son père jusqu'à l'âge de quatorze ans ; à cet âge qui représente à peu près celui indiqué par César, il était conduit au seigneur ou chef territorial dont il relevait pour lui rendre hommage, et, de ce jour, devenait son homme (3). Dès ce moment il était considéré comme majeur et émancipé. Il peut réclamer de la terre et fonder à son tour une famille (4). On admet généralement

(1) L. de Valroger, *la Gaule Celtique*, p. 193 et suiv.
(2) Le droit des Gallois de l'Angleterre nous est parvenu dans plusieurs coutumiers de Vénédotie, de Dimétrie et de Gwent ; mais le plus ancien et le plus complet est le *Venedotian-Code*, qui remonte probablement au xiᵉ ou xiiᵉ siècle.
(3) *Venedotian-Code*, II, 28, 8. — *Leges Wallicæ*, B. II, 44, 4.
(4) C'est du moins l'opinion de M. Laferrière, *Histoire du Dr. civil à Rome et en France*.

que le mariage devait émanciper, le mari ayant sur la femme le même pouvoir absolu que sur ses enfants (1), devait être *sui juris*, car on ne peut avoir une puissance absolue, quand soi-même on est en puissance : « *In suâ potestate non videtur habere, qui non est suæ potestatis* (2). Ce pouvoir suprême reconnu par César, au fils de famille sur sa femme comme sur ses enfants, suppose donc qu'il avait été affranchi de la puissance paternelle en qualité de mari, en un mot, qu'il était émancipé par le mariage.

Le pouvoir paternel n'avait point, en Cambrie, le caractère qu'il eut, selon César, chez les Gaulois. Au lieu d'un pouvoir analogue à la *patria potestas*, on trouve plutôt ici un pouvoir tutélaire. Cette émancipation par l'arrivée à un certain âge, par le mariage, nous mène bien loin du pouvoir perpétuel du *paterfamilias*. Ce n'est pas la seule différence : chez les Romains, la puissance paternelle est l'attribut *du chef de la famille*, qui la conserve durant toute sa vie sur les enfants, petits-enfants qu'il n'a pas émancipés ; chez les Gallois, au contraire, cette puissance est une relation directe entre le père et les enfants ; l'aïeul n'est pas investi de la dignité prédominante de chef de famille· D'après les lois de Hoel (3), ce n'est pas l'aïeul, c'est le père *seul* qui nie, désavoue l'enfant qu'il

(1) Le mari ne peut cependant frapper sa femme « sur la tête avec un bâton plus gros que le doigt du milieu. » *Alt. Laws* citées par J. Loth, p. 127.

(2) *Dig. ad leg. Jul. de Adulter.*, XLVIII, 5, 20. 21.

(3) Hoel le Bon (Hywel-Da) régna sur les Gallois au x᷄ siècle. Ce fut l'auteur de la législation, qui forma le fond du droit exposé dans les coutumiers qui furent rédigés plus tard, et que souvent à cause de cela on nommait « lois d'Hoel ».

veut rejeter de la famille, en posant sa main gauche sur la tête de son nouveau-né, et sa droite sur l'autel. Ce n'est qu'à défaut du père décédé, que les chefs de la race *(caput gentis)* pouvaient le désavouer, avec l'aide de six cojurateurs ; à défaut du père et des chefs de race, quarante hommes nient la filiation légitime (1).

En somme, la puissance paternelle, telle que nous la trouvons en Droit Gallois, ne peut nous donner aucun éclaircissement sur celle qui existait chez les anciens Gaulois. Mais doit-on, dans le doute qui plane sur l'organisation de la famille chez ces derniers, admettre, avec un illustre historien de nos jours, que « nulle vie de famille n'existait chez eux (2)? » Non, nous croyons plutôt que l'esprit de famille était un principe essentiel des institutions et des mœurs de la Gaule. César nous apprend quel fut, dans un moment solennel, le serment des chevaliers gaulois : « Ils jurèrent de ne pas revoir leur maison, leurs enfants, leur épouse, avant d'avoir traversée deux fois les rangs ennemis (3). ». Ils juraient par ce qu'ils avaient de plus cher, par les liens sacrés du foyer domestique. Du reste, l'un des caractères propres au droit gallique, la communauté des biens, leur affectation à la famille, sans que les volontés individuelles pussent rien y changer, était, autant qu'on peut l'affirmer, fondamental dans la constitution de la famille gauloise.

---

(1) Ancien texte latin inséré dans la *Collection des anciens Laws and Institutes of Wales* (London, 1841, t. II, p. 774).

(2) Amédée Thierry, *Hist. de France*, t. II, p. 68 et 69, 2ª édition.

(3) César, *de Bel. Gal.*, VII, 66.

§ II

Époque Gallo-Romaine.

Comme nous avons pu le constater dans notre étude sur le Droit Romain, la famille, au temps de la conquête des Gaules, n'est plus, à beaucoup près, celle de la loi des Douze Tables. La puissance paternelle avait perdu le caractère absolu qu'elle avait dans l'ancien Droit civil de Rome. La philosophie stoïcienne et le christianisme, qui hâtèrent le développement des principes d'égalité, avaient surtout été favorables aux femmes et aux fils de famille.

Cette puissance passa telle quelle dans une partie des Gaules, tandis que l'autre partie conservait la puissance paternelle avec les caractères propres qu'elle avait avant la conquête. Nous nous trouvons peut-être ainsi en présence d'une des premières manifestations de la division si importante, dans l'histoire du Droit, de la France en pays de coutume, et pays de droit écrit.

La puissance paternelle avait le même caractère absolu dans les mœurs de l'ancienne Gaule et dans l'ancien Droit civil de Rome. Mais nous avons signalé une différence essentielle dans l'étendue d'application de cette puissance : à Rome, c'est entre les mains de l'aïeul que se trouvait cette puissance sur tous les membres de la famille qui n'avaient pas été émancipés ; selon les mœurs galliques, le père seul est le maître de ses enfants et encore jusqu'à un certain âge seulement ; en un mot, la puissance paternelle qui est une institution politique à Rome, est de droit naturel chez les Gallois.

Dans le Nord, le Centre et l'Ouest de la Gaule, les anciennes mœurs celtiques se maintinrent intactes : le caractère national de la puissance paternelle, modifiée naturellement par l'effet du mariage, se conserva, pendant la domination romaine, par l'effet de la coutume primitive, et elle s'y conserva et s'y perpétua d'autant mieux qu'elle se trouvait d'accord avec le Mundium Germanique ou la mainburnie des père et mère qui finissait aussi par le mariage (1).

Dans le Midi, au contraire, les colonies fondées par César et par Auguste dans la Narbonnaise, développèrent le principe de la puissance paternelle, selon le droit civil de Rome ; d'après les monuments juridiques de la Gaule méridionale, le fils est sous la puissance du père ou de l'aïeul ; il y reste de plein droit malgré son mariage, à quelque âge qu'il soit parvenu, ainsi que les enfants issus de son propre mariage. L'Epitome de Gaius (2) atteste expressément l'absence d'émancipation par le mariage et le principe romain de la puissance paternelle. — La loi romaine des Burgondes n'a pas de titre spécial pour la *patria potestas,* mais elle suppose clairement son existence : « *nec filium-familias in damnum parentum in eadem re-*

---

(1) Sur la mainburnie, Charondas le Caron cite un ancien manuscrit de « pratique » contenant cette maxime : « Mariage oste hons et fame de mainburnage de père et mère et autre mainbour » (*Comm. sur les Cout. de Paris,* art. 239, in-f°. p. 150).

(2) *Epitome Gaii,* tit. III, IV. VI. *Conf. Comment.,* I. § 127.

gione positorum posse pacisci (1). » L'expression *parentum* désigne aussi bien l'aïeul que le père (2).

A part cette différence dans l'étendue d'application et la durée de la puissance paternelle, le Droit était uniforme, à cette époque, quant à la manière dont s'exerçait la puissance paternelle, soit sur la personne, soit sur les biens. Jusqu'à l'invasion et l'établissement des tribus germaniques, la Gaule suivit les progrès de la législation romaine, et au moment ou Rome fut obligée de céder la plus grande partie du pays aux barbares, les monuments du droit qui régissaient la Gaule sont les Institutes de Gaïus, les sentences de Paul, la Collection des Constitutions des Empereurs païens, connue sous le nom de Code Grégorien et Hermogénien ; la célèbre loi des Citations de Théodose et Valentinien, le Code Théodosien, et enfin le bréviaire d'Alaric, ou *lex Romana Visigothorum,* qui vint primer tous les autres ouvrages de Droit Romain dans les Gaules et fut considéré comme la base de la législation (3). C'était la loi romaine appropriée aux mœurs, aux besoins du pays et de l'époque, et qui avait solennellement reçu l'assentiment national d'une assemblée de pays (4).

---

(1) Loi romaine des Burgondes, tit. xiv, *de Oblig. pignor et fidej.*

(2) L'émancipation par mariage a toujours été repoussée par les parlements de Provence, de Toulouse et de Bordeaux. Le parlement de Paris avait fini par imposer sa jurisprudence aux autres pays de droit écrit dépendant de son ressort.

(3) « Breviarum codicis Theodosiani pro fundo juris habetur », dit Godefroy dans ses prolégomènes au Code Théodosien, ch. vii, t. I. p. 225.

(4) Le *Commonitorium* dit : « ..... Adhibitis sacerdotibus ac nobilibus viris », et « quibus omnibus enucleatis atque in unum librum prudentium electione collectis. hæc quæ excerpta sunt. vel clariori inter-

§ III

Époque Germaine.

Tacite, décrivant les mœurs des Germains, indique au nombre des traits les plus distinctifs de leur caractère, leur fidélité dans le mariage, la grande autorité qu'ils accordaient aux vieillards et aux chefs de famille, la coutume qu'avaient ces derniers d'abandonner la culture des terres à leurs esclaves, sans autre charge qu'une redevance en nature, et d'employer leur femme et leurs enfants aux travaux domestiques, et cette cérémonie imposante, sans laquelle un jeune homme ne pouvait pas se mêler à la troupe des guerriers et où le père décorait son fils des marques de la milice, en l'armant du bouclier et de la javeline (1).

Très-probablement, à l'origine, le pouvoir du chef de famille a dû être à peu près absolu chez les nations germaines. Mais ce qui est certain, c'est qu'au moment de leur établissement dans la Gaule, époque à laquelle leurs coutumes furent rédigées par écrit, le pouvoir paternel était tempéré et tout dans l'intérêt des enfants, à tel point qu'un vieux commentateur a pu aller jusqu'à dire que les enfants n'y étaient pas soumis à la puissance paternelle. En

---

pretatione composita, venerabilium episcoporum vel electorum provincialium nostrorum roboravit assensus. »

(1) Tacite, *de Mor. German,.* XIII, § 12, 13, etc. « Tum in ipso consilio vel principum aliquis, vel pater, vel propinquus, scuto frameaque, juvenem ornant. »

Cf. Ozanam. *les Germains avant le Christianisme.*

tout cas, le père de famille n'est pas le maître de
sa femme et de ses enfants comme à Rome ; il en est
seulement le gardien (mundwald, *mundoaldus*).
Son autorité n'est qu'une protection, un « *mundium* (1). » Le *mundium*, institution toute germanique, consistait dans la garde, par le chef de
famille, de tous les membres de la famille trop
faibles pour se soutenir eux-mêmes. L'autorité paternelle était plutôt, par conséquent, une tutelle que
le père conservait sur les enfants jusqu'à leur émancipation par la majorité. Elle différait de la « *patria
potestas* » romaine, autant que la tutelle diffère de
la puissance absolue.

Le *mundium* cessait dès que l'enfant n'avait plus
besoin de protection, mais il est impossibe de préciser quel était ce moment. Les coutumes germaines
n'étaient pas uniformes sur l'âge de la majorité. La
force physique paraît d'abord avoir servi de règle,
et la plus antique coutume d'Irlande confirmait cette
hypothèse en déclarant majeur le jouvenceau de
douze ans, pourvu qu'il sache défendre son bien,
protéger sa vie, porter son bouclier et tendre son
arc (2).

Mais généralement on admettait que l'âge de la
majorité, l'âge légitime auquel s'opérait le passage
de la famille dans la tribu,. dans l'armée, était de
quinze ans. A la fin du VIᵉ siècle, nous voyons dans
l'histoire des Francs, Gontran, roi de Bourgogne,

(1) Au mot *mundium*, on lit dans Ducange : « Mundium, ex saxon.
Mund. pax, securitas, protectio, tutela, defensio, tueri mundare,
protegere. » *De mundio puellarium agitur in lege longob.*. liv. I. tit.
IX, § 12, 113.

(2) *Gragas*. II, 20. — Cf. Tacite, *de Mor. German.*, XIII. — *Leges
Henrici I*. c 78. — *Leges Wilhelmi Conq.*. sect. III. c. xv.

mettre une lance dans la main de Childebert, son neveu et son fils adoptif, et le présenter à l'armée, en disant : « Regardez, ô hommes, voilà mon fils Childebert, il est devenu un homme aussi ; regardez-le, et ne le traitez plus désormais en enfant (1). » Dans un passage précédent, Grégoire de Tours, avait dit que l'on attendait que Childebert fut parvenu à l'âge légitime (2).

Vers la même époque, Théodoric le Grand disait : « les aigles, cessent de donner de la nourriture à leurs petits, sitôt que leurs plumes et leurs ongles sont formés. Ceux-ci n'ont plus besoin du secours d'autrui, quand ils peuvent eux-mêmes aller chercher leur proie. Il serait indigne que ces jeunes gens, qui sont dans nos armées, fussent censés être dans un âge trop faible pour régler leurs biens et pour régler la conduite de leur vie. C'est la vertu qui fait la majorité chez les Goths (3). »

Nous ne trouvons dans la loi Salique aucun renseignement sur la majorité : un article peut cependant faire supposer que la minorité cessait à douze ans accomplis dans la tribu des Saliens ; ce fut l'usage suivi dans l'Allemagne, la Thuringe, la France rhénane, jusqu'au XIIIᵉ siècle (4). — En cela la loi Salique eut été d'accord avec les premières lois des Lombards et des Anglo-

(1) Rex Gunthramnus, data in manu regis Childeberti hasta..... cohortatur omnem exercitum dicens : « ... Videte, o viri, quia filius meus Childebertus jam vir magnus effectus est ; videte, et cavete ne cum pro parvulo habeatis » (Grég. de Tours, VII, 33).

(2) .... Expectans ut Childebertus ad legitimam perveniret œtatem (Grég. de Tours, VII, 8).

(3) Cassiodore, liv. I, let. 28. — Montesquieu, *Esprit des Lois*, XVIII, 26.

(4) Loi Salique, XXVI, 1.

Saxons (1), mais il est inutile d'insister maintenant sur ce sujet que nous traiterons plus longuement dans le paragraphe suivant.

On peut conclure, d'après un passage de Jules César (2) que la minorité, quant au mariage, se prolongeait chez les anciens Germains jusqu'à l'âge de vingt ans : « ils estimaient par dessus tout une puberté tardive... C'était parmi eux une chose tout à fait honteuse que d'avoir connu les femmes avant l'âge de vingt ans. » Aussi devait-on tout au moins voir avec une grande défaveur les enfants se marier avant cet âge, si encore cela n'était pas absolument prohibé. — Il y a peut-être là-dedans le germe de la distinction, que notre Droit français fait entre la minorité ordinaire et celle qui existe relativement au mariage. — En tout cas, nul mariage n'est valable, si ceux qui ont le *mundium* sur l'épouse, n'y ont point consenti, le père qui n'avait pas été consulté pouvait reprendre sa fille, et recevait en outre une composition. Les pouvoirs du père ne se bornent pas à un simple droit d'autorisation, il peut contraindre sa fille à se marier, même contre son gré, pourvu que ce soit à un homme libre. « *Si quis filiam suam aut sororem alii sponsare voluerit, habeat potestatem dandi cui voluerit, libero tamen homini* (3). » Chez les barbares qui s'étaient établis en Italie, on accordait ce droit

---

(1) Le roi Luitprand changea plus tard la majorité du Droit Lombard, en la fixant à dix-huit ans (*Lois de Luitprand*, c. XIX et CXVII).

(2) César, *Guerre des Gaules*, VI, 21. — La majorité de vingt ans était exigée aussi chez les Visigoths pour qu'un frère devint le tuteur d'un frère puîné.

(3) Capitulaire de 757. ch. IV.

même au frère aîné, mainbour de sa sœur (1).

Le mariage mettait un terme au *mundium :* on pensait que celui-là n'avait plus besoin de protection, et devait être assez fort pour se défendre lui-même, qui se croyait capable de prendre sous sa protection une épouse et des enfants.

La femme, à cause de sa faiblesse, restait toujours *in mundio ;* fille, épouse ou veuve, elle était sous la tutelle du chef de famille, de son mari, de l'agnat le plus proche ou du chef de la tribu. Mais les pouvoirs du tuteur étaient moins étendus lorsqu'elle était majeure. Elle pouvait alors recourir au magistrat et les compositions dues pour les offenses qu'elle avait souffertes, lui étaient sans doute attribuées (2).

S'il faut en croire Tacite (3), dès le temps où il écrivait, les Germains avaient abandonné l'usage odieux de faire périr les nouveaux-nés ; comme toujours, il fait un rapprochement entre les mœurs des barbares et la corruption romaine : « limiter le nombre des enfants ou faire périr un nouveau-né est regardé comme un crime. Les bonnes mœurs ont là plus de force que n'en ont ailleurs les bonnes lois. »

Le mariage légitime, c'est-à-dire précédé des

(1) *Leges Rotharis,* 66, 181, 199. — *Leg. Luitprandi,* liv. VII, ch. 1.
(2) Pardessus, *Loi Salique,* p. 455.
Le *mundium* qui était tout dans l'intérêt du fils de famille, avait conservé un caractère mixte par rapport à la femme, et réfléchissait une idée de propriété. D'après les plus anciennes coutumes du Nord et de l'Asie, la femme était achetée au père ou aux parents. L'achat se retrouve dans la loi des Saxons, et dans la loi des Burgondes, où il est exprimé par le mot « *Witemon, pretium uxoris* ». A la fin du v⁰ siècle, chez les Francs, le *mundium* sur la jeune vierge était payé par le mari un sol et un denier seulement : cet usage fut suivi par Clovis, lors de son mariage avec Clotilde.
(3) *Germ.,* 19.

fiançailles, du paiement du denier symbolique et de
la tradition solennelle de la fiancée à son époux,
conférait seul l'autorité paternelle ; elle n'était
acquise sur les enfants naturels que par une reconnaissance solennelle qu'en faisait le père, et même
cette reconnaissance, qui se faisait au moyen de
cérémonies symboliques, ne les assimilait pas complètement aux enfants légitimes.

Le *mundium* exprimait, en somme, l'idée générale de protection et de tutelle, dues par les forts
aux faibles. Le chef de famille pouvait avoir sous
son *mundium*, son épouse, ses enfants, ses parents
mineurs ou orphelins, ses parentes non mariées, et
enfin son vieux père devenu trop faible pour se
défendre lui-même, et qui, après avoir été protecteur,
avait besoin d'être protégé. Partant de cette idée,
on a pu dire que, sauf l'âge de la majorité, le
principe de l'autorité paternelle en Droit germanique est le même que celui qui domine dans nos
lois : « L'autorité paternelle, dit Klimrath, dans
nos lois, est bien moins un droit du père qu'une
sorte particulière de tutelle, fondée, comme toutes
les autres, sur l'intérêt de l'enfant, et confiée à ceux
que la nature et l'affection semble indiquer comme
les protecteurs les plus sûrs et les plus zélés de l'être
auquel ils ont donné le jour. Notre code civil a adopté
le principe de la garde ou mainbournie *(mundium)*,
né des mœurs germaniques, suivi par le droit coutumier et qui règle les rapports de famille, sur le
besoin de protection du faible et sur la garantie que
donnent l'affection et la tendresse des parents (1). »

(1) Klimrath, *Travaux sur l'histoire du Droit Français*, t. 1.

L'importance que les Germains attachaient à l'institution de la famille, telle qu'elle existait chez eux, était si grande, que, malgré la personnalité des lois, ils imposèrent cette institution aux Gallo-Romains eux-mêmes. Nous en avons le témoignage dans le titre X de la *lex romana Burgundionum* ou les compilateurs, empruntant le texte de Gaïus, qui mentionne la succession des « *Gentiles*, » ont substitué à ceux-ci les « *Cognati* » ou parents maternels ; en sorte que, même chez les Gallo-Romains, les parents maternels appelés à succéder par l'édit seul du préteur, héritèrent, à partir de la domination germaine, directement, en vertu de la loi.

§ IV

Époque Franque.

Après les invasions germaines, il faut tout d'abord remarquer que, dans ce mélange de populations barbares et gallo-romaines, chaque peuple conserva ses lois personnelles, jusqu'à ce que, par la suite des siècles, et sous l'influence de causes diverses, s'établit le régime féodal qui détruisit toute distinction entre les deux éléments : c'est le principe de la personnalité des lois.

Le Droit germanique était plus conforme au droit naturel que le Droit romain, mais il lui était inférieur comme le sont toutes les législations primitives. Le Droit romain était plus complet, avait des solutions pour tous les cas, prévoyait toutes les situations. Il n'est donc pas étonnant de voir le Droit germanique exister à côté du Droit romain, sans l'absorber et sans être absorbé par lui. Son action fut d'autant plus vive dans le Nord, que les coutumes celtiques y avaient persisté sur certains points et qu'elles avaient pas mal de similitude avec les coutumes germaines. Dès lors, à chaque pas, on peut constater une cause nouvelle de la séparation des pays de droit écrit et de droit coutumier.

Peu de changements furent apportés à l'organisation de la famille à cette époque. Le père de famille est investi, sous le nom de *Mundoaldus,* de la puissance paternelle sur sa femme, ses enfants et ses serviteurs ; mais ce *mundium* n'est, pour le fils, qu'une protection, et cesse dès qu'il est parvenu à l'âge de la puberté. Lorsque le père vient à mourir, la mère est chargée de la surveillance des enfants mineurs non émancipés : « *Patre mortuo filii in matris potestate consistunt* (1). » Mais ce n'est pas le *mundium* qu'exerce alors la mère : ce pouvoir ne peut appartenir qu'aux mâles, au père d'abord, et après sa mort, au plus proche parent mâle.

On ne trouve dans les capitulaires que quelques dispositions relatives à la puissance paternelle qui donnent, notamment, le principe qui, doit être le fondement de ce pouvoir, ou plutôt en rendre l'application plus facile et plus utile : « *Hoc cum magno studio admonendum est, ut filii honorent parentes suos, sicut ipse Dominus dixit* (2). »

(1) *Loi des Visigoths,* l. XIV, 13. — *Lex Burgund.,* tit. xxxix.
(2) *Capitulaire* 65, liv. I. Baluze. t. 1, p. 713.

L'enfant qui osait maudire (1) ou frapper (2) son père était puni de mort.

D'après la loi des Visigoths, le père n'avait pas le droit de disposer de la personne de ses enfants : « *Parentibus filios suos vendere non liceat, aut donare vel oppignare.* » Toutefois, dans certaines parties de la France, la vente des enfants devait être encore en usage sous Charles le Chauve, puisque un de ses capitulaires porte que les pères qui, sous le coup d'une nécessité pressante, auraient vendu leurs enfants, ont le droit de les racheter, en payant à l'acquéreur une indemnité qu'il détermine (3). Du reste, on retrouve ce droit beaucoup plus tard dans les coutumes. L'auteur de la vie de saint Junien nous raconte que la mère de ce saint se vendit, elle et l'enfant qu'elle portait dans son sein, pour ne pas mourir de faim : « *Si me de periculo famis eripueris, sim tibi perpetuo ancilla et filius quem utero gesto servus sempiternus, quem cum enutrieris tuis manibus et jugiter servire instituam* (4). » Plus tard encore, à la fin du XI⁰ ou XII⁰ siècle, un homme abandonne *(tradit)*, à une église de Cologne, sa femme, ses deux fils, trois esclaves, pour se décharger du soin de les nourrir : seul il continue : « *Spe hereditatis pro-*

---

(1) « Qui maledixerit patri aut matri, morte moriatur. » (*Capitulaires de Charlemagne*, t. 1, liv. VI, tit. 111.)

(2) « Qui percusserit patrem aut matrem, morte moriatur. » (*Ibid.*, tit. iv.)

(3) « Quicunque ingenui filios suos qualibet necessitate sui tempore famis vendiderunt, emptor si quintis solidis emit, sex recipiat, et si amplius secundum supra dictam rationem recipiat. » *Capitulaires*, t. ii.

(4) *Vie de saint Junien*, t. ii, p. 573. — Bible manuscrite de Labbé.

pinquorum, » à affronter la liberté et la lutte pour
l'existence (1).

Les soins de Charlemagne s'étendirent surtout
à l'éducation de la jeunesse. Un capitulaire de
l'an 789 ordonne au clergé « de former des écoles
d'enfants et d'y appeler non-seulement les fils de
serfs, mais ceux des hommes libres. » Le prêtre de
chaque paroisse devait apprendre à lire aux enfants
sans distinction de naissance. Eginhard nous apprend que ses filles et ses fils furent instruits dans
les études que lui-même cultivait : aussitôt que l'âge
des fils le permettait, il les faisait exercer, selon la
coutume des Francs, à l'équitation, au maniement
des armes. Quant aux filles, il voulut les préserver
de l'oisiveté en leur apprenant à travailler la laine,
à filer la quenouille et en les formant à tous les
sentiments honorables (2).

La loi se montrait très sévère pour ceux qui cherchaient à entraîner les enfants dans les cloîtres,
avant qu'ils n'eussent obtenu le consentement de
leur père (3).

Le mariage mettait un terme au *mundium* : mais
pour qu'il fût valable, la femme devait être demandée aux personnes sous la puissance desquelles
elle se trouvait. L'article premier du chapitre LIV
de la loi des Allemands, qui est au nombre des Capitulaires du roi Dagobert, ordonne que si quelqu'un
« a pris pour femme, la fille d'une personne qui ne

(1) Lœrsch et Schroder, *Urkunden Privatrecht*, t. 1.
(2) Eginhard, *Vie de Charlemagne.*
(3) Si quis puerum invitis parentibus totonderit, aut puellam vela-
verit legem suam in triplo componat, aut ipsi puero aut puellæ si jam
suæ potestatis sunt aut illis in cujus potestate fuerint (*Lex Salica re-
formata*, XXI).

la lui a pas donnée, il doit la rendre au père, s'il la réclame, et lui payer en outre quarante pièces d'or, par forme d'indemnité expiatoire (1). » — L'article 465, livre VII, des Capitulaires des rois de la seconde race, recueillies par Benedictus Levita, « décide qu'il n'y a point de mariage, si la fille n'a été obtenue par le mari, des personnes qui l'ont en leur puissance ; car c'est le seul moyen d'être agréable au Seigneur et de procréer des enfants légitimes (2). » L'émancipation par le mariage n'avait d'effet en réalité que pour les fils. La fille, qui ne pouvait jamais devenir apte à porter les armes, était soumise à un *mundium* perpétuel (3). La loi lombarde a posé ce principe de subordination de la femme d'une façon aussi nette que dure (4). Nous avons cependant déjà remarqué que, quand elle était parvenue à la *perfecta ætas*, c'est-à-dire à la majorité, le *mundium* auquel elle était soumise pesait moins lourdement sur elle.

La famille germano-franque formait une espèce de communauté dans laquelle tous les droits et toutes les charges se partageaient entre les divers

---

(1) Si quis filiam alterius non desponsatam acceperit sibi uxorem, si pater ejus eam requirit, reddat eam, et cum quadringenta solidis eam componat (Art. I, ch. v de la loi des Allemands, *Capitulaires du roi Dagobert*).

(2) Aliter legitimum.... non fit conjugium nisi ab his qui super feminam dominationem habere videntur, uxor petatur. Taliter et domino placebunt et filios legitimos atque hereditabiles generabunt (*Capitulaires des rois de la seconde race*, par Benedictus Levita).

(3) *Lex Burgund.*, 34, art. 2. — *Lex Sax.*, tit. IX. — *Lex Longob.*, II, tit. II, art. 2.

(4) *Rotharis*, 205. Nulli mulieri liberæ sub regni nostri ditione lege longobardorum viventi liceat in suæ potestatis arbitrio, id est, sine mundio vivere ; semper sub potestate virorum aut curtis regis debeat permanere.

membres, le principe d'égalité et de co-propriété qui
en était le fondement, s'opposait donc essentiellement à ce que le père puisse, malgré la volonté de
son fils, l'exclure de la communauté familiale, où il
entrait lorsqu'il était parvenu à l'*ætas perfecta*, par
une émancipation anticipée.

On s'est demandé si, à l'inverse, le fils ne pouvait
légalement sortir de l'association familiale, dans
laquelle il trouvait sans doute des garants, mais où
il rencontrait aussi tant de gens plus ou moins re-
muants à protéger. Ce moyen lui était offert par le
titre LXIII de la loi Salique, intitulé : *de eo qui
se de parentilla tollere vult*. Il annonçait sa dé-
termination au magistrat dans certaines formes
prescrites par les lois : « Celui qui veut briser les
liens qui l'unissent à sa famille, se présentera à
l'audience devant le tonge ou le centenier. — *Si
quis de parentillâ tollere se voluerit in mallum
aut in Tunchinium* (1) *admallare debet.* — Là,
il brisera au-dessus de sa tête, quatre branches
d'aulne et en jettera les morceaux aux quatre coins
de la salle devant tout le monde (2). — *Et ibidem
quatuor fustes alninos super caput suum fran-
gere debet in quatuor partes et illas in mallo
facere debet.* — Puis il dira qu'il entend renoncer
aux droits et obligations du serment, aux droits
d'hérédité et à tous les rapports qui l'unissaient à sa
famille — *et ibi dicere quod, se, et de juramento,
et de hereditate et de tota ratione illorum, tol-*

(1) Tunchinium, hic Decaniam, cui Tunginus sive decanus prœerat,
designat (Note p. 108, *Leges Francorum Salicæ*, Eccard).
(2) Super caput jactio fustum est signum abjectionis, rejectionis et
abnegationis (*Ibid,*).

lat. » Si ensuite un de ses parents vient à mourir, ou à être tué, il n'aura aucune part à sa succession, non plus qu'à la composition (1) qui sera payée par le meurtrier. Si lui-même vient à mourir ou à être tué, sa succession et la composition due pour ce crime ne seront point recueillies par ses héritiers naturels, mais par le fisc ou celui à qui le fisc les donnera.

Le fils, nous en avons déjà fait la remarque, ne restait soumis à la puissance paternelle que tant qu'il était incapable de se défendre par lui-même. Mais, dès qu'il avait la force suffisante pour porter le bouclier et lancer le javelot ou la framée, il était considéré comme son maître et devenait alors un membre actif de la communauté familiale. La loi salique qui avait fixé à douze ans l'âge de la responsabililé, et permis au père de jouir des biens des parvoli, jusqu'à ce qu'ils eussent atteint l'*œtas perfecta*, ne détermine pas cet âge d'une manière précise. C'était probablement d'après le développement physique de l'enfant que l'on déterminait l'âge de la majorité, on ne le déclarait majeur que quand il avait la vigueur et l'agilité nécessaires pour franchir, « *cum palu in manu,* » une barrière dont la hauteur minima avait été fixée par la loi et l'usage, au niveau de l'oreille d'un homme

(1) Chez les Francs Saliens, tous les délits entraînaient une condamnation à une double amende : la composition était l'amende que l'on payait à celui que l'on avait offensé, volé ou blessé, ou à sa famille ; le *fredum* était l'amende payée au fisc. Montesquieu l'appelle « la récompense de la protection accordée contre le droit de vengeance ». C'était le prix de la paix, du mot *friede,* paix. Toutes les compositions se payaient du reste en nature, l'usage de la monnaie étant inconnu : « Luitur enim etiam homicidium certo armentorum ac pecorum numero » (Tacite).

de taille moyenne. Néanmoins, la loi salique attachait certains effets à la majorité de douze ans, et
on pourrait en inférer que, malgré son silence, elle
considérait cet âge comme l'*œtas perfecta* : 1" La
loi punissait plus sévèrement le meurtre du mineur
que celui du majeur de douze ans ; c'est probablement parce que l'un est censé n'avoir pu se défendre
par les armes, ce qui a rendu le crime plus odieux,
tandis que l'autre est réputé l'avoir pu, parce qu'il
était majeur (1) ; 2" Le délinquant qui n'avait pas
douze ans, ne payait pas le *fredum* (2) ; 3" Enfin
on ne pouvait intenter une action judiciaire contre
le mineur de douze ans (3), tandis qu'on le pouvait
contre le majeur de douze ans.

En tout cas il est permis de croire que la majorité
était fixée au même âge pour les filles et les garçons :
bien des textes le démontrent. La loi des Ripuaires
qui fixait la majorité à quinze ans, parle indifféremment des fils et des filles, lorsqu'elle édicte que
les mineurs de cet âge ne pourront être cités en
justice (4).

Ces deux sortes d'émancipations, par la majorité
et par le mariage, font ressortir un des caractères
les plus remarquables de la famille franque : caractère que l'on peut constater également dans la
famille germaine. Tandis qu'à Rome le fils subis-
sait une tutelle perpétuelle qui pesait sur ses propres
enfants, le Franc acquérait, de plein droit, l'indépendance civile et politique dès qu'il était en état

(1) *Loi Salique*, tit. xxvi.
(2) *Ibid.*, art. 9. — Voir sur le *fredum* la note ci-dessus, page 159,
note .
(3) IIIe capitulaire de 819.
(4) *Lex Ripuar.*, tit. lxxxi. — *Eccardus*, p. 229.

de manier les armes : « Avant cette époque, dit
Tacite, l'homme est regardé comme une partie de
la famille ; on le regarde, après, comme une partie
de l'Etat (1). » La cérémonie de la coupe des cheveux
(capillatoria) attestait le passage de l'enfance à
la majorité.

La puissance paternelle se confondait avec la
tutelle pendant la vie du père ; à sa mort, ces deux
pouvoirs étaient distincts ; la mère était investie
de la tutelle et le *mundium* était exercé par un
agnat, parce qu'à l'origine son glaive était indispensable.

La famille franque ne différait pas moins de la
famille romaine que de la famille française telle
qu'elle est instituée de nos jours. Il y avait dans la
famille romaine, anéantissement de tous au profit
d'un seul : le père de famille. Notre droit, au contraire, fait reposer la famille sur les liens du sang
et laisse à chaque enfant une personnalité distincte.

La famille franque est une association contre les
dangers. Ce sont bien aussi les liens du sang qui
constituent la parenté, mais c'est surtout « une
organisation politique, une sainte fédération qui a
pour but de défendre par le conseil, le serment et
les armes, les personnes et les biens de la corpo-
ration. » Tous les membres valides de la famille
étaient égaux entre eux : le père avec le fils, les
frères entre eux ; et, ce qui prouve bien que les
Francs plaçaient au-dessus de tout, même au-dessus
de l'esprit de famille, la volonté de l'individu, le
sentiment de son indépendance, c'était ce droit que

(1) Tacite, *Germ.*, 13.

possédait chaque membre, quelque âge qu'il ait, pourvu qu'il soit majeur, de se retirer de la parenté, et en rompant l'association, de renoncer pour l'avenir à toute conjuration, à toute hérédité, à tout intérêt collectif. Le chef de famille n'a « qu'une sorte de juridiction patriarcale : la justice, l'administration, la police, tous les pouvoirs publics existent entre ses mains à l'état de pouvoirs domestiques (1). »

En résumé, les lois barbares contenaient, sur la puissance paternelle, des germes précieux, des principes féconds d'équité. Si quelques-uns ont été exagérés par les institutions des siècles suivants, il faut l'attribuer aux circonstances spéciales qui développèrent la féodalité, à la violence des mœurs, au triomphe de la force.

Ce que le Droit Romain avait complètement méconnu, l'émancipation par le fait seul de la majorité, nous le devons aux usages des Gaulois et des Francs. Là, non-seulement, arrivé à l'*œtas perfecta*, l'enfant est affranchi de la puissance paternelle, mais l'autorité sous laquelle il est placé n'étant ni oppressive, ni égoïste, l'émancipation indique seulement que la protection du père est désormais inutile, parce que l'enfant saura se défendre lui-même, tandis qu'à Rome, l'idée d'une protection rejaillissant sur l'enfant était tellement secondaire, qu'elle disparaissait sous le droit égoïste et inhumain d'une domination sans fin.

---

(1) Dareste, *Histoire de France*, t. 1, liv. IV ; *la Famille chez les Francs*, p. 266. édit. de 1865.

§ V

Influence du christianisme sur l'organisation de la famille en France.

Après avoir étudié l'organisation de la famille, à Rome et dans les Gaules, il est intéressant de constater l'influence immense qu'exerça sur ce point le christianisme. Dans les derniers temps de l'empire romain, nous l'avons déjà constaté, « les principes d'humanité que la religion nouvelle avait semé dans le droit, avaient commencé à porter leurs fruits (1). » Mais le vieux monde s'était écroulé sous les attaques réitérées des barbares. — Le nouveau monde germanique venait à peine de naître : la société n'était pas encore rassise sur ses fondements. Seule, l'Eglise présentait à ce moment l'aspect d'une société régulièrement constituée, ayant ses principes, ses lois et sa discipline. Ce fut elle qui, tout naturellement, provoqua le mouvement salutaire, qui poussa la société européenne du moyen-âge à la civilisation : « Elle fut le lien qui noua ensemble l'ancien et le nouveau monde. Enfin, dans un cercle plus restreint, ce fut l'Eglise qui contribua le plus puissamment à marier les deux éléments, romain et germanique, qui se trouvèrent en présence sur le sol de notre patrie, à partir du Ve siècle (2). »

(1) Troplong, *Influence du Christianisme sur le Droit civil des Romains, de la Puissance paternelle (in fine).*
(2) Kœnigswarter, *Organisation de la Famille en France.*

L'intervention du christianisme avait été surtout favorable aux enfants et aux femmes.

Avec l'adoucissement des mœurs, conséquence inévitable de l'extension de la religion nouvelle, la puissance paternelle, si rigoureuse dans le principe, devint plus conforme au droit naturel, et tendit de plus en plus à devenir surtout une protection pour l'enfant. C'est la conception franque que l'Eglise va faire triompher sur le Droit civil romain.

C'est encore à l'Eglise qu'il faut attribuer la conservation d'un usage, qui, en l'absence d'institutions de bienfaisance, sauva la vie à des milliers d'enfants. Après la conquête, le crime d'exposition désolait encore la Gaule franque, comme elle avait désolé la Gaule romaine. Les parvis des églises étaient l'asile naturel de ces pauvres créatures abandonnées à la charité publique. C'est là que les gens du peuple les déposaient ; c'est là que la charité chrétienne les recueillait, et qu'un acte dressé par les ecclésiastiques constatait les droits du possesseur.

Le christianisme fit plus encore : il dégagea les enfants des entraves que le Droit politique avait créées ; il fit participer les filles mêmes au partage de la terre salique, par le bienfait du testament. « Vers le VIIᵉ siècle, dit M. Legouvé (1), lorsque le tumulte de l'invasion commence à s'apaiser, nous entendons sortir du sein de ces nations guerrières, une voix qui s'élève contre l'exhérédation des filles, voix de révolte et en même temps de supplication, voix éclatante de force et toute trempée de larmes,

(1) Legouvé. *Histoire morale des femmes.*

---

qui commence une révolution : « *Dulcissima filia,* » Ma douce fille, il règne parmi nous une coutume ancienne et impie qui défend aux sœurs de partager avec leurs frères l'héritage paternel, mais moi, songeant à cette iniquité..... je veux qu'après ma mort vous jouissiez tous également de ma fortune. »

Dans l'ancien Droit, la femme n'avait aucune puissance civile sur ses enfants : c'est à peine si, lorsqu'ils voulaient se marier, ils étaient obligés de lui demander son consentement. L'Eglise vient flétrir les enfants qui se rendent coupables de ce manque de respect envers leur mère ; elle sort, la femme, de cette inutilité à laquelle l'ancien Droit romain, l'avait réduite ; elle proteste contre la vente par le père, de sa fille à son futur mari, vente qui faisait, des fiançailles, un simple pacte commercial entre le père de la jeune fille et le fiancé ; promesse de vente d'un côté, promesse d'achat de l'autre, avec arrhes déposés. En un mot « c'est le christianisme qui, dans sa morale et dans son culte, a donné à la femme le rôle si élevé qu'elle joue dans la société moderne (1). »

Aussi, a-t-on pu dire avec raison que : « le plus grand bienfaiteur du moyen-âge (2), c'est le christianisme, et que ce qui frappe le plus dans les révolutions de ces temps à demi-barbares, c'est l'action de la Religion et de l'Eglise sur la société (3). »

(1) Troplong, *Influence du Christ. sur le Dr. civil de Rome, Condition de la Femme.*

(2) Paul Lacroix, *le Moyen-Age et la Renaissance*, édit. de 1848, introd., fol. IV, t. I.

(3) En Orient, de vastes contrées avaient embrassé l'islamisme, qui était la religion du vainqueur. Or, Mahomet recommande la piété filiale dans le Coran : il veut que les enfants ne parlent qu'avec respect à ceux à qui ils doivent le jour (*Coran,* ch. XVII, vers. 24, t. II).

Il exige qu'ils adressent pour eux de ferventes prières à l'Être suprême (*Ibid.*, ch. xxiv, vers. 58, t. II). Il intime aux enfants entrés dans l'âge viril, la défense de se présenter aux yeux de leurs pères, sans en avoir, au préalable, obtenu la permission (*Ibid.*, ch. vii, vers. 16, t. II). Il emploie les expressions les plus énergiques et les plus touchantes pour montrer combien la dette d'un enfant vis-à-vis de sa mère est immense, et ne pouvant pas se dissimuler qu'il existe dans les familles des enfants ingrats, comme il existe des monstres dans la nature, il autorise leurs pères à appeler sur leur tête la malédiction céleste (Pastoret, *Parallèle entre Confucius, Zoroastre et Mahomet*).

DEUXIÈME PARTIE

HISTOIRE DE LA PUISSANCE PATERNELLE
A L'ÉPOQUE
DU DROIT COUTUMIER

Nous diviserons l'étude de la puissance paternelle à l'époque du Droit coutumier, en quatre cha-
pitres. Après avoir examiné quelle a été l'influence de la féodalité sur l'organisation de la
famille, nous rechercherons ce que devint le pouvoir
du chef de famille dans les pays de Droit coutumier,
et dans ceux de Droit écrit ; puis, avant d'aborder
l'étude du Droit de la révolution française, nous
constaterons, en parcourant rapidement le tableau
des derniers siècles de cette longue période, qui va
du IXe au XVIIIe siècle, combien sont exagérés, le
concert de louanges qui s'est élevé en l'honneur
des temps anciens qui avaient su constituer la puissance paternelle sur des bases plus solides, et l'accusation générale qu'on a porté contre le Code civil,
de l'avoir affaiblie, et d'avoir ainsi encouragé
l'esprit d'indépendance et de rébellion, qui, de
nos jours, est une des causes de dissolution de la
famille.

Mais, avant tout, disons un mot de la division de la France en pays de Droit écrit et pays de Droit coutumier. C'est la Loire, ou pour parler d'une manière plus précise, le bassin de la Loire qui forme la ligne de démarcation. Cette division, résultat du principe de la personnalité des lois qui avait permis aux éléments hétéroclites, qui formaient alors la population de la Gaule, de vivre les uns à côté des autres, sans se confondre, subsista jusqu'à la Révolution française.

Dans le Midi, au XIIᵉ ou XIIIᵉ siècle, la loi romaine de Théodose et d'Alaric fut remplacée par la législation de Justinien, qui forma la base principale du Droit. Cependant, même dans ces pays que l'on appela d'abord « pays de loi romaine », puis « pays de droit écrit », on retrouve certaines coutumes qui portent des traces de germanisme assez prononcées. Ainsi la très ancienne coutume de Bordeaux ne donne au Droit romain qu'un rôle absolument secondaire : on n'y a recours que si la coutume n'a pas prévu la difficulté, et si on n'a pu arriver à quelque solution de bon sens, conforme à l'esprit de la coutume « *rason naturau, plus permedana de la costuma* ». Et Philippe le Bel a pu dire, avec raison, dans ses lettres de juillet 1302, sur l'étude du Droit civil et canon à Orléans « *Consuetudine juxta scripti juris exemplar, moribus introducta* (1) ».

« C'est comme coutume, que quelques uns de nos sujets se servent du Droit écrit. »

Dans les pays de Droit coutumier, c'est-à-dire

(1) *Recueil des anciennes Ordonnances*, t. 1, p. 366, nᵒ 59.

dans les pays situés au Nord du bassin de la Loire (1), au lieu de se soumettre au despotisme de la loi romaine, l'homme se livra à ses inspirations naturelles : « coutume, dit le grand coutumier de France, est ung raisonnable establissement non escript, nécessaire et profitable pour aucun humain besoing et pour le commun profit, mis au pais, et par le prince gardé, et approuvé notoirement pour le cours de 40 ans (2) » mais toutefois, quoiqu'il fut vrai, ainsi que le porte la décrétale de 1220 du pape Honorius III, qu'on ne jugeât pas dans ces pays d'après le Droit romain, la législation de Justinien entra dans l'instruction des docteurs, et nos vieux livres juridiques écrits dans le Nord, même avec le caractère de « coutumiers, » en portent, à partir du règne de Saint Louis, de nombreuses traces. De sorte qu'il ne serait pas plus exact de soutenir que le Droit romain n'avait aucune influence dans le Nord de la France, que de nier l'existence, dans les pays de Droit écrit, de coutumes et de statuts locaux.

(1) La limitation était plutôt : le sud du bassin de la Loire, car dans ce bassin même, il y avait des pays de Droit Coutumier,

(2) *Grand Coutumier*, liv. I, tit. II.

CHAPITRE PREMIER

INFLUENCE DU RÉGIME FÉODAL SUR L'ORGANISATION DE LA FAMILLE

Aux premiers siècles de la période dans laquelle nous entrons, la France, sous le rapport de son organisation, est un composé d'une foule de petits royaumes, dont le roi est le chef souverain « *primus inter pares* » ; royaumes qui ont chacun leurs usages et leurs tribunaux, où s'établissent et se consacrent des coutumes qui finiront peu à peu par former de véritables législations ; et lorsque la féodalité, en disparaissant, laissera la place au pouvoir royal, celui-ci n'aura plus qu'à fixer ces coutumes par une rédaction rendue obligatoire pour établir ainsi un ensemble législatif complet.

Qu'était la famille à cette époque ? M. Laferrière, dans son livre sur les origines du Droit français, nous la montre groupée autour de son chef et formant la base la plus solide de la société (1). « La famille était alors concentrée..... Les alliances se faisaient dans les mêmes familles... l'esprit de

(1) Laferrière, *Hist. du Dr. Fran.*, t. I. p. 325, édit. de 1838.

famille était un gardien sévère des lois de la parenté. »

Au-dessus de la majesté du baron féodal s'était maintenue, plus inviolable et plus sacrée, la majesté du pouvoir paternel. Aux yeux du fils, l'autorité du père se confond avec la souveraineté du commandement. Le père lui-même faisait prévaloir, sur ses affections naturelles, sa volonté, son autorité et les traditions de sa race ; il n'oublie jamais qu'il est seigneur et que l'hommage féodal doit lui être rendue par ses fils comme par ses autres vassaux. « Seigneur, dit au vieux chevalier Guérin de Montglave sa femme Mabillette, voici que nos quatre fils reviennent nous voir aujourd'hui. Vous leur avez dit d'aller chercher fortune dans le monde ! Ils vous ont obéi et ils sont maintenant ducs, comtes et hauts barons, ayant sous leur bannière beaucoup de gens d'armes et dans leurs donjons beaucoup d'or et d'argent. Allons à leur rencontre jusqu'à la porte de notre ville de Bordeaux, afin de les voir et les embrasser plus tôt. — Dame, répond Guérin de Montglave, nos enfants font leur devoir en venant nous trouver et j'ai hâte de les embrasser, mais je ne veux point leur ôter l'honneur de nous rendre tout entier l'hommage qu'ils recevront un jour de leurs enfants. Attendons-les donc, seulement venez avec moi à cette fenêtre, afin de les voir arriver de plus loin. »

Voilà le tableau fidèle des mœurs de la société féodale. La Mesnie, toute entière, est soumise au droit de correction du seigneur. Au XIIIe siècle, en Normandie, on admettait qu'un père ne pouvait être poursuivi pour avoir battu sa femme, son serviteur, son fils ou sa fille, ou aucun qui soit « en sa mesgnie (1). »

La fille était sacrifiée à la loi rigoureuse qu'imposait la nécessité de la défense du fief. Le mariage n'était qu'un prétexte pour la réunion de deux domaines. Aussi la jeune fille doit-elle accepter à genoux l'époux que son père lui impose, du moins quand c'est le père qui l'a choisi ; car cette puissance paternelle, si abusive et si absolue, doit elle-même plier sous une puissance supérieure, celle du suzerain. Tant que le bénéfice ne fut qu'une concession faite à charge de service militaire, le suzerain qui voulait le conserver à son vassal, avait intérêt à ce que la fille, qui devait en hériter, ne fut pas mariée à un ennemi (2). Il choisissait lui-même le futur défenseur du bénéfice parmi ses leudes, sacrifiant ainsi la libre volonté de la jeune fille ; il pouvait dire à sa vassale, comme on le voit dans les assises de Jérusalem : « Dame, vous devez le service de vous marier (3). » Ce que la clef des assises commente ainsi : « Quant feme a et tient fié qui deit servise de cors, et elle le tient en irritage ou en baillage, elle en deit le mariage au seignor par l'assise ou l'usage dou reiaume de Jérusalem. »

Les jeunes nobles étaient confiés à la mère jusqu'à

(1) Cauvet, *Droit civil de la Normandie au* XIIIe *siècle*. — Mesgnie, mesnie ou ménie, sont les femmes, enfans, serviteurs d'un père de famille, lequel peut les châtier modestement, sans qu'il soit tenu d'en répondre en justice. — Vieux proverbe :

La mesgnie à maestre Michaut,
Tant plus en y a et moins vaut.
(Glossaire du Droit Français.)

(2) *Etablissements de saint Louis*, I, 63.
(3) *Assises de Jérusalem*, Haute-Cour, ch. ccxxx.

ce qu'ils fussent en état de porter les armes et
d'aller chercher au dehors la guerre et les aven-
tures.

Une discussion s'est élevée à l'occasion des coutumes de Hainaut, sur la question de savoir s'il n'y
avait pas lieu d'établir, relativement à la jouissance
des Droits de puissance paternelle, une distinction
entre les nobles et les roturiers.

Voici sur quel raisonnement on basait cette discussion. Les enfants ne pouvaient succéder aux
meubles de leur père que lorsqu'ils étaient encore « *en
pain,* » c'est-à-dire en puissance, lors de l'ouverture de la succession mobilière. On en avait conclu
que la part des meubles de la communauté, que le
survivant des père et mère, devait donner à ses
enfants, lors de son remariage, n'était due qu'aux
enfants encore « *en pain,* » car cette part était
considérée comme un avancement d'hoirie sur la
succession à venir de l'époux survivant qui se
remariait.

Or, les coutumes de Hainaut refusaient formellement le droit de réclamer cette part aux fils de
chevaliers et d'anciens nobles (1). De plus, l'article 6
du chapitre XI nous dit que les enfants des chevaliers sont réputés émancipés et hors de pain de
leurs père et mère, dès leur nativité.

La coutume pouvait trés-bien ne pas accorder le
droit imposé, au remariage, aux enfants des nobles,
sans baser son refus sur ce qu'ils n'étaient pas en
puissance paternelle. Quand à l'autre article de la
coutume qui déclare les fils de chevaliers émancipés

(1) *Coutumes de Hainaut,* art. 1, ch. XI. — Voir *Institutions au
Droit Coutumier du pays de Hainaut,* par Boulé, 1780.

de plein droit, il ne faut pas en exagérer la portée. Les coutumiers eux-mêmes étaient d'avis de limiter les effets de cette émancipation.

On a voulu soutenir que l'Angoumois faisait une distinction analogue entre les nobles et les roturiers. L'article 120 de la coutume qui déclare émancipé le fils de roturier qui a habité, pendant l'an et jour, un domicile séparé de celui de son père, ne parle pas des nobles. Cela prouve simplement que l'émancipation tacite n'était pas admise pour les nobles. Cependant, un arrêt de 1612 (1) avait déclaré que cette distinction était consacrée par la coutume, mais une enquête faite postérieurement, établit, au contraire, que l'usage et la pratique de la province y étaient absolument opposés (2).

Du reste, nulle part on ne retrouve de traces d'une semblable doctrine.

« Les enfants, dit la coutume de Poitou, sont en la puissance de leur père, soit noble, soit roturier. » Telle est la règle généralement posée.

Quant aux serfs, on peut répondre à ceux qui les représentent comme tellement écrasés sous le joug, qu'ils ne pouvaient posséder aucun droit sur leurs enfants, en leur citant la règle 177 de Loysel : « Les enfants sont en la vouerie et mainbournie de leurs père et mère, soit francs ou serfs (3)..... »

Si, à l'époque barbare, le serf n'avait aucune personnalité, depuis longtemps il n'en était plus ainsi, la règle précédente le prouve, et, lorsque le *Miroir de justice* disait : « De serf il n'est pas fait

(1) Brodeau, *Notes sur la municipalité du Hainaut.*
(2) Arrêt de Barraud, cité par Merlin. V° *Puissance paternelle.*
(3) *Institutes coutumières de Loysel,* 177, édit. Dupin, 1846, p. 82.

mention, parce qu'il n'a rien de propre. » Il n'était question que des droits sur les biens. Sans doute, sa puissance sur ses enfants devait être bien restreinte ; jusqu'en 813, le maître de la femme serve put briser le mariage qu'elle contractait avec un homme d'une autre seigneurie, pour ne pas perdre les enfants qui naîtraient d'elle. Mais il ne faut pas oublier que les serfs n'étaient pas esclaves et qu'ils pouvaient, par conséquent, avoir des droits attachés à leurs personnes.

Il nous reste à dire quelques mots sur ce qu'on appelait la garde noble, et nous aurons parcouru les divers éléments qui ont exercé une influence spéciale sur la puissance paternelle à l'époque féodale.

Le fief, avant tout, était soumis au service militaire ; il importait au seigneur de le savoir en bonnes mains. Aussi ce dernier intervenait-il chaque fois que son fief était échu, par succession, à un incapable : par exemple, lorsque le vassal mourait, laissant un enfant en bas-âge, il avait le droit de retirer la concession du bénéfice et de la donner à un autre. Mais il eut été injuste de dépouiller le mineur uniquement parce qu'il était incapable de se défendre : le seigneur lui conserva le bénéfice jusqu'à sa majorité. Il prit la garde de l'orphelin mâle comme il prenait sur lui de marier l'orpheline qui tenait un de ses fiefs ; il devenait ainsi baillistre et sa fonction s'appelait garde-noble. En principe, elle ne s'exerçait que sur les terres nobles, ce que la coutume de Normandie appelait « fiefs de haubert ou membres de haubert jusqu'à un huitième ; » ce droit se rattachait au *mundium* germanique. C'est

l'idée de protection qui dominait dans cette institution (waerdein, garder, défendre, protéger). Le
seigneur entretenait les domaines du mineur en bon
état et devenait propriétaire des fruits qu'il devait
employer à l'entretien du mineur et à la défense du
fief. C'est dans ce sens que Loisel a dit : « Bail,
garde, mainbour, gouverneur, légitime administrateur et regentant sent quasi tout un ».

L'usage s'introduisit d'affermer la garde à un
étranger : ce marché indique que les seigneurs ne le
considéraient plus que comme un revenu ; puis on
eut la pensée d'abandonner ce droit aux parents du
mineur. Au XIIIᵉ, siècle presque toutes les anciennes
coutumes du centre de la France avaient octroyé le
bail du mineur noble au père où à la mère. A leur
défaut, le bail du fief passait au plus proche parent
de la ligne d'où il provenait, et la garde du pupille
à un autre parent (1).

On le voit, le père n'avait guère de puissance que
celle que lui laissait son suzerain. Cependant les
traces laissées par cette époque furent nombreuses
dans le Droit coutumier, et voici en quels termes
M. Guizot apprécie l'influence de la féodalité sur
l'organisation et le développement de la famille en
France : « Parmi les causes qui ont contribué au
développement de l'esprit de famille, il faut citer la

(1) Cette séparation des pouvoirs, ce double bail fut créé par suite
d'une idée de protection pour l'enfant. En effet, le bail, très avantageux
pour le baillistre, héritier présomptif de l'enfant, constituait nécessairement pour ce dernier un grave péril. C'est pourquoi on en vint à
confier la personne de l'enfant à un gardien, distinct du baillistre, à
qui étaient remis les biens :

Ne doit mie garder l'agnel
Qui en deit avoir le pel.

(*Assises de Philippe de Navarre*, ch. xx. édit. Beugnot.)

vie de château, la situation du possesseur de fief dans ses domaines, comme une des principales. Jamais, dans aucune autre forme de société, la famille, réduite à sa plus simple expression, le mari, la femme et les enfants, ne se sont trouvés ainsi serrés, pressés les uns contre les autres, séparés de toute autre relation puissante et rivale. Aussi souvent qu'il est resté dans son château, le possesseur de fief y a vécu avec sa femme et ses enfants, presque ses seuls égaux, sa seule compagnie intime et permanente.

..... L'importance des enfants, du fils aîné entre autres, fut plus grande dans la maison féodale que partout ailleurs : là, éclataient non seulement l'affection naturelle et le désir de transmettre ses biens à ses enfants, mais encore le désir de leur transmettre ce pouvoir, cette situation supérieure, cette souveraineté inhérente au domaine. Le fils aîné du seigneur était, aux yeux de son père et de tous les siens, un prince, un héritier présomptif, le dépositaire de la gloire d'une dynastie ; en sorte que les faiblesses comme les bons sentiments, l'orgueil domestique comme l'affection, se réunissaient pour donner à l'esprit dé famille beaucoup d'énergie et de puissance (1). »

(1) Guizot, *Histoire de la Civilisation en France*, t. III, p. 331.

CHAPITRE II

PAYS DE DROIT ÉCRIT

Dans les pays de Droit écrit, la puissance paternelle produisait presque les mêmes effets que la *patria potestas* romaine, telle qu'elle avait été réglée par la législation du Bas Empire, sauf les modifications, assez nombreuses, apportées par les usages locaux (1).

Caractère de la puissance paternelle. — Le père seul était investi de la puissance paternelle, et, dans certaines coutumes, cette puissance est telle qu'on peut la comparer à celle que donnait aux Romains sur leurs enfants la loi des douze Tables : « Le père de famille était seul chef, seul maître, seul juge de tous les siens, femmes, enfants, petits enfants, gens à gages : il fait droit au tiers sur tous les siens, comme dans la plus haute antiquité romaine. S'il donnait la mort à un de ses enfants ou à un de ses serviteurs, il était absous en jurant simplement qu'il a agi dans un accès de violence et sans préméditation. Le père peut mettre ses en-

(1) Voir *Maynard*. t. I. liv. V, ch. II. — *Bretonnier sur Henrys*. t. II. liv. IV. quest. 13.

fants en gage ou les donner en nantissement de ses
obligations ; mais il ne peut les vendre, surtout si
c'était à des misérables qui les mutilassent pour
spéculer sur la pitié publique. Toutefois, on peut
appeler des arrêts domestiques du père de famille à
la cour du maire. A côté de ce pouvoir exorbitant,
se trouve une restriction singulière ; le père ne peut
déshériter un de ses enfants sans raison légitime,
approuvée par la cour du maire. Les femmes ne sont
jamais admises à témoigner en justice, leur témoignage n'ayant pas plus de valeur que celui des
enfants. D'ailleurs, la femme est toujours mineure
comme les enfants, et elle ne peut, à ce titre, paraître en jugement (1). »

Cependant, ce pouvoir rigoureux n'était pas de
Droit commun. Généralement, on admettait que les
enfants, avant de se marier, devaient au moins
demander l'avis de leur mère (2).

Le fils de famille n'a point ses propres enfants
sous sa puissance, car lui-même se trouve soumis à
celle de leur aïeul qui conserve cette puissance sur
tous les descendants du côté des mâles, en quelque
degré qu'ils soient ; ce dernier peut même émanciper
son fils sans émanciper ses petits-enfants, et vice
versâ ; et les petits-enfants, ayant été sous la puissance de l'aïeul qui les a émancipés, ne tombent pas
sous celle de leur père, soit qu'ils aient été émancipés avec lui, soit qu'ils l'aient été après ; en sorte
qu'un fils, qui se marie pendant la vie de son père,

(1) Administration municipale et institutions judiciaires de Bordeaux. *Revue historique du Droit.* t. VII, 1861. p. 510.
(2) *Arrests notables du parlement de Toulouse.* Catellan, liv. IV,
ch. VIII.

ne peut jamais avoir ses enfants en sa puissance, s'il n'a été émancipé avant leur conception ou naissance, si son père, en l'émancipant, s'est réservé la puissance sur eux, ou, enfin, si le père n'est mort sans l'avoir émancipé, lui où ses enfants. Il faut, néanmoins, en excepter les pays de Droit écrit du ressort du Parlement de Paris et ceux régis par la coutume de Toulouse, où les enfants sont émancipés et affranchis de la puissance paternelle par le mariage, ainsi qu'en pays de Droit coutumier (1).

Emancipation. — Nous voyons donc que, dans les pays restés absolument fidèles au Droit Romain, l'émancipation par le mariage n'existait pas. Il fallait faire certaines exceptions, venons-nous de dire. Examinons leur portée : « Le fils marié, dit l'ancienne coutume de Montpellier, et la fille mariée, sont censés émancipez par la volonté du père. » L'article des coutumes de Toulouse est moins expresse, mais revient au même. Le fils est tacitement émancipé, si le père, en le mariant, lui a fait une donation à cause de noces, « *habetur pro emancipato et testari potest.* » Il y a cependant une autre condition : il faut que le fils ait habité quelque temps « *seorsim a patre,* » ou bien que, habitant avec son père, il ait agi en père de famille, en se chargeant du soin et de la conduite de la maison, en en payant les dépenses : « *Si filius vivat seorsim a patre, vel in domo patris tanquam paterfamilias* (2). » Ce Droit ressort de divers arrêts du Parlement de Toulouse, en date des 23 mai

(1) Rep. de Guyot, V° *Puissance paternelle*, p. 96, t. XIV.
(2) *Du François sur la Coutume de Toulouse*, ch. II, tit. III.

1664, 13 mai 1679..... Quant au reste du ressort du Parlement du Languedoc, il est certain que le mariage n'y émancipait pas conformément aux dispositions du Droit Romain, à moins que le fils n'ait habité pendant dix ans séparément de son père, et agi comme un père de famille (arrêt du 2 mai 1646), du consentement de son père (1).

Les pays de Droit écrit n'étaient pas aussi favorables que les Coutumes à l'émancipation par l'élévation à certaines dignités. Dans certaines provinces, les grands dignitaires seuls étaient émancipés de plein droit : ainsi les Evêques, les gouverneurs de province, les lieutenants généraux des armées du roi, que l'on pouvait assimiler aux préfets militaires romains, qui avaient été émancipés par la novelle 81 ; on l'admettait aussi pour les ministres, secrétaires et conseillers d'état, que l'on mettait en regard des patrices (2). Dans d'autres provinces, au contraire, nulle dignité ne pouvait affaiblir la puissance paternelle. « Il est notoire, dit Bouhier dans son commentaire sur la coutume de Bourgogne, que les fils de famille n'y sont émancipés par aucune charge, et aucune dignité,.... sans en excepter les officiers des cours souveraines, sans en excepter les présidents de la cour, gens du roi ou autres. Nous en avons des exemples récents qu'il est inutile de rapporter et c'est sans fondement que deux commentateurs de notre coutume ont paru en douter. »

---

(1) *Arrests notables du parlement de Toulouse,* rapportés par Catellan, liv. IV, ch. LI.

(2) Lamoignon, *Arrestez,* 1702, 1re partie, p. 7. — Conf. *Nov.* 81. — Conf. *Coutumes du ressort du parlement de Guienne.* t. II, p. 104.

L'émancipation expresse se faisait, comme en pays coutumier, par devant le magistrat ; cependant, nous le verrons plus loin, le parlement de Toulouse admettait qu'on put la faire par devant notaires.

Les Coutumes étaient muettes sur l'émancipation résultant de l'habitation séparée du fils de famille ; aussi les jurisconsultes étaient-ils loin de s'étendre sur la durée que cette séparation devait avoir pour amener ce résultat. Cependant le délai de dix ans paraît avoir prévalu.

Dans les pays de Droit écrit, nous trouvons cette émancipation résultant de la séparation d'habitation pendant dix ans : mais il faut que cette séparation ait été consentie par le père, et qu'elle ne résulte pas de circonstances fortuites. Le fils qui, en raison de ses fonctions ou de son métier, quitte la maison de son père pour en habiter une autre ; la fille qui se met en service, ne seront point émancipés par le laps de dix ans (1).

Droit de correction. — Le père avait conservé le droit de correction, mais tel que l'avaient adouci les constitutions successives des empereurs romains. Lorsque le châtiment mérité par le fils dépassait les bornes d'une simple correction, le père ne pouvait l'infliger lui-même, il devait recourir aux magistrats (2) ; nous verrons cependant plus loin, une exception mentionnée par Basset.

Droit d'exhérédation. — Les pays de Droit écrit avaient emprunté au Droit romain ses lois

1) *Arrests notables du parl. de Toul.*, de Catellan.
(2) L. III Code *de Patria potestate.*

sur la faculté presque illimitée, donnée au père de famille, de disposer de ses biens. On lit dans la Coutume d'Alais : « Père et mère peuvent laisser à leurs enfants ce qu'ils veulent, et quel que soit le peu qu'ils leur laissent, les enfants ne peuvent s'en plaindre. Que ceux-ci se tiennent toujours pour satisfaits et ne puissent demander la *falcidie*. » La vieille Coutume de Montpellier donnait le même droit au père : « *Liberi debent parere voluntati parentum et suis legatis esse contenti.* » On trouve la même disposition dans les Coutumes de Narbonne. Le père disposait donc d'un droit presque absolu d'exhérédation, vis-à-vis les enfants dont il avait eu à se plaindre. Des Coutumes, cependant, réservaient toujours au fils une portion de son héritage : c'était la légitime fixée conformément à la novelle XVIII, au tiers des biens lorsqu'il y avait quatre enfants au plus, et à la moitié lorsqu'ils étaient en plus grand nombre.

Le père qui voulait exhéréder ses enfants devait les mentionner dans son testament. Dans la Coutume de Toulouse, le silence seul de la mère valait exhérédation. C'était un vieux reste des coutumes gauloises, dont la puissance de la mère est un trait caractéristique.

Cependant ce père de famille, qui pouvait disposer d'une manière presque illimitée de ses biens, par testaments et donations entre vifs, *était obligé* de doter sa fille, à moins qu'il n'eût de justes raisons de refuser son consentement au mariage de celle-ci, comme dans le cas d'une mésalliance. De même, lorsqu'il mariait un fils sans l'avoir préalablement émancipé, il était responsable de la dot de sa belle-fille, que ce soit lui ou son fils qui l'ait reçue.

Le principal effet de la puissance paternelle, telle qu'on l'avait adoptée dans le pays de Droit écrit, était d'ôter aux enfants presque toute capacité juridique, même lorsqu'ils étaient parvenus à la majorité. Ainsi, le majeur ne pouvait jouir du revenu de ses biens, les vendre, les engager et s'obliger valablement par toute sorte d'actes, que lorsqu'il avait été émancipé. Encore il y avait une restriction à cela : une loi de Constantin avait attribué au père, pour prix de l'émancipation de son fils, le tiers en propriété des biens de celui-ci ; Justinien, au lieu du tiers en propriété, lui avait donné la moitié en usufruit (1). Cette loi avait passé dans le Droit écrit, suivant qu'il a été jugé par arrêt du parlement de Toulouse. Il n'était même pas besoin que le père, dans l'émancipation, se réservât cette moitié d'usufruit, car elle lui appartenait de plein droit.

Tout cela était bien contradictoire : Il n'en pouvait être autrement, car même dans les provinces qui s'obstinaient à suivre aveuglément, et à la lettre, une législation surannée, la jurisprudence des Parlements avait indiqué certaines restrictions à la puissance paternelle ; de plus, « ces pays n'étaient pas eux-mêmes dépourvus d'institutions coutumières, et les chartes de commune, les statuts municipaux, les usages locaux constituaient dans ces contrées où la législation romaine semblait régner en souveraine unique, autant de lois particulières, qui

(1) Beaune, *Droit Coutumier*, p. 463.

étaient, selon l'expression d'un commentateur, des retranchements ou des exceptions, des dérogations apportés par les mœurs au Droit commun. »

Néanmoins, d'après ce court examen de la puissance paternelle dans les pays de Droit écrit, on peut voir que le Droit Romain, le Droit celtique et le Droit féodal s'y unissaient, pour ainsi dire, pour lui communiquer une dureté qui contraste étrangement avec l'esprit de libéralisme et de civilisation qui dominait les pays de Droit coutumier (1).

(1) Vers le commencement du xvɪᵉ siècle, lorsque les Espagnols firent la conquête du Mexique, ils y trouvèrent une puissance paternelle puissante, forte et établie sur des bases solides. Elle n'était pas moins en honneur chez les Péruviens.

Parachutec, un des Incas dont la mémoire fut la plus vénérée, obligeait, dans une de ses ordonnances, les enfants à travailler pour le compte de leur père, jusqu'à l'âge de vingt-cinq ans accomplis. Il leur défendait de se marier sans le consentement explicite de leur père, et déclarait illégitimes les enfants nés de tout mariage qui n'avait pas obtenu la sanction des parents, à moins que ceux-ci ne se laissassent fléchir par la suite et ne consentissent à l'approuver. (Garcilgasso de la Véga, *Hist. des Incas*, tome I.)

Les Péruviens célébraient, à l'équinoxe d'automne, une grande fête, en l'honneur de la paternité; l'Incas la présidait : chaque père conduisait, au pied du trône, ses enfants parvenus à l'âge de l'adolescence, saluait le monarque par une inclination respectueuse, lui présentait l'un après l'autre tous ses enfants, lui rendait compte de leur conduite, et distribuait des palmes à ceux qui s'étaient fait remarquer par leur amour ou leur respect filial. Le fils, devenu à son tour chef de famille, suspendait orgueilleusement ces palmes au dessus de son tribunal domestique, où seul il pouvait s'asseoir, et sur lequel il montait pour dicter ses ordres, juger ses enfants ou recevoir leurs hommages. Lorsque les torts d'un enfant étaient graves, le père l'exilait de sa maison. Dès ce moment, il devenait un paria, fui par tout le monde sans exception ; la culture des champs paternels et celle des terres du Soleil, des Incas, des vieillards, des orphelins, des vierges et des infirmes lui étaient interdites. Le père lui-même n'avait point le droit, en pardonnant, d'abréger la durée qui avait été fixée au châtiment. Mais le temps expiré, la rentrée de l'enfant prodigue était une fête pour toute la famille. (Marmontel, *Hist. des Incas*, tome II, ch. xxxviii.)

CHAPITRE III

DROIT COUTUMIER

« Deux grandes règles du Droit coutumier, s'accordent pour démontrer le caractère, tout de protection, des rapports de droit qui existaient entre les pères et les enfants ; droit de puissance paternelle n'a lieu, et, les enfants sont en la vourie et mainbournie de leur père et mère (Loysel) (1). »

Nous allons examiner tout d'abord quelle portée il faut donner à ces deux règles, qui, en apparence, sont en absolue contradiction.

Dans les pays de Coutume, la puissance paternelle se dépouilla de bonne heure de tout caractère égoïste et oppresseur, et fut considérée comme une conséquence et un simple moyen d'accomplissement de l'obligation imposée aux pères d'élever leurs enfants.

Sous les rois de la troisième race, les Coutumes, même celles qui avaient adopté la puissance paternelle romaine, y avaient apporté de si graves restrictions et un adoucissement tel, qu'Accurse, qui vivait vers l'an 1200, considère que de son temps,

(1) *Zeitschrift der Savigny-Stiftung fur rechtsgeschichte,* p. 140, 1887, Siebenter band. — *Beitrag zur Geschichte der Vaterlichen gewalt nach altfranzosischen recht.*

les enfants étaient pour ainsi dire affranchis de la
puissance paternelle, en les comparant aux enfants
des Esclavons, que leurs pères traitent comme des
serviteurs :

> « *Aliæ vero gentes ut servos tenent filios, ut Sclavi :*
> « *Aliæ vero ut prorsus absolutos, ut Francigenæ* (1). »

Quelques- auteurs, exagérant le sens de cette
observation, et la rapprochant du principe admis
par certaines Coutumes « en pays de Coutume,
puissance paternelle n'a lieu, » soutinrent que la
puissance paternelle était absolument proscrite du
Droit coutumier. Cette opinion eut comme défenseurs Loizel, Bourgeon, et plusieurs autres. Au
contraire, Laurière, Bretonnier, et les auteurs du
répertoire de jurisprudence contestent cette maxime,
prise dans ce sens, en s'appuyant sur tous les monuments anciens.

Les termes employés par Accurse, repoussent
l'idée d'un anéantissement complet du pouvoir du
père, et il est impossible d'y découvrir l'intention
de prétendre que nos ancêtres n'admettaient point
la puissance paternelle, surtout lorsqu'il existe
tant de preuves qu'ils l'avaient conservée.

Et tout d'abord, on trouve dans les établisse-
ments de Saint-Louis, une ordonnance qui décide
que, « lorsqu'on n'usera point du Droit écrit on
devra recourir à la Coutume du pays ou de la terre, »
d'où il faut conclure que, sous son règne, le Droit
Romain, qui consacre la *patria potestas*, était le
Droit commun, quand la Coutume locale n'y était
pas contraire.

(1) Terrasson, *Hist. Jurisprud. Rom.*, partie ive, § 8.

Outre les Coutumes (1), qui font mention de cette puissance, rien n'établit mieux son existence que les lettres d'émancipation que l'on retrouve dans l'histoire de plusieurs illustres maisons (2).

En 1271, Hugon, duc de Bourgogne, émancipe d'abord son fils et se démet ensuite en sa faveur de ce duché, dont il se réserve la jouissance. Voici la teneur de l'acte d'émancipation : « *Nos, Hugo, dux Burgundiæ, notum facimus universis inspecturis præsentes litteras, quod in nostra præsentia specialiter constitutus propter hoc, Robertus miles filius noster, petiit emancipari a nobis, seu a patria potestate liberari. Nos vero videntes et attendentes ipsius Roberti, consensum et voluntatem, circa emancipationem habendam et dandam a nobis, mutuo consensu interveniente ex parte nostra et ex parte dicti Roberti, ipsum præsentem et emancipationem acceptantem, legitime emancipamus et liberamus a sacris* (3) *seu a patria potestate. In cujus testimonium, præsenti emancipationi, ad requisitionem dicti Roberti, Sigillum nostrum duximus apponendum. Datum die Sabbati, post festum beati Lucæ evangelistæ anno Domini 1272* (4). »

En 1304, la reine Jeanne de Champagne, femme du roi Philippe le Bel, ayant désiré que ses der-

(1) Voir *Coutumes de Vitry*, art. 100 ; *de Montargis*, art. 6 et 7 ; *de Bourbonnais*, ch. vii, art. 2 ; *de Berry*, art. 133 ; *de Bretagne*, tit. 1, art. 3. La *Coutume de Paris* est muette sur la puissance paternelle.

(2) Voir *Histoire de Chatillon, aux Preuves*.

(3) C'était un souvenir du Droit Romain. L'enfant émancipé ne participait plus aux *sacra* de son ex-famille.

(4) Pérard, *Recueil de Pièces*, p. 521 *in fine*.

nières dispositions fussent approuvées par son fils aîné, alors âgé de plus de quatorze ans, dut demander l'autorisation au père qui la donna en ces termes : « *Auctoritatem plenamque et liberam potestatem duximus concedendam ad supplicationem et humilem requisitionem ipsius primogeniti nostri* (1). »

En 1331, Philippe de Valois, donna l'investiture du duché de Normandie à Jean de France, son fils, et, pour le rendre habile à recevoir cette donation, il l'affranchit de la puissance paternelle (2).

Dans un acte de donation, que le roi Jean fit à son fils Philippe, en 1363, du duché et du comté de Bourgogne, Philippe y est expressément émancipé : « ..... *ad quod homagium admisimus eumdem que (Philippum) per hoc emancipamus et extra potestatem nostram paternam projicimus* (3). »

Cette émancipation devait être demandée, sollicitée par le fils, et, s'il était mineur de 12 ans, devait être précédée d'une lettre du roi, suivant la loi *Jubemus* (4). Ainsi, quand Charles de Valois voulut émanciper Louis, son fils, âgé de 7 ans, il obtint les lettres suivantes : « *Nos Carolus, Dei gratia, Franc. et Navar. Rex, notum facimus..... quod ad supplicationem carissimi et fidelis patrici nostri Caroli, Comitis Valeʒii, concedimus, ut filium ejus Ludovicum emancipare et a po-*

---

(1) Cette charte est rapportée en entier par Launoy : *Hist. Gymnasii Navarræ Parisiensis*, édit. de 1677, p. 7.

(2) Dutillet, *Recueil des Rois de France*, p. 297, édit. de 1603.

(3) Gollut, *Hist. de la Franche-Comté*, liv. VIII, ch. xxvii.

(4) 5 *Code, de Emancipatione*, l. VIII, tit. xlix.

testatis patriæ vinculis liberare possit (1). »

Ces chartes et beaucoup d'autres qu'il serait trop long de citer ici, démontrent nécessairement que, à cette époque, la puissance paternelle était universellement reconnue dans tout le royaume, car, à qui n'est pas en puissance, l'émancipation est inutile. Les monuments de la jurisprudence achèveraient au besoin de dissiper tous les doutes. Il nous suffira de faire quelques citations :

« Quand aucun est prisonnier des ennemis du prince, ceux qui étaient en sa puissance n'y sont plus, jusqu'à ce qu'il soit délivré. Ainsi est réputé pour mort de sa prise (2). » Cette décision est de Jean Desmares, jurisconsulte du XIVe siècle.

« Quand on donne à aucun étant en la puissance d'aucun de ses parents pour certaines causes, celui dans la puissance duquel il est, n'y a ni propriété, ni usufruit (3). »

« Un lais ou un don, qui est fait à mon enfant, étant en ma puissance, vient à mon profit, au cas toutefois, que le don ou lais ne serait causé comme de dire pour apprendre à l'école, ou pour se marier, et encore si la cause cessait, ledit lais ou don reviendrait à moi par la coutume de la prévôté de Paris (4). »

Et ce passage de Jean Imbert, jurisconsulte du XVIe siècle qui est encore plus concluant : « Les enfants de ce royaume de France sont présumés toujours constitués sous le pouvoir paternel, s'il n'est

(1) *Veterum aliquot scriptorum spicilegium*, t. VIII, par Don Louis d'Acheri, p. 263.

(2) *Décisions de Jean Desmares*, XXXVI.

(3) *Ibid.*, CCXLVIII.

(4) *Grand Coutumier*, ch. XI.

prouvé qu'ils sont émancipés, ou qu'ils aient demeuré pendant dix ans hors la maison de leur
père (1). »

Il est donc incontestable qu'autrefois la puissance paternelle était en vigueur dans toute l'étendue du royaume de France. Les rédacteurs des Coutumes de Paris gardèrent à ce sujet un silence
absolu : mais Bouhier n'hésite pas à dire, dans son
commentaire sur la Coutume de Bourgogne, que
puisque la puissance paternelle a été reçue dans le
pays coutumier, elle subsiste forcément dans toutes
les Coutumes qui n'ont point de disposition prohi-
bitive. Le lieutenant criminel Ayrault était donc
bien loin de la vérité, lorsqu'il écrivait en 1589 :
« les pauvres pères n'ont plus de puissance sur leurs
enfants, non pas l'ombre, non pas l'idée (2). »

Ce fut seulement au XVIᵉ siècle, dit M. Laferr-
rière (3), que la règle « droit de puissance paternelle
n'a lieu » s'établit dans le Droit coutumier ; elle fit
sa première apparition, non dans la Coutume de
Paris, rédigée en 1510, mais dans une Coutume de
l'Ile de France, la coutume de Senlis, rédigée en
1539. Le procès-verbal de la Coutume de Senlis
porte : « Après la lecture des articles ci-dessus, les
assistants et députés des trois états ont requis
l'art. 121, être ajouté audit coutumier, pour y servir d'article de Coutume ; ce que nous avons ordonné
être fait du consentement desdits assistants (4). »
Le sens de cet article est, dit l'annotateur Pihan de

(1) Jean Imbert, *Manuel de Droit écrit.*
(2) Lettre à son fils, *sur la Puissance paternelle.* 1589.
(3) *Histoire du Droit Français*, t. IV, p. 357.
(4) *Coutumes générales du bailliage de Senlis, Cout. de Senlis.*
p. 197, édit. de 1631.

Laforest, que les enfants ne sont pas ainsi que dans les lieux régis par le Droit romain, soumis à la puissance de leur père jusqu'à sa mort, ou jusqu'à leur émancipation ; qu'ainsi un père est tenu de garder tout ce que le fils possède ou acquiert, de lui en tenir état et de lui en rendre compte, lorsqu'il sera parvenu à l'âge de régir et administrer, que ce fils peut alors disposer par testament, etc.(1).

Il résulte bien de ce commentaire, que ce que voulaient proscrire les rédacteurs des coutumes, ce ne fut pas le pouvoir du père sur ses enfants, tel que nous le comprenons, mais la *patria potestas* romaine, avec ses rigueurs et la perpétuité qui en faisaient une véritable tyrannie.

Caractère de la puissance paternelle en Droit coutumier. — Mais comme nous l'avons déjà fait remarquer, cette puissance était tellement adoucie, qu'on a pu soutenir qu'elle n'était conservée aux parents que comme compensation des aliments et de l'éducation donnée aux enfants.

De là vient que d'après quelques Coutumes (2), dès que la mère est morte, les enfants, parce qu'ils ont ou sont présumés avoir de quoi se nourrir et s'entretenir, cessent d'être en la puissance de leur père : « Par le trépas de père ou de mère, les enfants sont *sui juris*, et sont hors de puissance d'autruy, supposé qu'ils eussent ayeul ou ayeule, et défaut la puissance que le père avait sur eux. »

De là vient encore que dans plusieurs autres

---

(1) *Esprit des Coutumes du bailliage de Senlis*, Pihan de Laforest, p. 387, édit. de 1771.

(2) *Chartres*, 103 ; *Châteauneuf*, 134 : *Dreux*, 93.

Coutumes, et notamment à Paris, les enfants n'é-
taient sous la puissance de leurs pères que lorsqu'ils
étaient en « celle, » ainsi que nous l'apprend une
décision de Jean Desmares (1) : « Se enfants sont
mariez de biens communs de père et de mère, et
aultres demeurent en celle, c'est-à-dire en domicile
de père et de mère, iceux enfants renoncent taisi-
blement à la succession de père et de mère, et n'y
peuvent rien demander au préjudice des autres
enfants demeurant en celle, supposé qu'ils rappor-
tassent ce que donné leur a été en mariage. Car, par
le mariage, ils sont mis hors la main de père et de
mère, si ce n'est que par exprès, il eut été réservé
en traité de mariage, que par eux rapportant ce
que donné leur a été en mariage, ils peuvent succéder à leurs père et mère, avec leurs frères et
sœurs qui sont demeurés en celle (2). »

Les enfants étaient en celle, comme nous le
voyons, lorsqu'ils étaient « en domicile » de père
et mère ; et lorsqu'ils étaient « en celle et domicile »
de père et mère, comme ils étaient nourris par
leurs parents, ils étaient aussi en pain et pot (3).
De là vient que les mots celle, domicile, et pain et
pot sont employés indifféremment pour exprimer
la puissance sur les enfants ; et que pour marquer
que les enfants étaient émancipés, on disait qu'ils
étaient hors de pain et de pot, ou qu'ils étaient hors
de celle (4).

---

(1) Jean Desmares, *Décision* CCXXXVI.
(2) Selon toutes apparences, c'était un reste du Droit Romain, suivant lequel les enfants en puissance excluaient, de la succession du
père, les émancipés. § 9, *Instit. Just., de heredit. quæ ab intestat.*
(3) *Coutume de Hainaut*, ch. 42, 98, 106.
(4) Comme l'enfant en celle excluait de la succession paternelle son

Cette puissance paternelle était moins une puissance qu'une autorité tutélaire ; les pères n'avaient guère plus de pouvoirs sur leurs enfants, que les tuteurs sur leurs pupilles ; ils n'avaient plus que le soin de leur éducation et l'administration de leurs biens, jusqu'à ce qu'ils fussent majeurs ou émancipés.

« Nous n'avons plus, dit M. du Vair (1), la puissance que les Romains avaient sur leurs enfants ; cette souveraine domination est changée, de la part des pères, en charitable amour, et cet esclavage de la part des enfants en un honneur plein de respect, et, par conséquent, les effets de cette puissance sont changés. »

« Notre puissance paternelle, dit plus tard Pothier, plus semblable à celle d'un tuteur que d'un maître, n'est autre chose que le droit que les parents ont de gouverner avec autorité la personne et les biens de leurs enfants, et c'est plutôt en faveur des enfants qu'elle est établie, qu'en faveur des parents. Elle finit lorsque les enfants sont réputés en état de se gouverner par eux-mêmes, c'est-à-dire lors de leur majorité ou de leur mariage (2). »

Droit d'exposition. — L'exposition des enfants est désormais considérée comme un crime capital, parce qu'il renferme une espèce d'homicide, à cause

---

frère hors de celle, les seigneurs prirent de là occasion de piller les biens de leurs hommes de main morte ; et faisant, en quelque sorte, revivre la rigidité de la loi des douze Tables, qui donnait la succession des affranchis aux patrons, quand les affranchis étaient décédés *ab intestat*, sans laisser d'enfants en puissance, ils exclurent les enfants, même main mortables, de la succession de leur père, lorsque ces enfants étaient sortis de celle ou émancipés.

(1) *Œuvres de Guillaume du Vair, garde des sceaux de France*, édit. de 1641, *Dernier des arrêts rendus en robe rouge*, p. 1121.

(2) Pothier, *Introduction au titre IX de la Coutume d'Orléans*.

du danger que court l'enfant exposé (1). Une sage-femme qui fut convaincue de semblable exposition fut, par arrêt rendu le 26 mai 1682, confirmatif d'une sentence du Châtelet, condamnée à être fouettée, ayant écriteaux devant et derrière, portant ces mots « sage-femme convaincue d'exposition d'enfants » et bannie pour cinq ans.

Ce crime avait été puni de la peine de mort, suivant l'édit de Henri II, vérifié en Parlement, le 4 mars 1556, mais, comme nous le voyons, par l'arrêt ci-dessus, on s'était un peu relaché de cette rigueur.

Droit de vente. — La vente des enfants était proscrite par les mœurs : cependant on en retrouve des exemples, très tard dans le moyen-âge : en vain la loi des Visigoths avait formellement abrogé ce droit du père, en vain la législation carlovingienne avait fait des efforts dignes d'éloge, pour faire disparaître ce vieux reste des traditions germaniques et de la barbarie romaine ; nous possédons des actes même du XVᵉ siècle, qui constatent l'aliénation d'enfants par leur pères, il est vrai d'ajouter que c'est toujours dans des cas d'extrême indigence. Souvent, le père se contente de donner ses enfants à un couvent ou à une église, à seule fin de s'en débarrasser.

Nous trouvons un exemple de donation d'un enfant à un couvent dans l'histoire de cette Auvergne

(1) Anciennement, les seigneurs hauts justiciers de Paris contribuaient à la nourriture des enfants exposés dans cette ville. Cela avait été réglé par des arrêts de la Cour, rendus les 11 août 1552, 1ᵉʳ septembre 1667. Une déclaration du mois de juin 1670 créa l'établissement des Enfants Trouvés.

où la volonté paternelle dominait tout, où le chef de
famille pouvait dire à ses puinés dans son testament : « *Clericari volo* », on pouvait laisser,
comme suprême don à sa fille, ces deux mots « *ma-
ritari volo* » (1), et où toujours le fils de famille
devait courber la tête et obéir.

En l'an 1100, Estienne de Mercœur, à l'heure où
les moines étaient en prières, entra dans l'Eglise de
la Chaise Dieu, tenant à la main son enfant encore
en bas âge. Il le conduisit vêtu de blanc, au milieu
du chœur, et là en présence de la communauté ras-
semblée et de cinq témoins, il enveloppa la main
droite de son fils, sa demande d'acceptation, dans
un peu de l'étoffe qui couvrait le grand autel. Puis
la tête nue, sans armure et sans épée, le comte de
Mercœur fit pour son enfant vœu d'obéissance et de
pauvreté. Il s'engagea à ne jamais rien lui donner
et de ne point lui fournir l'occasion de quitter le
monastère (2).

Nous avons déjà parlé plus haut d'une semblable
donation faite à une église de Cologne, à la fin du
XI⁰ siècle ou au commencement du XII⁰.

On possède un acte très curieux portant la date
du 25 juillet 1440 (3) qui constate la donation, par
son grand père et sa mère veuve, et réduite à une
extrême misère, d'un garçon de six ans, faite au
recteur de l'Eglise de Montesquieu en Lauragais,
qui contracte l'obligation de fournir des aliments à
cet enfant. Cet acte, qui est conçu dans un style

(1) Testament de Guillaume X, 1245 ; de Robert V, 1276.
(2) Branche et Thibaud, *l'Auvergne au moyen âge*, t. I.
(3) Communication de M. Belhomme, *Mémoires de l'Académie impériale des sciences, inscriptions et belles-lettres de Toulouse*, t. IV.
4⁰ série, année 1856.

aussi prolixe que diffus, ne laisse aucun doute sur ce point, à savoir que, à cette époque, on trouvait encore des traités dans lesquels se produisait l'idée de l'acquisition d'un droit sur les personnes, qui y étaient l'objet d'une tradition et d'une prise de possession semblables à celles usitées pour transférer la propriété des choses.

En 1489, la Coutume de Bazas, tout en refusant au père le droit de vendre son enfant, reconnaît qu'il peut louer les services de cet enfant, s'il est dans la misère (1), ou le donner en gage pour sortir de prison : « *Item, si ung orp, ou ung contreyt, ou truan ou questau pana l'autruy enfan, et ly yssorben et contrasen de sous membres per gasanhar et querre almoynas que tout atal home deu estre pendut et rossegat.*

Empero lo pay lo pot ben logar ou empenhar per sas grans necessitatz, ou per sa paubreyra, et que la necessitatz et paubreyra fossar ben notorias; mas no deu ny no pot balhar ny bendre per affolar son cors ny sous membres; quar si ho fase et prohar se pode, passera justicia. — Segon la costuma général en Basades.

« L'aveugle ou l'estropié qui exercent des violences sur le corps de l'enfant, afin de le faire mendier sera pendu ou roué (2). Celui qui a vendu son enfant subira la même peine.

---

(1) Conf. de Savigny, *Histoire du Droit romain au moyen âge*, t. IV, p. 302. — *Petri Exceptiones*, liv I, ch. XIV. De venditione liberorum. Patribus et aliis parentibus, quid liberos habent in potestate, pro summâ famis necessitate eos vendere licet. Sed quocunque tempore vel ipsi, vel alii, pro eis tantum pretii restituerint, quantum valuerint, ad libertatis gloriam reverti potuerint.

(2) Cette traduction du mot « *rossegat* » par le mot « *roué* » n'est

« Le père peut cependant louer les services de
son fils, s'il est dans la misère, ou le donner en
gage pour sortir de prison ; mais il faut que sa misère et sa pauvreté soient notoires, et il ne peut le
donner ni le vendre pour que son corps soit vio-
lenté ou abîmé (1). »

Telle est la dernière trace juridique du vieux
droit de vente de l'enfant par le père (2).

Droit de correction. — Les Coutumes sont
absolument muettes (3) sur le droit de correction
que généralement les législations attribuent au père
de famille, comme corollaire de son devoir d'éducation. Cependant il n'est pas possible de nier l'existence dans les pays coutumiers, de ce droit qui
avait été consacré par le droit naturel et l'usage : Il
y est même poussé jusqu'à l'exagération : sur la
simple demande du père, l'enfant était emprisonné

pas exacte. Littéralement, « *rossegat* » veut dire « *traîné au supplice
à la queue d'un cheval* ». D'après les registres de l'hôtel-de-ville de
Bordeaux, c'était, paraît-il, l'ancienne manière de conduire les criminels au supplice ; on achetait même tout exprès un cheval « *rossin* »,
qui au XIIᵉ siècle valait 5 livres.

(1) *Coutumes de Baʒas*, art. 171. — Voir *Archives historiques de la
Gironde*, t. xv, p. 83-146.

(2) Conf. *las Coustumas de la vila de Bordeü*, art. 43. « D'aquets
qui panen los enfants autruy et los venden », p. 35, dans de Lamothe.
Coutumes du ressort du parlement de Guienne. — La compilation des
vieilles coutumes de Bordeaux paraît remonter au commencement du
XIVᵉ siècle.

(3) La Coutume de Liège a cependant, sur ce sujet, une disposition
qui mérite d'être mentionnée. Un auteur moderne nous en présente
la substance dans les termes suivants : « Les parents peuvent corriger
et battre leurs enfants, sans qu'ils soient tenus d'aucune amende en
justice, sinon pour cas de blessure (art. 27 de la paix de Sᵗ-Jacques).
— Ils peuvent les renfermer dans une chambre pour un petit temps,
mais ils ne peuvent les faire emprisonner sans un décret de l'official
de Liège ou du juge ordinaire (art. 6 du mandement de 1744). —
Instituts de Droit pour le pays de Liège, par M. Sohet.

et restait détenu aussi longtemps que durait la colère paternelle. Quand nous disons l'enfant, il faut entendre le mineur, c'est-à-dire une personne qui pouvait avoir jusqu'à vingt-cinq ans, comme nous le verrons lorsque nous parlerons de la majorité. Ce droit de détention presque arbitraire, les parlements voulurent avec raison y mettre un frein, et ils permirent aux enfants de réclamer contre les châtiments injustes.

« Lorsque les pères exercent leur bonté envers leurs enfants, disait l'avocat général Talon, ils sont juges souverains, mais quand ils exercent leur justice et qu'ils châtient leurs enfants, leur pouvoir est soumis aux juges qui doivent juger leurs jugements, *judicia vestra judicabo* (1). »

En général, ce sont les magistrats qui ordonnent les mesures correctionnelles indispensables, dans les pays coutumiers, et ils y ont même une très grande latitude, puisque, après la plainte du père, ils peuvent prendre l'avis des plus proches parents de l'enfant et refuser ou tempérer la punition demandée. En cas d'abus de l'autorité paternelle, l'enfant qui en était victime, pouvait porter plainte auprès des Tribunaux qui intervenaient entre l'opprimé et l'oppresseur, et nous rencontrons plusieurs arrêts frappant de peines sévères la brutalité des pères. « La Cour, par arrêt du 26 août 1559, met les parties hors de cour et de procez et néanmoins quoiqu'il apparaisse que la dite demoiselle Leauté a été exposée aux mauvais traitements de son père et de sa belle-mère, ordonne qu'elle sera

(1) Voir Rives, *Œuvres d'Omer et Denis Talon.*

rendue au père, baillant caution de cent livres, de la bien traiter et la faire traiter par Guillemette, sa femme, auxquels la cour fait défense de sévir en leur dite fille, sous peine de cinq cents livres monnoye et de la prison (1). »

D'Argentré, dans ses commentaires sur la Coutume de Bretagne, avait judicieusement observé que les pères et gardes naturels « *qui perverse in suum sanguinem statuunt,* » gouvernent mal et dissipent les biens de leurs enfants, peuvent et doivent être destitués de la garde naturelle, et que la justice est obligée de recevoir la plainte des enfants et de pourvoir à la conservation de leurs droits (2).

Voici un autre arrêt plus récent (3) : Par arrest du 16 décembre 1669, la Cour de Provence confirmant la sentence du Lieutenant de la ville de Digne, admet qu'il est juste, dans certains cas, d'enlever au père son pouvoir, « surtout lorsqu'il n'y a point de sûreté dans sa maison pour le fils, soit que les inductions de la belle-mère, soit que l'amour qu'il a pour les enfants d'un second lit, aient changé les mouvements d'affection, ce qui arrive presque toujours, car comme dit saint Augustin, « *mutato concubitu parentes depravantur, prælatis filiis posterioris copulæ, neglectis iis qui ex priori progeniti sunt.* » Graverol, sur la Roche-Flavain, dit : « Quoique les enfants soient sous la puissance

(1) *Les plus solennels arrests du parlement de Bretagne*, recueillis par Dufail, t. 1, p. 461, édit. 1715.

(2) D'Argentré, *Comment. Cout. de Bretagne*, art. 474, glose 4.

(3) *Les plus solennels arrêts du parlement de Provence*, t. IV, liv. IV, tit. IV, ch. V.

de leur père, ils peuvent s'en tirer quand ils sont extrêmement maltraités (1). »

Le père n'avait donc plus qu'un droit de correction bien limité. Cependant Basset (2) fait mention d'une sentence rendue par un père lui-même, de l'avis de la famille réunie, contre un fils qui avait attenté contre sa vie et celle de sa mère. Il le déclara indigne de sa succession et le condamna aux galères pour 20 ans, sentence qui, sur l'appel *a minima*, interjeté par le procureur général, au parlement de Grenoble, fut cassée et changée en une condamnation aux galères perpétuelles. Selon le Droit commun, du reste, le père n'avait que la faculté de faire enfermer l'enfant dans une maison de force de sa propre autorité.

D'après un règlement pour la correction des enfants de famille, du 20 avril 1684, le père, qui veut faire enfermer son enfant, dépose une plainte, qui si elle est reconnue fondée, lui fait délivrer un ordre d'internement (3).

L'arrêt du Parlement de Paris, du 27 octobre 1696, est curieux à connaître, surtout parce qu'il soumet le droit de correction du père à un contrôle judiciaire sérieux, et semble prévoir les améliorations qui ne furent que très-tard apportées au Code civil. « Sur ce qu'il a été remontré par le Procureur général que plusieurs personnes, pères et mères, étaient obligées de mettre leurs enfants en prison pour corriger par cette voie, les désordres d'une

(1) Graverol sur La Roche-Flavain, liv. III, tit. v.
(2) Basset, t. ii, liv. IV, tit. xii, ch. vi.
(3) Voir aussi les arrêts des 9 et 16 mars 1673, 14 mars 1678 et 27 octobre 1697.

jeunesse déréglée, et *nos mœurs ayant laissé par-*
ticulièremeut aux pères, ce reste de l'ancienne
autorité qu'ils avaient sur leurs familles, il y
avait plusieurs abus dans l'usage et l'étendue
de ce pouvoir, dont quelques-uns, mariés en
secondes noces, ne laissaient pas de se servir contre
les enfants de leur premier lit, et que des mères,
quelques-unes même après avoir passé à un second
mariage, et d'autres parents, à défaut de pères et
de mères voulaient anticiper ; que depuis quelque
temps, il n'y avait pas d'âge limité ; qu'il s'était
trouvé dans les prisons *des hommes âgés de trente*
ans et plus, et même des prêtres, détenus sous
prétexte de correction paternelle ; que l'on ne
trouvait presque aucun fruit à ces corrections, par
le commerce que les enfants avaient avec leurs
prisonniers, dont plusieurs arrêtés pour crimes,
achevaient souvent de corrompre leurs mœurs par
leurs mauvais exemples, et, que se rencontrant
ainsi dans une même prison, sans qu'aucune personne sage eût pris soin de les conduire et de les
reprendre de leurs désordres, ils s'y fortifient encore davantage tous ensemble, requérant qu'il plût
à la cour y pourvoir. La cour a ordonné et ordonne
que ceux qui seront arrêtés pour correction, en cette
ville de Paris, ne pourront être mis que dans les
prisons de Ville-Neuve-sur-Gravois, où ils paient la
somme de 300 francs de pension au geôlier, qui
sera préposé par les prêtres de la mission de cette
ville, dont le Supérieur choisira ceux de la maison
de Saint-Lazare qu'il trouvera à propos pour instruire les enfants ainsi retenus, et avoir soin de
leur conduite ; que les pères seuls pourront détenir

leurs enfants *jusqu'à l'âge de vingt-cinq ans, pourvu qu'ils ne soient pas mariés en secondes noces ;* et en cas qu'ils eussent passé en de secondes noces, ne pourront faire constituer prisonniers par correction leur enfants, sans en avoir obtenu la permission du lieutenant civil, lequel pourra, s'il le juge à propos, prendre l'avis de quelques-uns des parents les plus proches, tant du côté paternel que du côté maternel, ce que les mères tutrices et autres seront obligés de faire à l'égard de leurs enfants mineurs et parents, qu'ils voudront mettre en prison par correction. Fait défense au geôlier de laisser ceux qui sont arrêtés avoir aucun commerce avec les personnes qui pourront y être conduites à la requête du procureur fiscal de Saint-Lazare (1). »

Que l'on nous pardonne cette longue citation : mais chaque mot de cet arrêt est à retenir. Comment soutenir que la puissance paternelle n'existait pas alors? Comment admettre le cri de détresse que nous citions plus haut : « nous n'avons même plus l'ombre de la puissance paternelle », quand on voit que des fils de famille de trente ans et plus, des prêtres même, étaient détenus en vertu de ce pouvoir que l'on disait absolument disparu. Cet arrêt est encore intéressant en ce sens qu'il fixait, pour ainsi dire, un siècle avant le Code civil, la marche à suivre par les pères qui se servent, en désespoir de cause, de ce moyen terrible de correction, l'emprisonnement, que la loi met à leur dispostion et qui est prévu par les articles 376 à 380 du Code civil.

<hr />

(1) Cet arrêt de règlement est rapporté au tome IV du *Journal des Audiences*, p. 660 ; un arrêt de 1698 en ordonna la stricte exécution.

Il faut mentionner aussi une ordonnance royale du 15 juillet 1763 : Les « parents » dont les fils seront tombés dans des cas de dérangement de conduite, capables d'exposer l'honneur et la tranquillité de leurs familles....., sans cependant s'être rendus coupables de crimes dont les lois ont prononcé la punition, pourront demander au secrétaire d'Etat ayant le département de la guerre ou de la marine, leur exportation dans l'Ile de la Désirade. Si les motifs des parents sont trouvés légitimes, les jeunes gens seront conduits à la Désirade, sur un ordre de Sa Majesté qui se charge depuis l'arrivée à Rochefort de tous les frais de détention et de nourriture (1). »

« Cette combinaison féconde, dit M. Viollet, des droits de correction du père et de l'idée de colonisation est assurément fort remarquable (2). »

On le voit, le droit de correction du père était bien limité : mais il est vrai qu'il restait au père le moyen de faire emprisonner son fils, même majeur de vingt cinq ans, il pouvait obtenir du roi une lettre de cachet.

Droit d'exhérédation. — Le père avait encore entre ses mains, un autre moyen de punir le fils rebelle, ou dont la conduite avait provoqué son mécontentement ; ce moyen, c'était l'exhérédation.

L'exhérédation existait dans la jurisprudence coutumière avec les mêmes sévérités, que dans le Droit écrit, mais il n'en avait pas été ainsi au moyen-

---

(1) Peuchet, *Collection des lois, ordonnances et règlements de police*, 2ᵉ série, t. vii.

(2) Viollet, *Histoire du Droit Français*, t. ii.

âge. Au XIII° siècle, Beaumanoir disait : « *Li secons cas en coi nul retors ne doit estre fes as hoirs, si est, s'il fet mention el testament que li hoir li aient meffet, par quoi il ne lor vaut riens laissier el testament; car se je voi mon fils, me fille, ou me mere ou cele qui doit estre mes oirs, mener si deshoneste vie que ce soi escanlles à li et à son lignage, je li ai bone reson de li oster de mon testament. Et li escanlles, si est des pechiés de cors, dans vilainement et honteusement demener, ou de mariege desavenant, fet par eles contre me voulenté ; ou si de fole larguece l'on voie que che qui vient en lor main est perdu* (1), »*

Toutefois la réserve coutumière restait toujours intacte, le père n'y pouvait toucher ; Beaumanoir, après avoir donné la formule d'exhérédation, ajoute : « *Mais voirs est que des quatre parts de mon héritage ne puis je pas oster à mes hoirs ce que coustume et drois donne, ne par nuls des cas dessus dis* (2). »

On ne trouve, du reste, dans aucune des anciennes Coutumes, l'énumération des causes de l'exhérédation : c'est que l'on n'admettait point l'institution d'héritier romaine. Suivant le Droit coutumier, il n'y a que Dieu qui puisse faire un héritier : *Solus Deus hœredem facere potest, non homo.* De là,

---

(1) Beaumanoir, *Cout. de Beauvoisis,* ch. XII, n° 17, édition du comte Beugnot, 1842.

(2) *Ibid.*

Pierre de Fontaines dit dans *ses Conseils,* ch. XXXIII, nomb. 33 : « Li emperor Diocletien et Maximien dient : Se tu viels metre ta fille hors de ton héritage, parce qu'elle vit laidement et vileinement et contre honestée, se tu es meux à ceste haine par sa deserte, et non par aultre eschauffement tu auras congié à fère ta volenté en ton derrein jugement. »

la maxime de Loisel : *Institution d'héritier n'a point de lieu.*

Aussi, dans le Droit coutumier primitif, tout en admettant que le père pouvait priver un enfant coupable de sa part d'héritage, n'admettait-on que difficilement l'exhérédation proprement dite. Mais, dans le silence des Coutumes, les Parlements y transportèrent un droit qui leur étaient complètement étranger. Peu à peu, ce fut une invasion complète du Droit romain, et bientôt la Novelle 115 de Justinien, qui déterminait les causes d'exhérédation, fut appliquée dans les pays de Droit coutumier absolument comme dans les pays de Droit écrit. Quelques Coutumes y ajoutèrent même, en permettant d'exhéréder un enfant, simplement parce qu'il n'avait pas obtenu le consentement de ses père et mère pour se marier. C'est là une des causes les plus intéressantes à étudier de l'exhérédation.

Droit de consentir au mariage. — La loi des Wisigoths excluait de la succession de ses parents, la jeune fille qui s'était mariée sans leur consentement et n'avait pas obtenu leur pardon (1). La Coutume des nobles de Narbonne (1232), fit une distinction : « *Si aliqua filia militis, voluntate sua, sine consilio patris duxit virum infra XX annos, pater potest exheredare eam, ultra vero XX annos non puniatur* (2). » D'autres Coutumes sont moins dures, elles permettent à l'enfant qui s'est marié sans le consentement de ses parents et sans dot, de venir quand même partager par

(1) *Lex Visigoth.*, III, 2, 8.
(2) Vaissette, III, 208.

compte d'hoir à leur décès : « Se aucune personne (1) se marie outre le volonté sen père ou se mére, et il n'emporte riens de leurs biens, après les debtes du père et de le mère ou du quel que soit qui morroit, il emporteroit se partie ès moebles et hyretages par conte d'hoirs et ès acquestez, se elles n'estoient devisées, au tele partie comme li enfant à marier aroient ; ne ja pour che s'il estoit mariés ne lairoit qu'il n'eust se partie, puis qu'il n'aroit riens emporté à mariage, des biens sen père et se mère (2). »

Les ordonnances royales établirent le droit à cet égard. Une ordonnance de Henri II, du mois de février 1556, enregistrée par le Parlement, le 1er mars de la même année, art. 1, déclare que les enfants de famille qui contracteront mariage sans le consentement de leurs pères et mères, pourront être exhérédés. Ne sont pas compris dans cette catégorie, les enfants âgés de plus de trente ans, et les filles âgées de plus de vingt-cinq ans, pourvu, toutefois, qu'ils se soient mis en devoir de requérir l'avis et le conseil de leurs parents, au moyen de sommations respectueuses.

L'ordonnance de Louis XIII, du 26 novembre 1639, renchérit sur la sévérité des prescriptions législatives antérieures. L'art. 2 déclare privés et déchus de toutes successions directes et collatérales par le seul fait, les veuves, filles et fils mineurs de vingt-cinq ans, qui auront contracté mariage contre la teneur de l'Edit de 1556, ensemble les enfants qui en naîtront ; enjoint aux fils qui excèdent l'âge de trente ans, et aux filles qui excèdent celui de

(1) Marnier, *Anc. Cout. de Picardie*, p. 158.
(2) Conf. Thierry, *Sur la Cout. d'Amiens*, 52. **M. L.**

vingt-cinq ans, de requérir par écrit l'avis et conseil de leurs parents, pour se marier, sous peine d'être exhérédés par eux. Le père, dont on n'avait pas demandé le consentement, avait donc une juste cause d'exhérédation dont il pouvait user dans la plus large mesure.

L'édit de mars 1697, rendu sous Louis XIV, décide que désormais il ne sera plus permis de se marier hors de sa paroisse ; il ordonne aux prêtres de ne célébrer aucun mariage sans s'être assuré au préalable du consentement des parents ; il confirme enfin l'exhérédation prononcée par les arrêts précédents contre les enfants de tout âge « qui n'auront pas requis advis et conseil » de leurs père et mère.

Le consentement des parents doit être exprès : on ne peut le déduire de ce fait que les bans ont été publiés. A défaut de ce consentement, le mariage est nul, au moins quand il s'agit du mariage d'un mineur de 25 ans. Cependant, on trouve des cas où les tribunaux, ayant reconnu un refus injuste de la part des pères et mères, ont permis aux enfants mineurs de contracter des mariages que le reste de la famille trouvait avantageux ; mais, ces cas sont rares, et la présomption est toujours en faveur des parents et du désir qu'ils ont naturellement de veiller aux intérêts de leurs enfants.

L'enfant doit requérir le consentement de ses père et mère et non pas seulement, comme en Droit romain, le consentement du père ou de l'ascendant mâle en la puissance de qui il était. Si le père consent au mariage et que la mère ne veuille pas l'approuver, l'enfant pourra passer outre et se marier avec le seul consentement du père : « *Quia plus tribuitur honoris, judicio patris quam matris.* »

Les mariages faits par des majeurs de vingt-cinq ans, sans le consentement de leurs parents, sont valables, quand ils ont été célébrés avec toutes les formalités requises ; néanmoins, les parties contractantes, quoique majeures de vingt-cinq ans ou de trente ans, sont toujours obligées de demander par écrit le consentement dont il s'agit. Ces sommations respectueuses étaient portées aux parents par deux notaires ou par un notaire et deux témoins. La nécessité de cette formalité fut établie par une ordonnance du 27 août 1692.

Mentionnons également, en passant, le Droit qu'avait le père de s'opposer à la profession religieuse de ses enfants mineurs. Comme la question était très complexe et que les parlements jugeaient d'une manière contradictoire, nous nous contenterons de citer le résumé que fait d'Héricourt de la Jurisprudence la plus souvent admise : « Les enfants ne doivent pas embrasser l'état religieux, sans le consentement de leurs parents. Cependant si un jeune homme ou une jeune fille étant parvenus à l'âge de vingt ans ou de vingt-deux ans, voulait s'engager dans un monastère, sans qu'il partît aucune séduction de ceux qui le gouvernent, on n'aurait point d'égard à l'opposition des parents qui n'ont pas le droit d'empêcher leurs enfants de se consacrer au Seigneur (1). »

(1) *Rep. de Guyot*, p. 24. C'est ainsi que le décide également le Droit canonique ; le non consentement des parents ne rend pas nuls les vœux prononcés, mais ici, comme pour le mariage, l'Eglise recommande le plus grand respect pour les parents.

Souvent les parlements ordonnaient la mise dans une maison bourgeoise de l'enfant qui avait prononcé ses vœux sans l'autorisation de ses parents.

Emancipation par mariage. — En pays Coutumier « homme et femme, mariez, sont tenus pour emancipez (1). » Ce que la Coutume de Touraine commente en disant : « Hommes et femmes, nobles ou roturiers, mariés, encore qu'ils soient mineurs de vingt-cinq ans, sont usans de leurs droits... (2) » On trouve néanmoins des Coutumes (3) dans lesquelles il faut que le fils du roturier, marié, ait demeuré l'an et jour hors du domicile paternel, pour pouvoir se dire émancipé ; et où l'enfant de l'homme noble n'est émancipé et hors de la puissance de son père, quoique marié et demeurant séparément d'avec lui, que après une émancipation expresse faite devant le Juge de son domicile. Mais dans ces mêmes Coutumes, le père n'a plus, du jour du mariage, aucun pouvoir sur sa fille, qui tombe en la puissance de son mari. — On trouve d'autres Coutumes (4) où il faut que le majeur de vingt et un ans, entre nobles, et de vingt cinq ans, entre roturiers demeure, après son mariage, hors de la maison de son père et aie son train et ses affaires séparés, pour être censé émancipé. Dans la Coutume de Bretagne, le fils n'est émancipé que

(1) Art. 1 du ch. xxxv de *Lodunois.* — Voir *Commentaire de Le Proust,* p. 550. Edit. de 1612.— Voir aussi *Orléans,* 181,—*Paris,* 239. — *Chalons,* 7, — *Sedan,* 5, — *Reims,* 6, — *Blois.* 2, — *Berri.* 3 du titre 1.

(2) Art. 1, tit. xxxiii, *Cout. de Touraine.*

(3) *Poitou,* 311 et suiv. — *Auvergne.* 48 du ch. xiv.

(4) Art. 2. *Cout. de Xaintonge.*

quand il est marié avec le consentement de son père (1).

Emancipation par lettres du prince. — On peut encore sortir de la puissance paternelle par lettres du prince. Nous avons cité l'acte d'émancipation du fils de Charles de Valois. Sur un avis des parents, le mineur qui avait obtenu une lettre royale était réputé usant et jouissant des mêmes droits que celui qui était marié. Ces lettres du prince concédaient ce que l'on appelait : « *le bénéfice d'âge.* » Elles ne s'accordaient ordinairement qu'à la pleine puberté « *adolescentes, quum vicesimi anni metas impleverint ; fœminas quoque cum octavum et decimum egressæ fuerint, veniam ætatis impetrare sancimus* (2). » Mais comme il n'y avait pas de règlement précis, cela dépendait ordinairement de l'avis des parents. Et en tout cas, cette émancipation n'avait que des effets assez restreints.

Emancipation par l'élévation à certaines dignités. — On admettait généralement que l'élévation à certaines dignités ou à certains offices publics qui fixaient le sort de l'enfant pour un temps illimité lui procuraient l'émancipation (3). Quelques Coutumes attribuaient même à tout état honorable la vertu d'émanciper. Telles étaient les Coutumes de Metz, tit. I, art. 4 et de Sédan, art. 6. D'autres, telles que celles de Reims, de Lille, de Chimay, de

(1) Art. 527, *Couf. de Bretagne.* — La loi romaine des Visigoths avait prévu l'émancipation par le mariage. *Lex Romana Visigoth.*, l. XXII.

(2) Loi II C. L. 2, tit. xlv princ. et § 1.

(3) Coquille, *Coutume du Nivernais*, ch. xxii, art. 2.

Bordeaux, déclarent « les enfans censez et reputez emancipez, quand au veu et seu de leur père et mère, ils font et exercent à part negociation, estat ou charge publique. »

Quant à l'émancipation par demeures séparées, les Coutumes sont muettes à cet égard ; aussi les jurisconsultes sont-ils loin de s'entendre sur la durée que la séparation devait avoir pour amener ce résultat. Le délai de dix ans paraît cependant avoir prévalu.

Emancipation expresse. — Mais le mode le plus ordinaire et le plus certain d'émancipation, consistait en une déclaration faite devant le magistrat ou le corps municipal. Quelques Coutumes admettaient même que le père pouvait se dispenser de se présenter devant la justice pour émanciper son fils. Il fut jugé par un arrêt du Parlement de Toulouse du 5 juillet 1696, qu'une émancipation faite dans la maison du père, devant un conseiller en la sénéchaussée de Béziers, en la présence d'un notaire et de deux témoins était bonne et valable (1).

De la majorité. — Dès les premiers temps de la féodalité, l'importance de la majorité se manifesta pour le jeune noble qui avait perdu son père, puisqu'elle le faisait mettre en possession du fief. Il est cependant difficile de préciser l'âge où il devenait ainsi maître de sa personne et de ses biens : on croit que, dans la partie occidentale de la France, la majorité était fixée à vingt ou vingt et un ans ;

(1) *Arrêts du parlement de Toulouse,* rapportés par Catelan, liv. IV ch. LII.

dans la partie orientale, au contraire, où les traditions germaniques étaient plus vivantes, la majorité féodale aurait eu lieu à quatorze ans (1). C'était d'ailleurs la capacité de défendre le fief qui faisait le majeur. Aussi les femmes restaient-elles en garde noble jusqu'à leur mariage, puisqu'elles ne pouvaient elles-mêmes pourvoir à la défense du fief. Cependant, d'après une autre opinion (2), dans l'Ouest et en Angleterre, la fille noble aurait été majeure à quinze ans, et dans l'Est, à douze et même à onze ans accomplis (3). Pour les roturiers, il existe une majorité précoce. On va même jusqu'à dire: « li enfant de poosté sont toujours en aage. » Mais Beaumanoir maintint pour eux les deux limites de quinze et de douze ans. La majorité roturière était celle qui était nécessaire pour exercer des droits de vilénage ; l'enfant roturier, majeur, était capable d'embrasser une profession roturière, ou comme le rapporte un vieux coutumier anglais (4) : « *denarios numerare et pannos ulnare.* » Cette minorité était établie dans l'intérêt exclusif de l'enfant : nous la voyons reculée insensiblement par presque toutes les Coutumes jusqu'à l'âge auquel les facultés intellectuelles paraissent avoir atteint un développement suffisant pour rendre la protection du législateur inutile. La minorité féodale étant, au contraire, établie dans l'intérêt du suzerain, demeurera d'une durée identique jusqu'en 1789.

(1) Louis Amiable, *Revue historique*, 1861.
(2) Viollet, *Hist. du Droit Français*, liv. II.
(3) On lit dans *Li droits et li coutumes de Champaigne* : « Si il n'y a que filles, sitôt comme elles auront unze ans, elles devront reprendre du seigneur. »
(4) Fleta. liv. I, ch. iv. § 4.

14

La plupart des Coutumes avait adopté la majorité germanique de douze et quinze ans ; quelques-unes cependant, décidaient que les enfants pouvaient être émancipés depuis l'âge de sept ans (1) ; d'autres fixaient l'âge de la majorité à quatorze ans, pour les femmes, et dix-huit ans pour les garçons (2), ou à vingt ans sans distinction (3), ou encore à vingt et un ans pour les nobles, et à vingt-cinq ans pour les roturiers, quand les enfants, étant séparés de leur père, ont un domicile séparé (4). En général, on admettait que le père pouvait émanciper ses enfants à quelque âge que ce soit, car après l'émancipation, il conservait la tutelle et l'administration des biens de l'émancipé, tout au moins jusqu'à l'âge de la puberté.

Mais le progrès des idées, l'influence de la civilisation démontrèrent que c'était l'émanciper beaucoup trop tôt, que de le déclarer majeur, à l'âge fixé par la loi germanique ; et bientôt, cet âge fut reculé, presque partout, à vingt-cinq ans. Ce mouvement s'accomplit sans résistance ; faible d'abord dans la première rédaction des Coutumes, il devient plus marqué lors de leur révision, parce que l'épreuve des améliorations a été faite. Ce fait se produisit notamment dans les Coutumes d'Orléans et d'Auvergne (5). « Combien que par cy devant dans la Coustume du pays d'Auvergne, le masle agé de

(1) *Bourgogne*, art. 3, ch. vi. — *Cambrai*, tit. vi, art. 2. — *Berry*, tit. i, art. 5.
(2) Art. 174, *Cout. de Bourbonnais.*
(3) Art. 526, *Cout. de Bretagne.*
(4) Art. 2, *Bordeaux.* — 318, *Poitou.*
(5) *Essai historique sur l'âge de la majorité.* — Louis Amiable, *Revue historique*, 1861. p. 222.

quatorze ans et la fille de douze ans accomplis, fussent réputés d'aage parfait pour estre en jugement, faire et passer tous contrats, comme majeurs de vingt-cinq ans ; néanmoins les estats du pays ont consenti et consentent la dite Coustume être abrogée, et le Droit commun en ce avoir lieu, pour raison des inconvénients qui par cy devant s'en sont ensuivis et obvier à ceux qui pourraient ensuivre (1). »

Ce texte, et d'autres équivalents, prouvent qu'au XVIᵉ siècle, le Droit commun avait fixé la majorité à vingt-cinq ans. On trouve cependant encore des Coutumes qui ont maintenu un âge inférieur: quatorze, quinze, seize, dix-huit ou vingt ans pour les femmes ; dix-huit, vingt ou vingt et un ans pour les hommes. Mais elles conféraient plutôt une émancipation avec des effets plus ou moins étendus qu'une majorité véritable. La puissance paternelle était bien éteinte, mais les mineurs de vingt-cinq ans pouvaient être restitués pour cause de lésion dans les contrats qu'ils faisaient, et l'autorité du père de famille était garantie en matière de mariage contre les ordonnances.

Responsabilité du père de famille. — Nous avons vu que dans le Droit romain, au temps où le fils était presque considéré comme un esclave, les délits qu'il commettait donnaient ouverture à l'action noxale, c'est-à-dire obligeaient le père à supporter les dommages-intérêts réclamés, ou à livrer le coupable à la partie lésée qui pouvait en faire son esclave. Cette jurisprudence disparut avec

(1) *Cout. d'Auvergne*, art. 1, ch. XIII.

l'adoucissement des mœurs et la création des pécules. On considéra désormais le fils comme, bien entendu, toujours seul tenu de son délit, et le père fut déclaré responsable civilement, mais seulement jusqu'à concurrence du pécule du fils.

Il règne dans le Droit coutumier une assez grande confusion sur ce point. Suivant Beaumanoir, pour apprécier la responsabilité du père, il faut distinguer : « *Quant père et mère ont lor enfants avec eus en garde ou en lor mainburnie, et li enfant font aucun meffet, el quel meffet il appartiengne amende d'avoir, on se prent du meffet au père..... car li enfant qui sont en le mainburnie le père et le mère n'ont riens, soit qu'il aient aage ou non aage. — Et s'il avient que li enfant facent aucun cas de crieme du quel on doie perdre vie, s'on les tiens, en les justice, et n'en pot on riens demander au père n'a le mère* (1). » S'il s'agit d'un délit passible d'une amende, le père est civilement responsable ; s'il s'agit d'un crime capital, l'enfant seul est livré à la justice.

La Coutume de Bretagne portait, art. 611 : « *Si l'enfant fait tort à autrui tant qu'il sera au pouvoir de son père, le père doit payer l'amende civile parce qu'il doit châtier ses enfants* (2). » On avait voulu généraliser la règle prescrite par la Coutume de Bretagne. De là une discussion sans fin entre les jurisconsultes. En général, la jurisprudence n'accordait l'action contre le père, que lorsque

(1) Beaumanoir, *Cout. de Beauvoisis*, édit. Beugnot, ch. xxi, t, I, p. 312.
(2) *Cout. de Bretagne*, art. 611.

celui-ci détenait des biens appartenant à l'enfant:
c'était l'action péculiaire. Cependant elle admettait
certaines exceptions ; par exemple, lorsque le père
prenait la défense de son fils accusé, lorsque le délit
avait été commis par le fils accomplissant des travaux que son père lui avait commandés, ou lorsque
celui-ci avait pu empêcher le délit. De nombreuses
ordonnances de police déclarèrent, du reste, formelle
ment qu'elles rendaient les père et mère responsables
des infractions commises par les enfants à leurs
réglements.

« Le père, disent les auteurs du répertoire de
Guyot, a contracté l'obligation de donner à son fils
une bonne éducation... S'il ne l'a pas fait, s'il n'a
pas rempli les devoirs qui lui étaient imposés..., il
est le seul coupable, il est le premier auteur des
délits que commet son fils, et à ce titre, il est tenu
de les réparer (1). »

Quelques Coutumes rendaient aussi le père responsable des dettes contractées par le fils non émancipé qui faisait le commerce de son aveu, mais ce
n'était là qu'une exception, puisque dans la plupart
d'entre elles, et notamment dans celle de Bordeaux,
le fils qui faisait le négoce de l'aveu de son père,
était considéré comme émancipé par là même.

Le père devait procurer à ses enfants une éducation conforme à leur naissance, à leur fortune, au
rang qu'il occupait lui-même dans la société. C'était
là un des points sur lequel s'exerçait le contrôle

---

(1) Guyot. — Vᵒ *Puissance paternelle*, t. XIV, p. 100 et suiv. Les
auteurs de ce répertoire, après avoir ainsi exposé cette doctrine,
la combattent en alléguant qu'elle n'a pour base que des idées
arbitraires.

arbitraire des parlements. On ne souffrait pas qu'un homme riche et de bonne famille donnât à ses enfants une éducation contraire à la décence ou aux bonnes mœurs. Cette obligation existait même au profit des enfants naturels. « L'obligation des parents, dit Fournel, en parlant des enfants naturels, ne se réduit pas au simple nécessaire, *ad victum et vestitum;* mais elle s'étend à proportion des facultés et de la condition. » Chardon cite un arrêt du parlement de Paris, du 18 juin 1607, par lequel un père qui ne voulait faire apprendre à ses enfants que le métier de boucher, serger ou boulanger, fut condamné à leur donner « une profession moins vile (1). »

C'était aller un peu loin, et il est fort douteux que de nos jours les Tribunaux osassent prononcer une décision semblable.

Droit de Garde noble et bourgeoise. — Le droit de garde féodale, que nous avons signalé dans le Droit féodal, avait été très étendu par les anciennes Coutumes de Paris : au Droit général qui interdisait au survivant des père et mère de s'approprier l'usufruit des biens de leurs enfants, les Coutumes notoires du Châtelet, recueillies par Bredeau, avaient constaté une exception pour la banlieue et ville de Paris. Ce fut la source où l'on puisa en 1370, l'institution de la garde bourgeoise, créée à l'imitation de la garde noble. La garde donnait au survivant, en même temps que la garde de l'enfant, tous les fruits et revenus de ses biens et héritages pendant sa minorité ; et ce droit se prolon-

(1) Chardon, *Puissance paternelle*, nº 12.

geait même après un second mariage. Il ne fut limité qu'en 1510, à la rédaction des Coutumes. On représenta, dit M. Laferrière, combien d'inconvénients pouvaient naître de cet usage, au préjudice des enfants, et on ajouta à la Coutume une disposition qui faisait cesser de plein droit, par le second mariage, la garde et ses effets (1).

Droit de la mère. — Dans les pays Coutumiers, la puissance paternelle était commune au père et à la mère. Le Camus d'Houlouve avait dit : « La puissance paternelle n'est pas, à beaucoup près, aussi étendue en Droit Coutumier qu'en pays de Droit écrit ; cependant, au pays Coutumier, elle a ses droits comme ses obligations, et *elle a lieu en faveur du père comme de la mère* (2). » Voët dit à peu près la même chose sur le Digeste (3). Les lois du Hainaut, tout en conservant à la puissance paternelle, la plupart des effets qu'elle produisait en Droit romain, la rendent absolument commune au père et à la mère ; seulement, pendant sa vie, le

(1) Un commentateur des *Coutumes de Lorris Montargis* en donne les motifs d'une façon assez plaisante :

> Le père, qui en son domaine
> A ses enfants premiers, amène
> Une marâtre, soit privé
> D'honneur et public et privé
> Comme celui qui, sans raison,
> A mis le feu en sa maison ;
> Car s'il avait été heureux
> Au premier lit, le malheureux
> Se devait à son bonheur tenir,
> Sinon du tout s'en abstenir ;
> Car c'est fureur de soi plonger
> Deux fois en un même danger.

(2) *Commentaire sur la Coutume du Boulonnais,* Le Camus d'Houlouze, t. I, p. 42.

(3) Voët. *Sur le Digeste,* liv. I, tit. vi, nº 3.

père seul l'exerce, et la mère ne commence à en jouir qu'au jour où elle devient veuve (1), ou que le père pour cause de démence ou d'absence devient incapable d'exercer ses droits. Dans ces derniers cas, même du vivant du père, on admettait à l'instar d'Ulpien, dans son titre *de liberis exhibendis*, que la puissance paternelle passait entière sur la tête de la mère : « *Optinuit enim mater ob nequitiam patris, ut sine deminutione patriæ potestatis apud eam filius moretur.* »

Dans certaines Coutumes, la mère qui se remarie transmet à son nouvel époux la puissance paternelle qu'elle a sur ses enfants du premier lit. Le chapitre VI de la Coutume de Mons ne permet au parâtre d'émanciper ses beaux enfants que sous certaines conditions, ce qui suppose évidemment qu'il avait la puissance paternelle sur eux : « que ung Parastre ne peut les enffants de sa femme mectre hors de pain, qu'ils ne soient eaigiez, si comme les fils de vingt et un ans, et les filles de dix huit ans, se ce n'est par le conseil et accord de quatre eschevins..... (2) » La Coutume de Liège s'exprimait ainsi sur ce point : « Les enfants de mariage légitime sont en la puissance de leur père, et advenant la mort d'iceluy, tombent en la puissance et mainbournie de leur mère ; et si elle se remarie, deviennent en celle de leur parastre..... voire aussi que la puissance du parastre cesse par la mort de sa femme (3). »

(1) *Chartes générales du Hainaut*, ch. LII, art. 8 et 9 ; ch. CX, art. 1.
(2) *Loix et Coutumes du chef-lieu de la ville de Mons*, ch. VI, p. 16, édit. de 1761.
(3) *Observationes ad jus civile Leodiensium*, a Carolo de Mean, t. I, observat. IV, ad articul 7, tractat. II, p. 124, édit. de 1740.

On trouve des Coutumes où, non-seulement la femme survivant à son mari, mais même le mari survivant à sa femme, n'a plus la puissance paternelle sur les enfants, à dater du jour du décès du conjoint. La Coutume de Montargis contient cette disposition, en la limitant aux roturiers : « Entre gens non nobles, quand l'un des conjoints, père ou mère, va de vie à trépas, les enfants sont à leurs droits, (*id est sui juris, émancipés*), et a le survivant la garde d'iceux durant leur minorité, mais ne fait les meubles desdits enfants, ne les fruits de leurs héritages siens (1). » La Coutume de Bailleul, en Flandre, contenait la même disposition, sans la limiter toutefois aux roturiers.

Pour exercer le droit de correction, inhérent à la puissance paternelle, les femmes avaient, en tous cas, besoin de l'autorité des juges pour faire enfermer leurs enfants dans des maisons de force. « La faiblesse de leur jugement, dit Pothier, et le caractère d'emportement, assez ordinaire à ce sexe, empêchent qu'on .puisse compter sur le jugement de la mère, comme sur celui du père (2). »

Puissance paternelle sur les bâtards. — Les enfants « en léal mariage nez » étaient seuls soumis à la puissance paternelle, dit le livre de Jostice et Plet. Le bâtard ne tenait en rien à la famille de son père, et si, en vertu de la vieille règle : « qui fait enfant, le doit nourrir, » on lui reconnaît un droit à des aliments, ce droit est exclusif de toute idée

(1) *Cout. de Lorris Montargis,* t. I, ch. vii, art. 3. édit. de 1771.
(2) *Œuvres posthumes de Pothier,* t. II, *Traité des Personnes,* tit. vi. sect. ii, p. 605. édit. de 1778.

de dépendance vis-à-vis des parents : « Un bâtard
est entendu hors de pain dès lors qu'il est né (1). »
Il n'y a point de distinction entre le père et la mère ;
le bâtard est hors de pain ; il est maître de lui-
même. On a cependant soutenu que la mère avait
un certain droit de puissance sur ses enfants naturels,
car, d'après quelques Coutumes, notamment celles
de Lessine et de Valenciennes, elle avait droit sur
leur succession ; mais il pouvait très bien ne pas y
avoir de corrélation entre ces deux droits.

Les bâtards pouvaient être placés sous l'autorité
paternelle par la légitimation. Celle-ci s'accomplis-
sait de plusieurs manières : la plus ancienne était
celle qui s'opérait par la mise des enfants sous le
poële pendant le mariage : « Enfants mis sous le
poële, avant le mariage, sont légitimés, dit
Loysel (2). » Beaumanoir avait dit avant lui : « Li
enfant mis de soz le drap, li quix est acoustumés
à metre sor cex qui se marient sollempnelment en
sainte Eglise (3) sont loial puisque il y sont mis
avec le père et la mère, le mariage fesant (4). »
La légitimation s'opérait aussi par lettres du roi,

(1) *Cout. de Valenciennes,* ch. cxxvi, art. 14.
(2) *Instit. Cout.,* Loysel, règle 58.
(3) Le poële était ce voile que l'on tenait suspendu au-dessus de la
tête des époux pendant le mariage. Cet usage, du reste, s'est perpé-
tué dans certains pays.
On trouve le récit d'une cérémonie de ce genre dans une *Histoire
de France* en vers, faite par un évêque de Tournai (Philippe Mouskes,
Bruxelles, 1836).

Si duc qui ses enfants aura
Gunnor adonques épousa
Et si fil qui ja furent grant
Furent entre autres deux en estant
Par dessous le mantel la mère
Furent faits loyal ; cy trois frères.

(4) Beaumanoir, *Coutumes du Beauvaisis,* ch. xviii, 23.

expédiées au grand sceau, vérifiées par la Chambre des comptes et enregistrées au Parlement (1).

En résumé, si la puissance paternelle n'avait pas conservé dans les pays de Droit coutumier, les sévérités du Droit romain, elle y existait cependant et n'était pas aussi absolument désarmée qu'on a voulu longtemps le prétendre.

(1) Règlement du Conseil d'Etat du 6 avril 1604.

CHAPITRE IV

INFLUENCE DES MŒURS ET DES GUERRES DE RELI-
GION SUR LA PUISSANCE PATERNELLE, PENDANT
LES TROIS DERNIERS SIÈCLES DE LA MONARCHIE
ABSOLUE.

Aucun changement juridique n'est à signaler
dans la constitution de la famille, au point de vue
de la puissance paternelle, pendant les trois siècles
qui s'écoulèrent, depuis la rédaction des Coutumes
jusqu'à la Révolution française. C'est la même
division en pays de Coutumes et de Droit écrit. Ce
sont les mêmes Droits qui régissent les deux parties
de la France.

Mail il est intéressant d'examiner quelle fut l'influence des mœurs de ce temps et des guerres de
religion sur le principe de l'autorité paternelle.
Nous le ferons donc rapidement avant d'aborder
l'étude de l'époque où elle faillit sombrer avec tant
d'autres institutions, sous les efforts redoublés des
révolutionnaires.

Toutes les institutions, telles que le droit d'aînesse, la préférence des mâles, l'institution con-
tractuelle, les substitutions qui étaient nécessaires
à l'époque de la féodalité, n'eurent plus d'autre

effet, lorsque l'autorité royale fut reconstituée sur des bases plus solides, que de diminuer la puissance du père de famille, à qui elles enlevaient la faculté, de disposer de ses biens.

Le XVIᵉ siècle est l'époque des premières guerres de religion. Les enfants, ayant sous les yeux les égarements de leurs pères et de leurs mères, tiraillés en sens contraire avec une égale violence, chacun des époux leur prêchant une doctrine différente, chacun les menaçant, s'ils n'obéissaient pas, finissaient par mépriser et répudier une puissance qui ne se manifestait à eux que par des violences et des menaces. La coutume était alors presque universelle de battre et de fouetter les enfants. Aucune relation d'affection ne resserrait les liens naturels entre le père et le fils qui n'étaient que des étrangers l'un à l'égard de l'autre, encore quand le fanatisme religieux ne les rendait point ennemis et ne les armait point l'un contre l'autre. Les enfants devaient être, sous peine de malédiction, les auxiliaires naturels de leur père qui soutenait sa Foi les armes à la main et qui était ainsi transformé en chef d'une tribu guerrière, sur laquelle son pouvoir ne pouvait être qu'arbitraire et violent.

Tel était l'état des familles à cette triste époque de notre histoire ; aussi vit-on s'élever d'énergiques protestations.

Bodin, dans son traité de la République, énumère les maux qui résulteraient pour la société de l'affaiblissement du pouvoir paternel ; il commente les lois portées par les anciens peuples contre le manque de respect dû aux parents. Mais il se laisse entraîner par ses préventions et en arrive à nier

que le fils puisse se défendre d'une agression injuste
et brutale de son père ; il réclame avec une regret-
table insistance le droit de vie et de mort pour les
pères, prétendant qu'il ne faut pas craindre que
ceux-ci abusent de leur puissance, mais que, cela
arriverait-il, le législateur ne doit pas se laisser
arrêter par ces inconvénients, car, « ou oncques loy
si juste, si naturelle, si nécessaire, qui ne fust sub-
jecte à plusieurs inconvénients ? Et qui voudrait
arracher toutes les lois pour les absurdités qui
résultent, il n'en resterait pas une seule (1). »

La plupart des écrivains s'élevaient contre les
châtiments corporels qu'on infligeait aux enfants :
« Je n'ay veu aultre effect aux verges, dit Montaigne,
sinon de rendre les âmes plus lasches ou plus
malicieusement opiniastres... Entre autres choses,
cette politique de la plupart de nos collèges m'a
toujours déplu (2). » Le même Montaigne blâmait
sévèrement la froideur et la rudesse qui dénaturaient
les relations de père à fils. « C'est folie et injustice,
dit-il, de priver les enfants qui sont en âge, de la
familiarité des pères et vouloir maintenir en leur
endroict, une morgue austère et dédaigneuse, espérant par là les tenir en crainte et obéissance.....
Nous appellons Dieu tout puissant père, et dédai-
gnons que nos enfants nous en appellent. J'ai
réformé cette erreur en ma famille (3). »

Rabelais, ce plaisant moraliste, qui prenait la
livrée du fou pour faire accepter la vérité par une

---

(1) Bodin, *les 6 livres de la République.* liv. I, ch. IV, p. 40 *in medio.*
édit. de 1593.

(2) Montaigne, *Essais.* liv. II, ch. VIII. *De l'affection des pères aux
enfants.*

(3) *Ibid.*

cour licencieuse et par un peuple envahi par le plus grossier libertinage, voulait substituer la douceur et l'intelligence dans l'éducation des enfants, à la routine et aux brutalités qui les abrutissaient. Il démontre que l'autorité paternelle est instituée dans l'intérêt de l'enfant et que, ainsi comprise, elle resserre les liens naturels qui unissent le père au fils. Il fait voir les résultats de l'application de son système : lorsque le père de Pantagruel lui exprime son désir de le voir marier, celui-ci lui répond : « Père très débonnaire, encore n'y avais-je pensé. De tout ce négoce, je me déportais sur vostre bonne volonté et paternel commandement. Plustot prie Dieu être à vos pieds vu raide mort en vostre plaisir, que sans vostre plaisir être vu vif marié (1). » Tel père, tel fils. Et, véritablement, un fils aurait-il pu répondre moins respectueusement à un père qui lui disait de telles paroles : « Non sans juste et équitable cause, je rends grâce à Dieu, de ce qu'il m'ha donné povoir voir mon antiquité chenue refleurir en ta jeunesse ; car, quand par le plaisir de celui qui tout régit et modère, mon âme laissera cette habitation humaine, je ne me réputerai totalement mourir ; ains passer d'un lieu en aultre, attendu que par toi et en toi, je demoure en mon image visible, en ce monde, vivant, voyant et conversant avec mes amis (2). »

Le XVIIᵉ siècle fut le siècle de l'étiquette. La puissance du père, déjà si affaiblie, pour se con-

(1) Rabelais, *Vie de Pantagruel*, ch. xlviii *Comment Gargantua remonstre n'estre licite de enfans soi marier sans le sceu et adveu des parens.*

(2) Rabelais, *Vie de Gargantua*, ch. viii. *Lettre de Gargantua à Pantagruel.*

server impérieuse et despotique, continuait à s'entourer de dehors sévères, comme si elle eut voulu se faire illusion à elle-même, s'il est permis de s'exprimer ainsi. — Le petit marquis de Grignan revenant de l'armée pour la première fois, fier d'une première blessure conquise à l'âge de quinze ans, « se jette, dit-il, aux pieds de sa mère qu'il appelle madame, lui demandant la permission de baiser respectueusement sa main, parce qu'il n'ose aspirer à une de ses joues (1). »

A cette époque encore la fille et même le fils doivent accepter, sans pouvoir refuser, l'époux ou l'épouse que le père de famille leur avait choisi. On cite l'exemple de celui qui devint plus tard le Grand Condé, et qui, forcé de plier devant l'inflexible volonté de son père, et d'accepter l'épouse à laquelle « il avait été destiné », ne se rendit qu'en protestant officiellement et par devant notaires, contre cet abus de la puissance paternelle (2).

L'autorité du roi dans les mariages était toujours supérieure à celle du père, et constituait une tyrannie qui s'étendait au besoin sur le père aussi bien que sur le fils, et dont il profitait souvent pour établir ses bâtardes (3).

Le droit d'aînesse régnait en maître partout, aussi bien maintenant chez les roturiers que dans les classes aristocratiques. Les puinés étaient absolument sacrifiés au désir d'accumuler tous les biens sur la même tête et de soutenir l'éclat et la grandeur du nom : ils se faisaient moines ou soldats.

(1) *Mémoires du marquis de Grignan.*
(2) Lenet. — *Mᵐᵉ de Longueville.* Cousin.
(3) *Mémoires de Saint-Simon.* t. 1, p. 13.

Le consentement du père de famille n'était plus exigé dans certains cas et même plus demandé dans d'autres. On trouve dans les documents judiciaires du XVIIᵉ siècle de nombreux arrêts, consacrant une controverse assez vive sur la faculté qu'avaient les enfants de s'engager dans les ordres religieux, malgré leurs père et mère, avant l'âge de vingt-cinq ans (1); pour le recrutement militaire, il n'était même pas question du consentement des parents. — Les raccoleurs enrôlaient tous ceux qu'ils rencontraient, pourvu qu'ils fussent âgés de seize ans.

L'autorité paternelle avait encore beaucoup à souffrir des proscriptions religieuses. Le 17 juin 1681, une déclaration royale statua que les enfants des religionnaires pourraient se convertir, malgré leurs parents, dès l'âge de sept ans (2). L'enfant pouvait alors quitter son père et le forcer à lui payer une pension. L'édit de révocation de l'édit de Nantes avait décidé que les enfants à naître seraient élevés dans la religion catholique (3). Un autre édit de janvier 1686, ordonna que les enfants de cinq à seize ans fussent enlevés à leurs parents hérétiques et remis à des parents catholiques, ou, s'ils n'en avaient pas, à des catholiques désignés par les

---

(1) *Collection de Denizard*, t. IV, p. 195. Vᵉ *Religieux*.

(2) Isambert, *Recueil général des anciennes lois françaises*, t. XIX. p. 271. Les parents n'y pouvaient mettre aucun empêchement, sous quelque prétexte que ce fût, et ils pouvaient être contraints de payer la pension réclamée par l'enfant, de quartier en quartier, par toutes les voies de droit. — Cette déclaration fut confirmée par une autre du 12 juillet 1685, portant que les enfants de religionnaires décédés seraient élevés dans la religion catholique, et ne pourraient avoir que des tuteurs catholiques (4 août 1685). Isamb., t. XIX, p. 521 et 523.

(3) Edit de révocation de l'édit de Nantes. art. 8. — Voir Isambert, t. XIX, p. 533.

juges. C'était la destruction de toute autorité dans
la famille (1).

En somme, à ce moment, l'autorité paternelle
était un mélange étrange de despotisme et de faiblesse, de dureté, de morgue et d'égoïsme ; tyran-
nique et exorbitante dans la famille, elle était trop
limitée dans l'Etat, ne pouvant défendre contre la
tyrannie du dehors, l'enfant qu'elle opprimait dans
la maison.

Que devint ce reste de puissance paternelle au
milieu de la dépravation des mœurs du XVIIIᵉ siècle ?
Il est facile de le penser. Quel respect les enfants
pouvaient-ils avoir pour des pères qui ne pensent
qu'à faire d'eux des hommes élégants et recherchés,
et qui, pour arriver à leur fin, vont jusqu'à les
pousser eux-mêmes à l'immoralité et à se faire les
directeurs de leurs plaisirs (2). En vain, Coutumes
et Ordonnances restaient-elles debout, faibles protectrices des liens sacrés de la famille : les mœurs
étaient plus fortes que les lois. Il n'y a, du reste,
qu'à ouvrir l'*Encyclopédie* (3), ce formulaire du
XVIIIᵉ siècle, pour comprendre à quel point la philosophie en était arrivée et les théories qu'elle osait
proposer et qui furent, du reste, le point de départ de
la législation intermédiaire : « La naissance des
enfants n'assure aucun droit sur eux aux parents.
C'est le besoin aveugle, souvent même l'attrait du
plaisir qui produit la conception de l'enfant..... Les
parents n'ont donc pas le droit de donner des ordres

(1) Il y avait tant d'inhumanité dans ce dernier édit qu'il ne fut
pas ou très peu exécuté (note d'Isambert), t. XIX, p. 543.

(2) *Lettres de Chesterfield*, t. II, London, 1774.

(3) *Encyclopédie générale*. Vᵒ *Enfant*.

à leurs enfants, bien moins encore d'employer les menaces et les châtiments..... Mais si un enfant veut son mal ? Alors, comme il ne peut désirer son mal que par erreur, le devoir des parents est de l'éclairer..... L'enfant adulte est le maître de se choisir une compagne librement. Il n'a d'ordre à recevoir à cet égard que de ses désirs, de ses forces, de ses organes..... Il ne peut résulter aucun abus de ce droit entre des cœurs jeunes et simples, par conséquent bons et vertueux..... Concluons que le père n'a d'autres droits sur ses enfants que ceux qui peuvent être utiles à leur bonheur, et que la puissance publique ne peut ni ne doit prêter sa force pour punir les enfants des démarches d'inconduite domestique ou de désobéissance à leurs parents. » Cette théorie se passe de commentaires.

Dans le Midi de la France, la puissance paternelle restait bien protégée par la loi et la tradition : mais là elle se rendait odieuse par les excès de sa rigueur. « Il était difficile, dit M. de Jouy, de réunir cinquante personnes du grand monde sans trouver dans le nombre un excellent père qui avait fait enfermer son fils, une tendre épouse qui avait obtenu une lettre de cachet contre son mari..... Il était de bon ton de ne jamais paraître en public avec sa femme, d'habiter dans un même hôtel un corps de logis séparé, d'appeler son père *Monsieur*, et de faire porter sa livrée aux gens de sa maîtresse. »

L'un des ouvrages les plus remarquables de Mirabeau, l'*Essai sur les Lettres de cachet et les Prisons d'Etat*, a été composé à Vincennes où l'auteur était renfermé pour la troisième ou quatrième fois

sur les ordres de son père, ce tyran qui faisait cesser
les plaintes de son épouse et de ses enfants en les
reléguant dans les prisons, et qui se vantait, sur la
fin de sa vie, d'avoir distribué dans sa famille,
soixante-sept lettres de cachet. « Puisque le tribunal de famille n'existe plus, disait ce père fana-
tique de la puissance paternelle, il faut avoir recours
pour châtier les enfants criminels, au despotisme
barbare des lettres de cachet plutôt qu'aux lentes
formalités d'une pédantesque justice (1). »

Et que l'on ne l'oublie surtout pas, cette puissance
durait autant que la vie même du père de famille,
et elle ne cessait que par l'émancipation. Le dernier exemple d'émancipation, cité par M. Guibert
et remis en lumière par M. Viollet dans son précis
de l'histoire du Droit français, date de l'époque de
la Révolution française. Deux mois avant la loi qui
vint abolir la puissance paternelle au sens Romain
du mot, en décidant que la majorité de vingt-cinq
ans emporterait émancipation dans la France entière, ce que, dès le XVIIᵉ siècle, le Président Lamoignon avait formellement réclamé (2), en pleine
période révolutionnaire, le 12 juin 1792, un procès-
verbal nous fait assister à l'émancipation d'un
prêtre, âgé de quarante-sept ans (3).

On conçoit facilement que les révolutionnaires
aient tenu à abolir un tel pouvoir qui bouleversait
toutes les lois de la nature, qui permettait au père,

(1) La lettre de cachet était l'arme terrible de l'arbitraire. Louis XV
en signa plus de cent cinquante mille. Louis XVI n'en donna que
quatorze mille. — *Hist. de la Révolution Française*, E. Garet. — *La
révolution dans la Police*, p. 144.
(2) Lamoignon. *Arrestez*, 1702, 1ʳᵉ part., p. 7; 2ᵉ part., p. 5.
(3) L. Guibert, *la Famille Limousine*, p. 23 et 24. 1883.

pour la moindre faute de l'enfant, de le punir de la
peine la plus terrible pour un homme, la privation
de la liberté, et cela, sans contrôle, selon son bon
plaisir. Ne semblait-il pas que les enfants ne dussent
être menés que par la terreur, suivant l'expression
de Mirabeau, comme si c'était du sang d'esclave
qui circulait dans leurs veines (1)? Il n'y a pas lieu
de s'étonner de la réaction exagérée qui se produisit
contre la puissance paternelle quand on sait que ce
fut Mirabeau lui-même qui retraça les iniquités des
lois, lui qui, pendant plus de dix ans de sa vie, fut
en lutte contre cette puissance.

(1) Mirabeau, *Œuvres complètes, sa Vie*, par Merilhou, 1834.

TROISIÉME PARTIE

DROIT INTERMÉDIAIRE

———

Les lois relatives à l'organisation de la famille,
votées par les Assemblées qui se sont succédé
depuis le 5 mai 1789 jusqu'au Consulat (1799) sont
en petit nombre, mais elles portèrent des atteintes
très graves au principe de l'autorité du chef de
famille, et arrivèrent presque à anéantir complètement la puissance paternelle en en voulant détruire
les abus.

La loi des 16-24 août 1790, sur l'organisation
judiciaire, régla le droit de correction paternelle, en
soumit l'exercice dans la main des père, mère ou
tuteur, au jugement d'un tribunal de famille et au
contrôle du président du tribunal du district.
« Art. 15. — Si un père, une mère, un aïeul ou un
tuteur a des sujets de mécontentement grave sur la
conduite d'un enfant, dont on ne puisse plus réfréner
les écarts, il pourra porter ses plaintes au tribunal
domestique de la famille, assemblé au nombre de
huit parents, les plus proches, ou de six au moins,
s'il n'est pas possible d'en réunir un plus grand
nombre, et, à défaut de parents, il y sera suppléé
par des amis ou voisins. » On mettait ainsi le père

sous la dépendance de ce conseil de famille, auquel
on déléguait une partie de son autorité. L'Art. 16
disait ensuite : « Le tribunal de famille, après avoir
vérifié les sujets de plainte, pourra arrêter que
l'enfant, s'il est âgé de moins de vingt et un ans
accomplis, sera enfermé pendant un temps qui ne
pourra excéder celui d'une année, dans les cas les
plus graves. » C'est l'origine et la base de notre
législation actuelle, mais le Code a donné au Président du tribunal les pouvoirs que la loi de 1790
accordait aux parents qui composaient le tribunal
de famille. L'intervention du pouvoir judiciaire
était, du reste, également exigée. « Art. 17. L'arrêté
de la famille ne pourra être exécuté qu'après avoir
été présenté au président du tribunal du district,
qui en ordonnera ou en refusera l'exécution, ou en
tempérera les dispositions, après avoir entendu le
Commissaire du Roi, chargé de vérifier, sous forme
judiciaire, les motifs qui auront déterminé la
famille (1). »

Le législateur s'était à bon droit préoccupé de
prévenir les détentions arbitraires et les sentences
sans appel qui émanaient d'un seul homme. « C'était
pour les enfants seuls, nous dit un écrivain de cette
époque, pour leur avantage, que cette mesure de
force a été conférée non pas au père, mais à la famille, non pas à la famille seule, mais à la famille
et au magistrat toujours maître de s'opposer à une
sévérité exagérée et à une décision qui aurait été
dictée par la passion (2). » Mais le législateur avait

---

(1) Loi des 16-24 août 1790. — Duvergier, *Collection des lois et arrêts*, t. I, tit. IX.

(2) Guichard, *Du tribunal de famille*, p. 126.

dépassé son but en balançant la puissance du père, non seulement par celle du magistrat, (cela était nécessaire), mais encore par celle de parents ou d'amis dont l'indulgence ou la faiblesse pouvaient faire triompher la malice de l'enfant. — Il avait eu le tort de mettre le père et le fils en contradiction ouverte, et pour ainsi dire publique. C'était un véritable procès qui se jugeait, devant le Tribunal domestique, procès dont l'issue, en tous les cas, devait être fâcheuse. Le père triomphait-il, ce n'était qu'après une discussion qui redoublait le ressentiment du fils qui y avait assisté : était-il, au contraire, désapprouvé, il sortait désarmé et amoindri vis-à-vis de son fils.

Les romains n'avaient point commis cette erreur : ils avaient donné au père de famille la direction et la présidence du Tribunal domestique ; le père n'était point partie : il était juge ; les parents donnaient seulement leur avis. Ici au contraire le père devait se défendre contre son fils ; au lieu d'être magistrat souverain, il n'était que partie dans un procès.

De plus, la loi de 1790 était incomplète, comme un grand nombre de celles que l'on fit précipitamment à cette époque. Elle ne faisait aucune distinction suivant l'âge ou la situation de l'enfant, et cependant cela eut été nécessaire, car aucune loi n'était venue supprimer les divergences qui existaient encore sur la durée de la puissance paternelle entre les pays coutumiers et les pays de Droit écrit.

Ce ne fut qu'en 1792, que la loi du 28 août généralisa pour toute la France, la disposition qui dans la plupart des Coutumes faisait cesser la puissance paternelle à la majorité. « L'assemblée nationale dé-

crète que les majeurs ne sont plus soumis à la puissance paternelle ; elle ne s'étendra plus que sur les
personnes des mineurs (1). » Puis la loi du 20 septembre 1792 fixa la majorité à l'âge de vingt et un
ans, abaissant ainsi la limite déterminée par les Coutumes, qui, comme nous l'avons vu, avaient alors
presque toutes admis la majorité de vingt-cinq ans.
Le comité de législation avait proposé de laisser la
majorité fixée à vingt-cinq ans, en accordant aux
citoyens âgés de vingt et un ans la faculté de se
marier sans le consentement de leurs pères, mères,
tuteurs et curateurs. Ce fut en réalité l'état de la
législation jusqu'au 1er février 1793. En effet l'inno-
vation se produisit incidemment dans le décret du
20 septembre 1792, qui réglait les constatations de
l'Etat civil des citoyens. Dans le titre consacré au
mariage, après avoir décidé que les hommes pourraient se marier à quinze ans et les filles à douze,
il portait que : « toute personne sera majeure à vingt
et un ans accomplis. » (Art. 2). Et comme dans l'article suivant, il décidait que les mineurs ne pourraient se marier sans le consentement des père et
mère ou d'un conseil de famille, il en résultait que
les personnes de vingt et un ans, étaient déclarées
majeures seulement pour le mariage. Il parut incon-
séquent de maintenir à vingt-cinq ans l'âge de la
capacité pour les autres actes, après l'avoir ainsi
abaissé pour un acte aussi important ; et le Décret
du 1er février 1793, interprétatif du précédent, déclara que la majorité était fixée à vingt et un ans
et parfaite à l'égard de tous les droits civils, et que

_____

(1) Duvergier, op, cit., t. IV, p. 140.

les majeurs de vingt et un ans devaient être considérés, quant à leurs affaires privées, comme l'étaient dans toute la France, avant l'époque du décret, les majeurs de vingt-cinq ans (1). C'était bien là en effet la pensée qu'avaient eue les législateurs de 1792.

Ce que l'on a blâmé le plus dans l'œuvre de l'Assemblée législative, c'est la tendance prédominante du législateur à supprimer les garanties données par les ordonnances des rois, pour préserver les enfants contre l'entraînement des passions lorsqu'ils veulent se marier.

A partir de ce moment, les lois destructives de l'autorité du père de famille se succédèrent rapidement. « Qu'on ne m'oppose plus la puissance paternelle, s'écriait Lanjuinais, elle n'est qu'une tutelle naturelle, c'est-à-dire le droit de garder la personne et d'administrer les biens. » — « La voix impérieuse de la raison s'est fait entendre, disait-on à la Convention, il n'y a plus de puissance paternelle ».

On mit en question le droit, pour le père, de disposer librement de ses biens par testament. On dénonça le pouvoir paternel comme suspect, et surtout on attaqua l'exhérédation, « le plus puissant des moyens que l'aristocratie employait pour détacher les hommes de la Révolution (2). » La Convention décréta la prohibition absolue de disposer de ses biens en ligne directe (7 mars 1793). Puis vint le décret du 5 brumaire : « Les successions des pères, mères, ou autres ascendants, et des parents

---

(1) Louis Amiable, *Revue histor.*, 1865, p. 230.
(2) Recherches historiques de M. de Caqueray. *Revue histor.*, 1862, p. 54 et suiv.

collatéraux, ouvertes depuis le 14 juillet 1789 et qui s'ouvriront à l'avenir, seront partagées également entre les enfants, descendants ou héritiers en ligne collatérale, nonobstant toutes les lois, coutumes, usages, donations, testaments et partages déjà faits. » Et enfin la loi du 17 nivôse an II, qui, adoucissant un peu celle ci-dessus, accorda au père de famille « la faculté de disposer du dixième de son bien, mais seulement au profit d'étrangers. » Que pouvait désormais faire le père, avec un droit de correction qu'il ne pouvait exercer qu'avec un contrôle, et privé de son droit d'exhérédation ? Il n'avait plus aucun moyen de contraindre ses fils au respect et à l'obéissance qu'il pouvait exiger d'eux.

La Convention exagérant l'idée d'égalité qui était la grande préoccupation du moment, alla encore plus loin, et porta le dernier coup à la puissance paternelle, en compromettant l'existence même du mariage, de l'institution sans laquelle la famille est impossible. La loi du 4 brumaire an II, vint proclamer l'égalité des enfants naturels et des enfants légitimes devant la succession des père et mère. C'était légalement rétablir le concubinat. Ce n'était pas encore assez : Cambacérès voulut étendre cette assimilation aux enfants adultérins et incestueux. « Les différences établies entre les enfants légitimes et les enfants adultérins et incestueux, disait-il, sont nées de l'orgueil et de la superstition ; elles sont ignominieuses et contraires à la justice (1). »

(1) Séance du 9 brumaire an II.

Enfin, le divorce avec toutes ses conséquences, établi par la loi du 20 septembre 1792, acheva de briser les derniers liens de la famille : cette loi donnait aux époux une liberté illimitée, en admettant le divorce par consentement mutuel, pour incompatibilité d'humeur ou de caractère, alléguée même par un seul des époux. Aussi, il suffit de lire les auteurs du temps, pour se rendre compte des effroyables désordres qui en furent la suite nécessaire.

La réaction se produisit vite. Déjà, sous le Consulat, on sentit la nécessité de rendre au père la liberté de tester : « Au nombre des dispositions légales alors en vigueur, dit M. Thiers, qui paraissaient une insupportable tyrannie, se trouvait l'interdiction de tester..... Ces dispositions avaient été le résultat de la première indignation révolutionnaire contre les abus de l'ancienne société française..... Par un emportement ordinaire à l'esprit humain, au lieu de réduire la puissance paternelle à de justes limites, on l'avait complètement enchaînée ; un père ne pourrait plus récompenser ni punir ; il ne pouvait, s'il avait des enfants, disposer de rien, ou à peu près, en faveur de celui qui avait mérité toutes ses affections (1)..... »

La loi du 4 germinal an VIII, augmenta dans une légère proportion la quotité disponible. Elle permit, et c'est là sa plus grande réforme, au père de faire des dispositions préciputaires, ce qui lui rendait un peu de son ancien droit de libre disposition des biens. Mais la discussion qui eut lieu au Corps législatif

(1) *Histoire du Consulat et de l'Empire*, t. 1. p. 169.

révèle combien était faible le prestige de la puissance paternelle. « J'ai plusieurs fois éprouvé moimême, dit le tribun Duveyrier, qu'il n'était plus
possible de parler de la dignité des mariages et de
l'autorité paternelle, sans être plaisamment rangé
dans la faction des pères de famille. »

DROIT ACTUEL

DE LA PUISSANCE PATERNELLE

SOUS LE CODE CIVIL

PRÉLIMINAIRES

I. *Historique.* — Le premier Consul, qui admettait le principe, que c'est encore prendre les intérêts de l'enfant, que de fortifier l'autorité du père, demandait qu'on organisât systématiquement la puissance paternelle pour la rendre plus forte. « Il fallait, suivant lui, que le projet de loi prît l'enfant à sa naissance, pourvût à son éducation, le préparât à une profession, réglât comment et sous quelles conditions il pourrait se marier, voyager, choisir un état.....(1) » C'était aussi la pensée de Malleville, qui voulait qu'on lui donnât « un grand ressort ». « C'est surtout dans un Etat libre, disait-il en paraphrasant la pensée de Montesquieu (2), qu'il faut donner un grand ressort à l'autorité paternelle,

(1) Os. de Vallée, *Revue de Législation*, 1852, t. ii, p. 238.
(2) Montesquieu, *Esprit des lois.* liv. V. ch. vii. *Lettres persanes*, let. 69.

parce que c'est d'elle que dépend principalement la conservation des mœurs et le maintien de la tranquillité publique. La puissance paternelle est la providence des familles, comme le gouvernement est la providence de la société ; et quel ressort, quelle tension ne faudrait-il pas dans un gouvernement, qui serait obligé de surveiller tout par lui-même, et qui ne pourrait se reposer sur l'autorité des pères de famille, pour suppléer les lois, corriger les mœurs, préparer l'obéissance. » Le premier Consul, comme Malleville, avait compris que la Société désorganisée avait besoin pour se reconstituer et subsister, qu'on affermît d'une manière inébranlable la première et la plus indispensable de ses bases. En adoptant ces idées, on eut été forcé de revenir, en les mitigeant bien entendu, aux principes romains. Mais à cette époque, les mots exerçaient une influence extraordinaire sur les esprits : ceux d'autorité et de puissance effrayèrent les législateurs encore imbus des idées qui avaient présidé à la confection des lois révolutionnaires ; ainsi Réal, le président de la Commission de rédaction du Code, disait au conseil d'Etat : « La puissance paternelle est un droit fondé sur la nature et confirmé par la loi qui donne au père pendant un certain temps et sous certaines conditions, sa surveillance de la personne, l'administration des biens de l'enfant (1). » C'est à peu de choses près, la définition de Pothier. Mais ce que celui-ci appelle « gouvernement », Réal l'appelle surveillance, et ce que le premier place sur le même rang que ce droit de gouvernement du

(1) *Procès-verbaux du Tribunal*, ventôse an xi. p. 852.

père, c'est-à-dire, le droit au respect, le second n'en parlera que plus tard et d'une manière secondaire.

Quelque limités que fussent les droits que le projet de loi accordait au père, certains esprits trouvèrent que c'était encore trop. Un débat s'éleva au Conseil d'Etat sur le point de savoir quelle qualification on donnerait à l'ensemble de ces droits. « Le projet soumis à ses délibérations était intitulé, comme l'est actuellement le titre du Code : *De la Puissance paternelle.* Boulay fit remarquer que cette expression était trop fastueuse et hors de proportion avec l'idée qu'elle était destinée à exprimer. Il aurait voulu qu'on donnât pour titre : « *Des droits et des devoirs des pères.* » Tronchet dit alors qu'il faudrait au moins se servir de l'expression : « autorité paternelle », pour ne pas trop affaiblir l'idée.

« Malleville répondit que l'expression : « Puissance paternelle » était le mot reçu : que si la loi ne l'employait pas, on dirait qu'elle n'avait pas voulu la chose. Il avouait, du reste, que la puissance du père, ne pouvait plus être ce qu'elle était chez les premiers Romains, peuple composé de brigands et d'esclaves fugitifs.

« Berlier abonda dans les idées de Boulay : Rien, dit-il, ne ressemble moins à l'ancienne puissance paternelle que l'autorité des père et mère, qui est l'objet du titre IX. Il faut de nouveaux mots pour exprimer de nouvelles idées. Le projet de loi devait avoir pour titre : De l'autorité des père et mère (1). »

(1) *Séances du Conseil d'Etat,* 26 frimaire an x.

16

« A la suite de ces critiques, ajoute M. Laurent, après avoir fait le résumé de ces débats (1), le projet fut renvoyé à la section de législation. Dans la rédaction définitive, l'intitulé primitif fut maintenu, mais les articles du titre IX ne parlent plus de puissance. Les articles 372 et 373 donnent le nom d'autorité à ce qui avait été autrefois une puissance absolue. On peut donc affirmer que le titre intitulé : De la puissance paternelle, abolit réellement cette puissance. »

Ces détails sur la discussion, montre bien quelles étaient les tendances des esprits à cette époque, tendances qui ne prévalurent pas d'une manière absolue dans la rédaction définitive du Code, mais qui, cependant, subsistèrent dans les idées et les mœurs, après avoir fait prévaloir les idées de Berlier, malgré la grande situation et l'ascendant du premier Consul. La loi, qui devint le titre IX du Code civil, livre Ier, fut décrétée le 3 germinal an XI et promulguée le 13 germinal (24 mars, 3 avril 1803).

Nous allons faire rapidement l'exposition des principes qu'elle a consacrés. Depuis cette époque fort peu de modifications y ont été apportées, en ce qui concerne les droits du père de famille ; nous n'aurons à signaler que quelques lois restrictives de cette puissance, mais qui, c'est l'avis général, pour quelques-unes du moins, étaient rendues nécessaires par les abus odieux que faisaient, de leur autorité, des parents dénaturés.

II. *Devoirs de respect et d'obéissance.* — En tête du titre sur la puissance paternelle, nous

(1) Laurent, *Droit civil*, t. IV, p. 260.

trouvons inscrite la reconnaissance formelle du devoir qu'ont les enfants de respecter leur père et leur mère, pendant toute leur vie. « L'enfant, à tout âge, doit honneur et respect à ses père et mère (art. 371). Cet article ne contient pas, à proprement parler, une disposition législative : il reproduit presque textuellement le précepte du décalogue. Cependant la jurisprudence ne l'a pas considéré comme absolument dépourvu de sanction. Avant la loi du 17 avril 1832, elle refusait à l'enfant, en vertu de cet article, l'exercice de la contrainte par corps contre son père (1). Aujourd'hui, c'est l'art. 371 qui permet au juge de condamner à des dommages-intérêts le fils qui, au cours d'un procès, se servirait de termes blessants pour son père, et qui interdit à l'enfant de jamais intenter contre ce dernier une action déshonorante, c'est-à-dire dont l'issue pourrait être une cause de déshonneur pour lui (2). Si un procès offrait des doutes, dit M. Demolombe, les magistrats devraient les interpréter en faveur de l'ascendant ; c'est en ce sens que les orateurs du Tribunat ont déclaré que le précepte de l'art. 371 deviendrait, pour les juges, un point d'appui en beaucoup d'occasions (3).

III. *Durée de la puissance.* — « L'enfant reste sous l'autorité de ses père et mère jusqu'à sa majorité ou son émancipation (372). » La majorité de vingt et un ans émancipe donc de plein droit l'enfant : la puissance ne s'exerce que sur les enfants mineurs

(1) Bastia, 31 août 1826.
(2) Duranton, *Droit civil*, t. III, n° 350. — Chardon, *Puis. patern.*, ch. I, n° 36.
(3) Demolombe, *Droit civil*, t. VI, n° 277.

et non émancipés. Cependant, il est des actes si importants dans la vie, qu'on n'a pas dû considérer, quant à ceux-là, la puissance du père comme éteinte par la majorité. Nous verrons que, même ayant dépassé l'âge de vingt et un ans, l'enfant ne pourra pas se marier ou se donner en adoption, sans en avoir obtenu le consentement ou du moins sans avoir préalablement demandé l'avis de ses parents.

Les Romains qui n'admettaient pas que le père put voir sa puissance éteinte par l'arrivée de l'enfant à un âge quelconque, lui permettaient cependant de l'abdiquer entre les mains de ce même enfant. Le Code, en maintenant le principe de l'émancipation expresse, a suivi le Droit romain en même temps que les Coutumes.

L'émancipation, nous dit l'article 372, soustrait également l'enfant à la puissance paternelle, ou plutôt, c'est le père qui y met fin lui-même par la libre expression de sa volonté. Et cela est vrai, même quand l'émancipation se produit par le mariage de l'enfant, car, bien qu'en apparence, elle ait lieu de plein droit, le père y a consenti néanmoins, puisque le mariage ne peut se faire sans son autorisation.

L'enfant âgé de quinze ans peut être émancipé par son père, ou, à son défaut, par sa mère (art. 477). « L'émancipation s'opérera, dit la suite de l'article, par la seule déclaration du père ou de la mère, reçue par le juge de paix, assisté de son greffier. »

Le chapitre du Code qui traite de l'émancipation, en règle surtout les effets au point de vue des biens. Cependant il est facile de déduire de l'article 372 que le père qui a émancipé son enfant, perd tous les droits qu'il avait sur la personne. La loi lui permet, il est vrai, de révoquer cette émancipation ; mais ce pouvoir de révocation est tellement restreint qu'il ne peut être une arme entre ses mains pour faire rentrer dans le devoir un enfant irrespectueux. Il n'y a qu'un cas prévu par la loi, c'est celui où le mineur aura dissipé sa fortune.

Le mineur émancipé a un curateur ; on peut se demander pourquoi le père n'est pas de plein droit appelé à ces fonctions ? Le mari est curateur de sa femme émancipée, tandis que le père ne tient ses pouvoirs que du conseil de famille, et seulement quand celui-ci veut bien les lui confier. On peut alléguer que le père a fait l'abandon de tous ses biens et qu'il a montré qu'il n'en voulait conserver aucun. Mais ceci n'est pas concluant, car le père a pu avoir des motifs de donner une liberté plus grande à son fils, sans pour cela vouloir se désintéresser complètement de sa conduite.

IV. *A qui appartient la puissance paternelle.* — « Le père seul exerce cette autorité pendant le mariage (art. 273). » — « Il est considéré, en effet, comme le chef de la famille par les principes admis sur le mariage ; il est naturel qu'il en ait les prérogatives. Ce pouvoir, s'il était partagé, s'affaiblirait et tomberait en sens contraire de son institution. Le législateur n'entend pas par là ne pas associer la mère à cette magistrature ; elle l'exerce à son tour et prend la place du père s'il vient à manquer (1).

La législation française, depuis ses origines les

(1) *Rapport au Tribunat*, par M. Vesin.

plus reculées, et c'est là une incontestable supériorité sur la législation romaine, a donné une large
part à la mère dans le gouvernement et la direction
de la famille.

Sans doute cette puissance passera toujours après
celle de son mari, et tant que celui-ci sera en état
de l'exercer, elle ne pourra intervenir que pour
donner son avis sans pouvoir jamais l'imposer. Mais
la dépendance dans laquelle elle se trouve (313 C.),
aurait été forcément un obstacle pour la mère à
l'exercice d'une autorité qui réside également entre
les mains du père ; c'eût été une source perpétuelle
de discussions et de conflits.

Toutefois, même pendant le mariage, la mère a
le droit de donner son avis sur l'éducation de ses
enfants et le père lui ferait une injure grave en la
tenant en dehors de tout ce qui les concerne.

Mais, que le mari vienne à disparaître, la puissance qui résidait en la personne de la femme et qui
avait été paralysée jusque-là, reprend toute sa force,
et généralement on admet que la mère prend en
main le gouvernement et la direction des enfants,
lorsque la puissance du père prend fin d'une manière quelconque, pour cause de mort, d'absence,
d'interdiction, ou même sans interdiction préalable,
d'internement dans une maison d'aliénés, en vertu
des dispositions de la loi du 30 juin 1838.

V. *Caractère de la puissance paternelle.* —
En vertu du caractère d'ordre public de la puissance du père de famille, celui-ci se trouve dans
l'impossibilité absolue d'aliéner aucun de ses droits,
ou de s'en laisser dépouiller d'une manière com-

plète et définitive (1), même en faveur de son épouse.
L'art. 1388 défend de faire toute convention tendant
à produire ce résultat. C'est en vertu de ce même
principe, qu'on considère comme nulle toute condition, qui, dans un testament, porterait atteinte
aux droits du père.

(1) Demolombe, *Droit civil*, nᵒ 358. — Cf. Marcadé, t. ii, p. 160 et
161.

CHAPITRE PREMIER

EFFETS DE L'AUTORITÉ PATERNELLE

Maintenant que nous avons établi la durée et le caractère de la puissance paternelle, demandons-nous quels sont les droits qui en découlent. Nous ne devons pas chercher dans notre titre IX au Code, la solution complète de cette question, à moins d'admettre que c'est sa qualité seule, qui donne au père les autres droits dont il est fait mention dans les différentes parties du Code.

Si nous examinons en effet, le titre IX, qu'y trouvons-nous ? La reconnaissance au profit du père de deux droits seulement :

1º Le droit de garder l'enfant dans sa demeure ou dans une autre maison qu'il désigne, maison dans laquelle doivent lui être données l'éducation et l'instruction.

2º Le droit de faire détenir l'enfant, s'il a de graves sujets de mécontentement contre lui.

Nous ne disons rien des droits d'administration et de jouissance légale, droits qui ne rentrent pas dans le cadre de notre étude.

Il est facile de voir que ces droits ne sont pas les

seuls accordés au père, et qu'ils sont accompagnés de beaucoup d'autres formellement reconnus, eux aussi, par la loi.

Ainsi, il est impossible de dénier au père le droit de diriger comme il l'entend l'éducation de ses enfants, le droit de consentir ou de s'opposer, du moins jusqu'à un certain âge, à leur mariage, à leur adoption, à leur entrée en religion. Il eût peut-être été préférable que le législateur rappelât en quelques mots ces droits divers, dans un titre qui, si l'on en croit sa désignation, devrait embrasser tout ce qui se rattache aux droits du père de famille.

Droit de garde. — « L'enfant ne peut quitter la maison paternelle, sans la permission de son père. » (art. 374). Ce droit de garde est absolument néces- saire au père pour remplir la tache que la société lui a confié : sa sanction consiste dans la faculté que la loi donne au père d'emprunter le secours de la force publique, pour ramener l'enfant insoumis dans sa maison. La jurisprudence n'a jamais hésité sur ce point, bien que la loi soit absolument muette. Par un argument d'analogie, tiré de l'art. 375, on décide qu'une ordonnance du Président suffit. En effet, dit-on, cet article permet au Président du Tri- bunal de délivrer un ordre en vertu duquel le père peut faire arrêter son enfant insoumis, afin de le faire détenir : or il est certainement moins grave de faire ramener par la force publique dans la mai- son paternelle, le fils qui s'en est échappé (1). Bien entendu, nous supposons que l'enfant s'est enfui, poussé par un esprit d'indépendance et de révolte.

(1) Debelleyme, Demolombe, Chardon.

Mais que faudra-t-il décider s'il s'éloigne parce que les mauvais traitements qu'il a à subir de la part de ses parents lui ont rendu leur demeure insupportable? Le droit de quitter ainsi, sans autorisation, la maison paternelle, ne saurait en aucun cas être reconnu à l'enfant qui pourra toujours être contraint à retourner chez son père : mais, en fait, les juges n'hésitent pas à intervenir et à confier l'enfant à des mains moins brutales : « Car la puissance paternelle ayant été établie surtout dans l'intérêt de l'enfant, il appartient aux Tribunaux d'en restreindre l'exercice, quand matériellement ou moralement, cet intérêt est en péril (1). »

C'est en vertu de son droit de garde, que « le père est responsable du dommage causé par ses enfants mineurs habitant avec lui » (art. 1384). Il y a ici une présomption légale, que le père possède assez d'ascendant sur ses enfants pour les empêcher de commettre des actes dommageables. On punit son défaut de surveillance. Du reste le tuteur, et tous ceux qui peuvent avoir la garde des enfants, sont tenus des mêmes obligations.

La loi a posé deux exceptions formelles au droit de garde des père et mère. L'article 476 déclare émancipés de plein droit, tous les mineurs qui ont contracté mariage. On a supposé que, si les parents jugeaient leurs enfants capables de fonder et de diriger une nouvelle famille, ceux-ci, devaient être considérés comme également aptes à se diriger eux-mêmes, et à accomplir les actes de la vie civile.

(1) Dalloz. *Jur. gen.*. 1879, I, 223.

L'article 374 permet au mineur de quitter la maison paternelle pour enrôlement volontaire, et après l'âge de dix-huit ans révolus. La loi du 21 mars 1832 a modifié cette disposition du Code et n'a accordé la faculté de s'enrôler sans le consentement paternel qu'au mineur qui est entré dans sa vingt et unième année. « L'engagé volontaire devra, s'il est âgé de moins de vingt ans, justifier du consentement de ses père, mère ou tuteur. » (art. 32, 5°). Et la loi du 27 juillet 1872 a maintenu le même âge (art. 46).

Droit de correction. — Il est incontestable que, pour plier les enfants à l'obéissance, les parents peuvent leur infliger certains châtiments, même corporels. La Jurisprudence a consacré implicitement ce droit de correction corporelle pour les cas ordinaires d'insubordination et pour les fautes peu graves, en réprimant l'excès ou l'abus dans l'exercice de ce droit par l'application des dispositions du Code pénal relatives aux coups et blessures.

Mais lorsque l'enfant commet des fautes graves qui exigent un déploiement plus grand de sévérité, la loi fournit au père des moyens de correction pour l'emploi desquels il doit suivre la voie judiciaire. Dans notre Droit, à l'encontre du Droit Romain, le pouvoir de punir est presque exclusivement entre les mains des juges. « Quelque confiance que méritent les pères, disait Réal, au corps législatif, la loi ne doit pas cependant être basée sur la fausse supposition que tous sont également bons et vertueux (1). »

(1) Exposé des motifs (séance du 23 ventôse an XI). *Rap. au Tribunal,*

Le correction, par l'emprisonnement discipli-
naire, peut être exercée jusqu'à la majorité ou
l'émancipation de l'enfant. L'action du père s'exercê
par voie d'autorité ou par voie de réquisition.

Si l'enfant est âgé de moins de seize ans, la
puissance paternelle est souveraine : le père agit
par voie d'autorité. L'enfant peut être détenu
pendant un mois. Le Président du tribunal doit
délivrer l'ordre d'arrestation sans examen des griefs
du père ; si le magistrat remarquait chez celui-ci
une trop grande sévérité, il ne peut avoir recours
qu'aux conseils et aux exhortations. Toutefois, si
l'enfant était en si bas-âge qu'il y aurait cruauté
à demander la détention, l'ordre devrait être
refusé.

Le père agit par voie de réquisition quand l'enfant
est âgé de plus de seize ans. Les magistrats sont
alors autorisés à examiner les griefs du père. Dans
ce cas, la détention peut être de six mois, mais le
Président, après en avoir conféré avec le procureur
impérial, accorde ou refuse l'ordre d'arrestation ou
fixe une durée moindre à la détention requise.
Lorsque le père est remarié, il ne peut faire détenir
un enfant qu'il aurait eu du premier lit, même âgé
de moins de seize ans, que par voie de réquisition.
On a évidemment craint ici l'influence de la belle-
mère, qui pourrait pousser son mari à être trop
sévère. Mais alors ne devrait-on pas décider que,
redevenu veuf, le père recouvrera l'action par voie
d'autorité ? Nous ne le croyons pas, car il suffit que
le second mariage ait eu lieu pour que la tendresse
paternelle ait pu recevoir une atteinte, soit de la
présence de la seconde femme, soit de celle des

enfants du second lit. L'expérience n'a que trop prouvé que les secondes noces sont ordinairement funestes aux enfants d'un premier mariage (1).

Les mêmes restrictions sont apportées, par la loi, à la puissance absolue du père, lorsque l'enfant a des biens personnels et lorsqu'il exerce un état ; on a craint d'un côté l'avarice ou la rapacité du père qui pourrait éloigner l'enfant pour commettre quelque dilapidation ; de l'autre on veut encourager l'enfant qui, par son travail ou son économie, a su se créer une situation digne d'intérêt. Dans tous les cas, on ne saurait faire dépendre la durée de la détention des formes imposées à l'exercice du droit de correction, lorsque le père ne peut agir que par voie de réquisition. C'est l'avis de M. Demolombe, qui dit qu'on doit s'en tenir au texte de la loi, laquelle ne fait pas de distinction : l'enfant a-t-il moins de seize ans, le maximum de la détention est d'un mois ; a-t-il plus de seize ans, il est de six mois.

L'enfant détenu par voie de réquisition peut se pourvoir contre la décision « pour faire révoquer ou modifier l'ordre délivré par le Président du tribunal (art. 382). » L'enfant adresse un mémoire au Procureur général près la Cour d'appel. Celui-ci, après s'être renseigné, fait un rapport au premier Président qui, après avoir fait lui-même une enquête pour s'éclairer, toujours officieusement, réforme, révoque ou modifie l'ordre d'arrestation primitif. Le père, lui, n'a aucun recours contre la décision du magis-

(1) Demolombe, t. vi, n° 324. — Contr. Zachariæ, t. iii, p. 677. — Marcadé, t. ii, art. 375.

(2) Demolombe, t. vi, n° 329. — Contr. Aubry et Rau, t. iii, p 677.

trat de première instance. Dès que celui-ci a prononcé, l'action de la puissance paternelle est épuisée;
le père peut seulement, dans le cas d'une difficulté
d'interprétation de la loi, porter le litige devant la
Cour de Cassation.

Le recours de l'enfant peut-il avoir lieu dans tous
les cas? Ce point est controversé. On soutient que
l'enfant ne peut user de ce droit que lorsqu'il a un
état indépendant ou des biens personnels (1). Mais
d'après la discussion du Conseil d'Etat (2) et la
généralité du texte, il est impossible de donner au
texte une interprétation restrictive si contraire à
l'intérêt de l'enfant (3).

De quelque manière que s'exerce le droit de correction, les trois règles suivantes sont toujours
applicables:

1° Il ne doit y avoir ni écriture, ni formalité judiciaire, si ce n'est l'ordre d'arrestation dans lequel
les motifs ne sont pas énoncés. Le père est tenu de
souscrire une soumission, de payer tous les frais et
de fournir les aliments convenables, à moins que
son indigence ne soit constatée, auquel cas il en est
dispensé ;

2° Le père est toujours maître d'abréger la durée
de la détention par lui ordonnée ou requise (art. 379).
Il pourrait ne pas faire exécuter l'ordre d'arrestation,
lui seul est juge de l'effet produit par cette seule
menace et du repentir de l'enfant. Le droit de grâce
est un attribut essentiel de la puissance paternelle ;

3° Si l'enfant retombe dans de nouveaux écarts,

(1) Chardon, Marcadé, Duranton.
(2) Locré, *Législ. civ.*, t. VII, p. 41 et suiv.
(3) Demolombe, Dalloz, Massé et Vergé.

la détention peut de nouveau être requise ou ordonnée par voie d'autorité ou de réquisition (1).

Lorsque la mère exerce la puissance paternelle, la loi veut qu'elle ne puisse faire détenir son enfant qu'avec le concours des deux plus proches parents paternels et par voie de réquisition. Le législateur a craint que la mère, trop faible ou trop légèrement alarmée, ne recourre trop facilement à ces moyens extrêmes. A défaut de parents, elle invoque le concours de deux amis. Mais, si elle est remariée, la loi lui suppose une tendresse moindre et lui retire complètement le droit de faire détenir l'enfant. Malgré l'opinion de quelques jurisconsultes, il faut admettre que la mère peut, comme le père, user du droit de grâce et abréger la durée de la détention (2).

Comme on le voit, le Code civil a entouré, avec raison d'ailleurs, le droit de correction, de précautions nombreuses ; on a cependant fait quelques reproches au législateur : il n'a pas fixé une durée assez longue pour la détention : après un temps relativement court passé dans une maison de correction, l'enfant pourra retomber dans les écarts précédents, et le père qui, le plus souvent, vit de son travail de chaque jour se lassera d'exercer une surveillance active, en voyant que le premier essai qu'il a tenté est resté inefficace ; le législateur aurait pu régler d'une manière plus précise les cas de récidive, et donner aux magistrats, un pouvoir plus étendu : « N'attendons pas que le Tribunal ordonne la détention, à défaut

(1) Fenet, t. x, p. 479.
(2) Demolombe, vi, n° 256. — Zachariæ, i, p. 676.

de discernement, jusqu'à la majorité, parce que
c'est une punition et non une correction (1). » De
plus le lieu de détention n'a pas été désigné, pour
laisser une plus grande latitude aux parents ; mais
confondre l'enfant, pour le punir, avec des détenus
pour crimes ou délits, c'est lui faire faire le premier
pas dans la mauvaise voie. Il existe bien des éta-
blissements pénitentiaires, mais ils ne sont pas à
la portée de toutes les bourses. Des modifications
et des réformes sont réclamées depuis longtemps,
Nous aurons à les examiner lorsque nous indique-
rons les dispositions essentielles du projet de 1881
qui tend à mettre en œuvre un système d'éducation
réformatrice.

Droit d'éducation — Il est un autre droit qui
est la conséquence directe et indiscutable de l'obligation imposée par la loi aux père et mère « de
nourrir, entretenir et élever leurs enfants » (Art. 203).
C'est le droit d'éducation. L'obligation d'élever l'enfant, implique celle de lui donner une éducation
conforme avec le rang, la situation qu'il est destiné
à occuper un jour dans la société : « Elever, c'est
faire germer dans l'âme les divines semences que son
auteur y a jetées ; c'est ouvrir l'esprit à la science,
c'est instruire (2). » Il est aisé de comprendre combien sont délicates toutes ces questions. Il serait
difficile, à moins d'immixtions arbitraires dans l'intérieur des familles, de régler la manière dont un père
élèvera ses enfants, quel métier il leur fera apprendre,
quelle religion il leur donnera. Cependant le droit à

(1) Debelleyme, *Ordonn. de référés.*
(2) Duverger, *le Code civil et la paix sociale.*

l'éducation a été formellement reconnu par un jugement du Tribunal civil de la Seine, en date du 7 mars 1877 (1). Après avoir consacré l'idée que les Tribunaux ne doivent intervenir que quand il est prouvé que le père a abusé de son autorité, sans que les juges puissent affaiblir le droit de garde, à lui confié, le jugement ajoute que le père, seul, a le droit de fixer le genre d'éducation qu'il entend faire donner à ses enfants ; mais l'intervention de la justice est suffisamment justifié quand « le père manque, évidemment et essentiellement, au devoir d'éducation qui lui est imposé par la loi ; à ce devoir d'éducation qui est pour le moral de l'homme, ce que sont les aliments pour le physique (2). »
« Mais, ajoute M. Demolombe, on ne saurait en pareil cas, être trop réservé : l'autorité des père et mère, le secret de leurs affaires, leurs projets sur l'avenir de leur enfant, il faut les respecter. La seule chose que je demande, c'est qu'il ne soit pas dit que l'obligation imposée par l'art. 203 sera toujours absolument dépourvue de sanction (3). » — « Le Code contient le principe de l'instruction obligatoire, dit M. Duverger, et la loi qui sanctionne l'obligation ne fait que compléter le Code. Il en est de même de la loi qui organise le moyen d'assurer l'éducation et l'entretien des enfants matériellement

---

(1) Sirey, 1878, II, 218.
(2) Cassation, 3 mai 1842. — « Attendu, porte un arrêt de la Cour de Toulouse du 25 novembre 1830, qui destitue un père de la tutelle de ses enfants (Sirey, 31, 2, 246), que Rhoudès négligeait tellement ses filles qu'il les abandonnait à un état d'éducation totalement dégradante, en les laissant exposées, dans leur jeune âge, aux séductions les plus dangereuses. » (Chardon, *Puiss. pat.*, no 11.)
(3) Demolombe.

17

ou moralement abandonnés par leurs père et mère (1). »

Droit de consentir au mariage. — Nous avons dit déjà plus haut que, pour le mariage des enfants, l'autorité paternelle vit autant que le père, autant que les ascendants eux-mêmes. La nécessité du consentement paternel pour les fils jusqu'à vingt-cinq ans et pour les filles jusqu'à vingt et un ans, est fondée sur l'amour des parents, sur leur raison et l'inexpérience des enfants. La loi l'a sanctionné, en permettant d'attaquer le mariage, non seulement aux personnes sous l'autorité desquelles se trouvait le futur, mais encore à celui-là même qui aurait dû demander le consentement. On présume qu'il a été séduit et entraîné : c'est aux Tribunaux qu'il appartient d'apprécier les faits.

La mère doit être consultée à cause de la déférence que lui doit toujours l'enfant, mais dans le cas où le père et la mère sont d'un avis différent, le suffrage du père est seul nécessaire à l'enfant. Dans le cas ou le conseil n'aurait pas été demandé à la mère, elle pourrait faire opposition afin que l'enfant fût mis en demeure d'accomplir ses devoirs. Cette opinion a été controversée, parce que l'art. 173 ne confère le droit d'opposition à la mère qu'à défaut du père. Mais ici l'opposition ne sera pas une atteinte à l'autorité paternelle ; elle servira seulement à la faire respecter dans la personne de la mère.

La loi assimile au mariage un contrat qui crée

_____

(1) Duverger, *le Code civil et la paix sociale.*

une quasi-paternité, c'est l'adoption. Il importe que les enfants ne contractent pas des liens aussi étroits avec une famille qui ne serait pas honorable, et surtout que l'adoption ne cache pas des combinaisons criminelles et réprouvées par les mœurs. Jusqu'à vingt-cinq ans accomplis, l'adopté devra se pourvoir du consentement de ses père et mère. Après cet âge, il devra toujours requérir leur conseil.

La fille mineure de vingt et un ans, pour être admise à contracter des vœux dans une congrégation religieuse, est tenue aussi de justifier du consentement exigé pour le mariage (1). Le fils âgé de moins de vingt-cinq ans ne peut être admis dans les ordres sacrés, sans avoir obéi à la même loi de respect dû aux parents (2).

Le droit que possède le père de famille d'exiger que ses enfants ne se marient pas sans son consentement, revêt un caractère spécial. Il survit à l'extinction de la puissance paternelle et à défaut des père et mère, il peut être exercé par les ascendants. On s'est demandé si ce droit dérivait bien de la puissance paternelle ; — le Titre IX n'en parle pas. De plus cette prérogative n'appartient pas aux seuls père et mère. Faudrait-il donc admettre que les ascendants, ce conseil de famille, les collatéraux même qui peuvent s'opposer au mariage, jouissent dans une certaine mesure de la puissance paternelle ?

Pour ce qui concerne les père et mère, nous ne croyons pas qu'on puisse hésiter à reconnaître que

(1) Décret du 18 février 1809, art. 7.
(2) Décret du 28 février 1810, art. 4.

c'est en vertu de leur puissance, qu'ils peuvent empêcher leurs enfants de contracter une union sans les consulter. Quant aux ascendants, ils n'ont jamais, même après la mort des père et mère, un véritable droit de puissance paternelle (1); il pourra arriver qu'ils en aient l'exercice ; mais alors leur intervention, dans ce cas, comme l'opposition au mariage, s'explique en raison des devoirs stricts et indiscutables de respect et de déférence que la loi a imposés à leurs descendants.

Du droit de tester, envisagé comme sanction de la puissance paternelle. — Le père de famille possédait en Droit romain et dans notre ancien Droit, un pouvoir que le Code civil a tellement restreint qu'on pourrait presque dire qu'il l'a supprimé. C'est le droit d'exhérédation.

Si nous voulions envisager sur toutes ses faces cette question qui à l'heure actuelle passionne encore beaucoup d'esprits, nous sortirions de notre sujet. M. Le Play et son école, basent leurs projets de réforme sociale sur l'absolue liberté testamentaire (2). M. le comte de Cornulier-Lucinière a combattu cette théorie (3). Il serait bien difficile de donner la solution de cette question sans développer les motifs qui militent en faveur de chaque opinion. Mais, envisageant le droit de tester comme moyen de correction mis aux mains du père de famille vis-à-vis de son fils révolté ou ingrat, on peut regretter qu'on ait renfermé dans des limites si étroites sa liberté d'action.

(1) Proudhon, *De l'état des personnes*, t. II, p. 335.
(2) F. Le Play, *la Réforme sociale en France*, 1886.
(3) Cornulier Lucinière, *Du droit de tester*, 1875.

Est-ce à dire que le rétablissement complet de la liberté de tester du père, serait de nature à faire renaître le respect qui lui est dû ? Nous ne le croyons pas.

L'affaiblissement des mœurs que nous avons déjà signalé, fait que presque toujours les pères n'ose-seraient plus se servir de l'arme que la loi placerait entre leurs mains. Nous voyons combien rarement, en ce moment, on ose user du droit de disposer de la faible part laissée encore à la disposition du *de cujus*.

Il faudrait entourer de garanties nécessaires l'exercice d'une liberté plus large que celle qui existe ; on donnerait ainsi au chef de famille un moyen puissant de maintenir dans le devoir ses enfants insoumis, et l'on apprendrait peu à peu à l'enfant à ne pas braver une autorité qui pourrait infliger un châtiment dont les effets pourraient se prolonger pendant la vie tout entière, de celui qui l'aurait subi.

CHAPITRE II

DU CONTRÔLE JUDICIAIRE

I. *Des déchéances.* — La question du droit qu'a la justice, de contrôler l'exercice de la puissance paternelle, fut soulevée lors de la rédaction du Code civil. Maleville soutint le droit d'intervention des tribunaux, en disant que, même en Droit romain, le magistrat pouvait, dans certains cas, et après avoir étudié les circonstances, *causâ cognitâ,* enlever l'enfant à son père et même forcer ce dernier à l'émanciper. Boulay fit observer que cette jurisprudence n'avait été reproduite que sous Justinien, alors qu'on s'écartait sans cesse des principes du vieux Droit romain. Le premier Consul était d'avis d'ôter au père la direction de son fils dans le cas où il lui donnait une mauvaise éducation (1).

Ce débat n'aboutit à aucun résultat pratique. On en renvoya l'étude à la section de législation, et il n'en fut plus question.

Il est certain que dans notre ancien Droit les

(1) Locré, *Législation civile,* t. VII, p. 21.

magistrats usaient souvent de ce pouvoir modéra-
teur. Tous les auteurs le reconnaissent.

De même, il est conforme aux principes de notre
législation moderne, que le droit qu'ont les pères de
châtier leurs enfants, par exemple, doit avoir une
limite. Lorsqu'un père maltraite son enfant, se livre
sur lui à des voies de fait, le ministère public doit
agir, et le lien qui unit le père à son enfant, au lieu
d'être une cause d'absolution, devrait plutôt être une
cause d'aggravation. Le père pourra donc être jugé
et condamné. Après l'expiration de sa peine, devra-
t-on lui rendre ses enfants ? ou, sans constituer un
délit, si les mauvais traitements mettent en péril la
santé ou l'intelligence de l'enfant, laissera-t-on ce
mauvais père achever jusqu'au bout son œuvre de
mal ? « Il faut venir au secours de l'enfant, a écrit
M. Demolombe ; la raison, la morale, l'humanité
même l'exigent dans l'intérêt de l'enfant, dans l'intérêt de l'ordre public. » Mais comment ? la loi est
muette.

Bien entendu on ne peut refuser aux Tribunaux
et à l'Etat un droit de surveillance sur le gouvernement du père de famille. Les pères indignes et
dénaturés sont malheureusement trop nombreux
pour qu'on laisse les enfants sans défense entre
leurs mains. Les Tribunaux interviendront donc,
non pas pour se substituer au père, mais seulement
pour lui retirer telle ou telle de ses prérogatives et
l'attribuer, soit à ceux qui, lors de la disparition du
père, prennent naturellement sa place, soit à
d'autres personnes. Ils interviendront en cas d'abus ;
mais quand y aura-t-il abus ? On a vu la Cour de
Cassation déclarer que le père ne pourra sans raisons

graves, interdire aux aïeuls de ses enfants, la faculté de les voir (1). Quelles seront ces raisons graves ? Malheureusement les éléments sérieux d'appréciation feront souvent défaut, et le juge auquel il sera possible de punir le père qui, revenant ivre à la maison, a maltraité son fils, ne saura jamais atteindre celui dont les moyens de torture, pour échapper à toute constatation matérielle, n'en sont pas moins trop réels. Il faudrait que le Tribunal, pour se rendre compte de la situation faite aux enfants, s'immisçât de sa propre autorité dans l'intérieur des familles. Mais ici, on se heurte à un véritable danger. On se trouve donc en présence de difficultés énormes, qu'un texte de loi n'aurait peut-être pas supprimées, mais aurait au moins atténuées.

La Cour de Cassation a décidé, par un arrêt du 23 janvier 1879, que la puissance paternelle, établie surtout dans l'intérêt de l'enfant, n'est pas absolue, et que les Tribunaux peuvent en restreindre l'exercice quand, matériellement ou moralement, l'intérêt de l'enfant est en péril. Un arrêt de la Chambre des requêtes consacrait la même doctrine. Ces arrêts n'ont cependant pas été admis sans réclamations. « La morale, il est vrai, dit un annotateur, veut que la puissance paternelle soit tutélaire et protectrice et que l'autorité du père ne devienne pas un moyen de tyrannie ou de démoralisation. Mais la loi est muette à cet égard, et tant que le législateur n'aura pas comblé cette lacune, il nous paraîtra moral, mais anti-juridique, de

(1) Cour de Cass. Arrêt du 8 juillet 1857.

décider dans le sens adopté aujourd'hui par la jurisprudence des Cours et des Tribunaux (1). »

En fait les Tribunaux interviennent toujours maintenant, et leur droit de contrôle n'est pas douteux, bien que la loi n'en ait parlé que dans un cas spécial. « Le père ou la mère qui se sera rendu coupable du délit d'attentat aux mœurs en excitant son enfant à la débauche sera privé des droits et avantages à lui accordés sur la personne et les biens de l'enfant par le Code civil L. I, t. IX de la puis. pat. » (art. 335 du Code pénal).

La déchéance ici est certaine, du moins par rapport à l'enfant victime du délit. On peut regretter seulement que la loi n'ait puni ici que le délit d'habitude. En effet l'art. 334 ne vise que ceux qui auront « excité, favorisé ou facilité habituellement la débauche ou la corruption de la jeunesse, de l'un ou l'autre sexe, au dessous de l'âge de vingt et un ans ». Il devrait suffire que le père ait oublié, une fois, à ce point ses devoirs, pour le rendre indigne.

Les motifs de cette déchéance n'ont pas besoin d'être indiqués. Il ne faut cependant pas l'exagérer, et tout misérable que soit un père, capable de commettre des actes aussi monstrueux, on ne peut se servir de cet article pour lui retirer la puissance paternelle sur les autres enfants, envers lesquels il ne s'est rendu coupable d'aucun délit. Nous sommes en présence d'une disposition pénale qui ne saurait être étendue, on ne peut que le regretter ; et même sur la personne de l'enfant, la déchéance n'est pas

(1) Laurent, *France judiciaire*, t. IV.

absolue, car la loi n'enlève au père que les droits
énumérés dans le titre IX. Or on n'y trouve ni le
droit de consentir au mariage ou à l'adoption, ni le
droit d'émanciper.

Une autre déchéance peut être prononcée contre
le père, mais ne l'atteint pas fatalement, depuis la
loi du 7 décembre 1874, que nous étudierons plus
loin. Elle frappe les parents qui livrent à des sal-
timbanques, directeurs de cirque... etc, leurs enfants
âgés de moins de seize ans, ou qui les emploient à
la mendicité.

II. *De la puissance paternelle en cas de séparation de corps ou de divorce.* — Quand le père
et la mère sont à la veille d'obtenir leur séparation
de corps ou leur divorce, ou qu'ils l'ont obtenu, on
comprend combien la nouvelle situation qui va
être créée ou qui l'est déjà, modifie profondément
la puissance paternelle. L'art. 267 de la loi du
19 juillet 1884 est ainsi conçu: « L'administration
provisoire des enfants restera au mari demandeur
ou défendeur en divorce, à moins qu'il n'en soit
ordonné autrement par le Tribunal sur la demande
soit de la mère, soit de la famille ou du ministère
public, pour le plus grand avantage des enfants. »
On ne comprendrait pas en effet qu'une jeune fille
fût obligée par la loi, à rester pendant l'instance,
chez son père qui entretient une concubine au domicile conjugal.

Lorsque le divorce a été prononcé d'une façon
générale, la loi nouvelle comme l'ancienne loi, favo-
risent l'époux en faveur duquel le divorce a été
prononcé. « Les enfants seront confiés à l'époux qui

a obtenu le divorce (art. 302), » mais le tribunal, régulièrement saisi, peut déroger à cette règle, il pourrait même confier la garde de l'enfant à une tierce personne s'il juge que les époux ne sont pas dignes de confiance. Ce qui n'empêche pas l'époux privé de la garde, d'être tenu de veiller à l'entretien et à l'éducation de ses enfants et d'y contribuer dans la mesure de ses moyens.

Celui des époux qui a la garde, a aussi le droit de correction sans distinguer si le divorce a été prononcé contre lui ou en sa faveur. Mais si la garde a été donnée à un tiers, à qui attribuer le droit de correction? Cette question donne lieu à bien des controverses, car l'article 375 et l'article 381 sont formels pour n'accorder le droit de faire détenir l'enfant « qu'à la mère survivante et non remariée. » Il faut encore ici admettre un pouvoir discrétionnaire des tribunaux.

Le droit d'émanciper restera entre les mains du père : l'hésitation permise à propos du droit de correction n'a pas de raison d'être ici. Il faut appliquer aussi, au sujet du consentement au mariage, le texte de l'article 148 dans son entier. Donc, l'époux contre lequel le divorce a été prononcé, ne sera, en somme, déchu que des attributs de la puissance paternelle qui lui sont expressément enlevés par la loi.

Dans le cas de séparation de corps, on pourrait raisonner ainsi : « Aux termes des articles 373 et 384, le père a, seul, pendant le mariage, l'autorité sur la personne des enfants. Or, d'une part, la séparation de corps, très-différente du divorce, ne dissout pas le mariage ; d'autre part, aucun texte n'a modifié les articles 373 et 384 et n'a étendu à la séparation de corps, les dispositions spéciales du divorce : sur ce point donc, le père conserve, dans tous les cas, ses droits sur la personne et les biens de ses enfants. » Si l'argument peut paraître décisif quant aux biens, les auteurs n'ont pas cru qu'il fût péremptoire quant à la personne de l'enfant, et ils admettent une déchéance sans toutefois être d'accord sur son étendue. Une controverse, qui dure encore, divise les auteurs qui, néanmoins, aboutissent au même résultat pratique. Nous croyons, qu'en résumé, il y aura lieu de déterminer à qui seront confiés les enfants. La règle sera, que l'époux qui aura obtenu la séparation, conservera le droit de les garder près de lui. Mais les tribunaux peuvent toujours examiner si l'intérêt des enfants n'exige pas que l'on s'écarte de cette règle.

En tout cas, le mariage subsistant après la séparation, l'article 373 n'est pas effacé, et la puissance paternelle continue de résider dans les mains du père, même déchu de son droit de garde.

CHAPITRE III

RESTRICTIONS LÉGISLATIVES

Nous venons de reconnaître que l'Etat a le devoir
d'intervenir pour protéger l'enfant contre les mauvais traitements ou les mauvais exemples d'un père
indigne. Nous avons vu comment les Tribunaux,
par leur contrôle aussi sage que réservé, avaient
prouvé que, comme tout pouvoir humain, la puissance paternelle a ses limites nécessaires.

Mais ce ne sont pas les seuls dangers auxquels
sont exposés les enfants. Malheureusement, avons-
nous dit, le nombre des pères indignes de ce nom
est bien grand. Aussi la loi doit-elle sans cesse se
tenir en éveil et prévoir, pour les combattre, les
abus auxquels peut donner lieu l'exercice des droits
attachés à la qualité de père de famille.

Nous allons passer en revue quelques lois qui
n'ont trait qu'indirectement au sujet de notre étude
mais qu'il sera cependant intéressant pour nous de
connaître ; car soit les lois sur le travail des enfants
dans les manufactures, soit la loi sur l'instruction
obligatoire, soit enfin le projet de loi déposé en
1881 sur la protection des enfants abandonnés,

toutes ont pour but de prémunir les enfants contre l'avarice, l'indifférence ou la cruauté des parents dénaturés.

Loi du 7 décembre 1874. — Le père a le droit de mettre ses enfants en apprentissage : ce droit se rattache, à certains points de vue du moins, à son droit d'éducation.

Il est évident, d'un autre côté, que l'enfant ne pourra impunément s'adonner régulièrement à tel ou tel travail, ou le faire pendant un temps trop prolongé chaque jour. C'est à l'Etat qu'il appartient d'intervenir, pour défendre l'enfant contre toute idée d'exploitation, de la part de ses parents.

La loi du 22 mars 1841 sur le travail dans les manufactures, a été faite pour protéger l'enfant, devenu pour ses parents, un instrument dont on se sert pour lui faire produire tout ce qu'il peut donner. Mais cette loi était incomplète : outre qu'elle n'avait pas organisé de service d'inspection, et qu'elle pouvait être impunément violée, elle permettait aux pères d'envoyer leurs enfants dans les usines dès l'âge de huit ans. M. Jules Simon dans un ouvrage, où il examine cette question, démontra combien il était dangereux pour la famille et la société, de laisser les enfants user leurs forces et leur énergie, à un âge ou le développement physique est presque nul.

Aux termes de l'art. 2 de la loi du 19 mai 1874, les enfants ne pourront plus être employés par les patrons avant l'âge de douze ans révolus ; — nul travail de nuit ne pourra être imposé aux garçons de moins de seize ans et aux jeunes filles de moins de vingt et un ans. Les travaux dangereux et difficiles sont interdits jusqu'à l'âge de seize ans, notamment les travaux dans les mines et carrières, le graissage et nettoyage de machines... etc. Les enfants de douze ans ne pourront en tout cas être employés plus de douze heures par jour, et encore faut-il y intercaler des repos. Le travail est interdit le Dimanche et les jours de fête. Un service d'inspecteurs est organisé, et les directeurs d'usines qui contreviennent à ces dispositions sont frappés d'une amende.

Le législateur s'est aussi préoccupé du travail intellectuel. Nul enfant ne pourra être désormais employé par un patron, qu'autant qu'il sera constaté que cet enfant fréquente une école publique ou privée.

Une autre loi du 7 décembre 1874 est relative à la protection des enfants employés dans les professions ambulantes. « Tout individu, y est-il dit, qui fera exécuter par des enfants de moins de seize ans, des tours de force périlleux ou des exercices de dislocation, tout individu, autre que les père et mère, pratiquant les professions de saltimbanque, montreur d'animaux ou directeur de cirque, qui emploiera, dans ses représentations, des enfants âgés de moins de seize ans, sera puni d'un emprisonnement de six mois à deux ans et d'une amende de 16 à 200 francs. La même peine sera applicable aux pères et mères exerçant les professions ci-dessus désignées qui emploieraient, dans leurs représentations, leurs enfants âgés de moins de douze ans (art. 1). Les père et mère pourront, en outre, être privés des droits de la puissance paternelle (art. 2.

Les lois de 1841 et de 1874 contiennent une assez grave restriction à la puissance paternelle, mais l'intervention de l'Etat se comprend assez dans ce cas. Il 'est certain que les parents ont le droit de faire travailler l'enfant arrivé en âge d'aider ceux qui l'ont nourri et élevé. Mais, si le père ne considère ses enfants que comme des instruments dont on se sert pour leur faire produire tout ce qu'ils peuvent donner, sans se préoccuper des limites où finissent leurs forces, s'il y a abus et si la santé ou la vie de l'enfant est en danger, le législateur a le droit et même le devoir d'intervenir. « La puissance paternelle, disait Cunin Gridaine, à la Chambre des pairs, (séance du 12 janvier 1841), n'est pas le droit brutal d'exploiter les forces de l'enfance et de paralyser le développement de ses facultés, de vendre sa santé et sa vie. La puissance paternelle est le droit du bienfait et non de l'abus. »

Loi du 28 mars 1882. — Mais l'atteinte la plus grave portée à l'autorité du père de famille, le fut par la loi du 28 mars 1882, qui vint rendre légalement obligatoire le devoir moral des père et mère, de faire instruire leurs enfants. Voici, en résumé, l'économie de cette loi: L'instruction est obligatoire pour les enfants de 6 à 13 ans (art, 4) ; les père et mère doivent déclarer, quinze jours avant la rentrée, dans quelle école ils entendent faire instruire leur enfant (art, 8). Si l'enfant est instruit dans la maison paternelle, il est soumis à des examens auxquels il est obligé de satisfaire, sous peine d'être inscrit d'office dans une école (art. 16). La loi prononce des peines (affichage à la porte de la mairie ou peines de simple police) contre les parents dont les enfants auront manqué à l'école plus souvent que le nombre de fois admis par la loi (art. 13 et 14). L'article 16 surtout donna lieu à de très vifs débats. Les protestations qu'il a soulevées furent faites au nom de la liberté du père de famille qui se trouvait déchu du droit d'élever son enfant. Ce fut du reste cet argument, « épée de chevet de tous les ennemis de la loi, » selon l'expression de M. Paul Bert, qui fournit le sujet des plus longues et des plus passionnées discussions (1). Une étude approfondie de cette loi et des raisons qui militent pour ou contre elle, nous entraînerait trop loin. Mais n'est-il pas permis de penser que, si l'Etat a un intérêt très grand à ce que l'on prépare, pour l'avenir, des hommes capables de rendre service au pays, le père reste toujours, malgré tout, le meilleur juge des moyens à employer pour cela? Le père a le devoir impérieux d'élever ses enfants, c'est-à-dire de travailler à leur développement physique et intellectuel. Il doit être seul appréciateur des moyens à employer par lui pour remplir cette obligation, selon ses ressources et l'avenir qu'il a rêvé pour ses enfants.

Projet de loi ayant pour objet la protection des enfants abandonnés, délaissés ou maltraités (1881). — L'Etat qui se fait représenter par des tribunaux lorsqu'il s'agit de surveiller le père de famille, peut aussi, dans certains cas, déléguer ses pouvoirs à l'autorité administrative : c'est ce qui a lieu lorsque l'enfant est privé de ses protecteurs

(1) Voir Duvergier, *Collection des lois et décrets*, t. LXXXII, année 1882, p. 74.

naturels. L'Etat prend sous sa surveillance les enfants exposés ou abandonnés et charge de ce soin les préfets qui, à leur tour, ne font qu'exercer un contrôle sur les administrations publiques, que des décrets successifs ont désignées plus spécialement pour remplir ces fonctions (1).

Malgré cela, l'opinion publique s'est émue dans ces dernières années, de la jeunesse d'un grand nombre d'accusés, et on a constaté que la corruption de l'enfant venait souvent de la famille. Les enfants, après avoir été victimes pendant leur bas âge, pervertis par des exemples malsains et abrutis par les mauvais traitements, commencent par la prison pour finir par le bagne. « Il y a là, dit l'exposé des motifs présenté le 27 janvier 1881, une des plus douloureuses plaies de notre société, et il y a aussi pour l'avenir d'un pays où tout individu qui ayant atteint l'âge de la majorité, est investi des droits de citoyen, un trop grand danger pour que les pouvoirs publics puissent reculer devant les résolutions que cette situation commande. »

Dès le 5 décembre 1880, une Commission extra-parlementaire, nommée par le Ministre de la justice, dut étudier les dispositions qui pourraient être proposées aux Chambres « relativement aux cas de déchéance de la puissance paternelle à raison d'indignité, et relativement aussi à la situation légale des enfants indigents délaissés par leurs parents. » Les rapports qui furent faits fournirent les éléments d'un projet présenté au Sénat par le Gouvernement, le 8 décembre 1881. Sur la demande du Garde des

(1) L'administration de l'assistance publique a été établie par une loi du 10 janvier 1849.

sceaux, M. Cazot, il fut renvoyé a la Commission déjà nommée. Enfin, un rapport de cette Commission fut distribué au Sénat dans la session ordinaire de 1882. Nous allons indiquer sommairement les parties les plus saillantes qui intéressent la puissance paternelle proprement dite.

Dans le Titre Ier, on distingue en trois catégories les mineurs placés de plein droit sous la protection de l'autorité publique : les abandonnés, les délaissés et les maltraités ; puis on traite des moyens et des agents de protection.

Le Titre II s'occupe des enfants délaissés et détermine la valeur légale qui doit être attribuée au désistement volontaire de la puissance paternelle.

Le Titre III, d'une grande importance, est intitulé : *De la déchéance de la puissance paternelle.* Une suite de dispositions règle la protection qui sera accordée aux enfants dont les parents, par leur indignité, mettent en péril la santé ou la moralité de leur famille. Accessoirement, la procédure à suivre pour arriver à ce résultat est signalée, et la reprise de la puissance paternelle par les parents réhabilités, est déclarée possible.

Le Titre IV est relatif à la tutelle des mineurs placés sous la protection de l'autorité publique.

Le Titre V contient des mesures générales pour l'exécution de la loi.

D'après ce projet, la puissance paternelle pourrait être enlevée complètement au père en cas de déchéance, ou bien, selon la proposition de M. Duverger, qui fut prise en considération par la Commission du Sénat, seulement paralysée temporellement entre ses mains, par une « suspension qui, moins grave que la déchéance, sera considérée comme une simple mesure de précaution, et sera supprimée quand le père s'en montrera digne. »

Telles sont les dispositions essentielles du projet de loi au moyen duquel on voudrait réaliser, au moins en partie, dans notre législation, la réforme de l'autorité paternelle.

Espérons qu'au milieu de leurs graves occupations politiques, nos législateurs auront le temps de penser à une réforme qui est devenue absolument nécessaire, et dont toutes les nations étrangères ont pu apprécier depuis longtemps les heureux résultats (1)!

(1) Deux députés, MM, Belle et Yves Guyot, ont proposé, en mars dernier, de modifier le Code pénal, pour que, désormais, les crimes contre les enfants puissent être punis de peines au moins égales à celles qui atteignent les crimes contre les adultes. Il est à désirer que le pouvoir législatif donne suite à cette proposition, dans le plus bref délai possible : les crimes deviennent chaque jour plus nombreux et plus atroces. Les colonnes des journaux sont remplies chaque jour de lugubres histoires qui nous montrent tout ce que la férocité a de plus terrifiant, tout ce que la cruauté peut imaginer de plus odieux, réalisé par des pères dénaturés ou des exploiteurs d'enfants.

CHAPITRE IV

DE LA PUISSANCE PATERNELLE SUR LA PERSONNE
DES ENFANTS NATURELS

Doit-on appliquer aux enfants naturels tout ce que nous venons de dire des enfants légitimes ?

La loi du 4 juin 1793 avait répondu affirmativement à cette question, et effacé toutes les distinctions établies de tous temps entre ces deux catégories d'enfants.

Le projet de rédaction du Code, entrant pleinement dans ces idées, disait que les articles du titre de la puissance paternelle seraient communs aux enfants légitimes et aux enfants naturels reconnus.

C'était le régime révolutionnaire avec toutes ses conséquences ; ce ne fut pas cette opinion qui triompha : on se contenta de donner aux parents naturels les seuls droits énumérés dans les articles 376, 377, 378 et 379, c'est-à-dire, les droits relatifs à la correction des enfants.

Doit-on en conclure qu'ils n'en aient pas d'autres ? Assurément non, mais les Tribunaux auraient un très large pouvoir d'appréciation : « Les juges chargés d'apprécier à qui du père ou de la mère seront

confiés la garde et l'éducation de l'enfant naturel,
doivent concilier les droits de la puissance paternelle avec l'intérêt de l'enfant (1). »

En principe, la puissance paternelle appartient
donc aux parents naturels comme conséquence de
leur devoir de « nourrir, entretenir et élever leurs
enfants ». Ce devoir est certain, car l'enfant naturel
qui porte, dans la société, le poids de la faute de ses
parents, ne doit pas être, au point de vue des choses
nécessaires à la vie, privé de l'assistance que lui
doivent ceux dont il a reçu l'existence. « Qui fait
enfant le doit nourrir » disait le Droit coutumier.
Le père naturel a donc des droits stricts, il doit
avoir des droits correspondants.

A qui appartiendront ces droits ? le Code ne le
dit pas, les droits du père et de la mère, qui ont
tous deux reconnu l'enfant, sont égaux : c'est le
Tribunal qui décidera. En fait, la puissance appartiendra le plus souvent au père. C'est lui qui donne
à l'enfant son nom, sa nationalité, qui consent à
son mariage..... Mais, en réalité, le pouvoir des
Tribunaux est tel, qu'on ne peut pas établir dans
la pratique une supériorité de l'un des parents naturels sur l'autre, puisqu'en fin de compte, tous les
pouvoirs pourront être retirés au père lui-même,
pour être confiés soit à la mère, soit même à un
étranger.

A celui des parents qui aura la garde de l'enfant,
appartiendra le droit de correction ; mais les difficultés naissent en foule, dès qu'il s'agit de l'exercer ;
le pourra-t-on par voie d'autorité, ou seulement par

(1) Lyon, 8 mars 1859. — Dalloz, 1859, 11, 141.

voie de réquisition? *quid* si l'enfant a des biens, exerce un état? si c'est la mère qui veut user de ce droit? si elle est remariée?... etc. La grande controverse porte sur la question de savoir si les articles 380, 381, 382, auxquels ne se réfère pas l'article 383, sont néanmoins applicables aux enfants naturels. Nous croyons que la solution la plus simple est d'appliquer aux enfants naturels tous les articles du titre IX qui traitent du droit de correction. C'était, dit-on, l'intention des rédacteurs du Code de ne pas faire de distinctions entre les enfants naturels et les enfants légitimes. Nous déciderons donc que : 1° le père, marié à une autre femme que la mère de son enfant, ne peut le faire détenir que par voie de réquisition, même lorsqu'il a moins de seize ans ; 2° le père agira également par voie de réquisition, si l'enfant a un état ou des biens ; 3° la mère ne pourra jamais employer la voie d'autorité (1).

Quant au droit de consentir au mariage, la loi donne les mêmes droits aux parents naturels qu'aux légitimes. Donc en cas de dissentiment entre le père et la mère, le consentement du père suffira.

Les parents naturels devront faire instruire leurs enfants et les mettre en état au moins de se suffire, et, s'ils le peuvent, de se faire une situation qui rachète l'infériorité dans laquelle leur naissance les place dans la société.

Ces obligations, ces devoirs des parents naturels, sont de telle nature, que les enfants même dont la loi ne veut pas reconnaître la filiation, doivent en

(1) Ce système a pour lui l'autorité de M. Demolombe. t. VI, n° 645.

recevoir le bénéfice. Il y aura des cas où la filiation adultérine ou incestueuse se trouvera prouvée en fait par des circonstances indépendantes de toutes recherches spéciales. Les Tribunaux pourront alors contraindre les parents à entretenir et à élever ces enfants envers lesquels le fait de leur paternité leur aura fait contracter des obligations.

CONCLUSION

L'énumération des jurisconsultes ou publicistes qui ont accusé nos législateurs d'avoir avili et affaibli la puissance paternelle, serait trop longue. Le Code civil, a-t-on dit, n'a pas restitué à la puissance paternelle l'étendue et l'énergie que réclamaient l'ordre public et les bonnes mœurs. On lui a reproché de n'avoir pas assez reculé l'époque de la majorité, d'avoir trop élevé la réserve des enfants, d'avoir fait cesser l'usufruit légal avant la majorité, et surtout d'avoir permis aux garçons de quitter, dès l'âge de dix-huit ans, la maison paternelle pour s'engager au service militaire. Ces reproches ne sont pas sans fondement, et l'on doit reconnaître que les rédacteurs du Code, négligeant le point de vue moral de la matière, se sont montrés, envers les parents, d'une défiance qui ne trouve, ni dans les sentiments naturels de l'homme, ni dans les mœurs de notre société, une justification suffisante (1). De ces reproches, l'un est devenu à peu

(1) Aubry et Rau, t. VI, § 548. p. 75.

près sans objet depuis la loi de recrutement de 1832, qui recule jusqu'à vingt ans, l'enrôlement des enfants sans le consentement des parents. L'autre a failli le devenir absolument, grâce à un projet de loi de M. Benoît-Champy, dont les évènements politiques arrêtèrent seuls le vote. Sans reculer d'une façon générale l'époque de la majorité, M. Benoît-Champy avait proposé, en 1852, de permettre aux parents de faire maintenir, par la justice, jusqu'à l'âge de vingt-cinq ans, l'enfant dans la situation du mineur émancipé, en dehors des conditions rigoureuses et des formes flétrissantes de l'interdiction ou de la dation d'un conseil judiciaire.

Nous croyons que les reproches que l'on se plaît à faire aux législateurs du Code civil, sont au moins exagérés. Nous avons parcouru les législations des temps passés, et maintenant que nous venons d'étudier rapidement l'ensemble de nos lois sur la puissance paternelle, nous croyons pouvoir soutenir « que la puissance paternelle est constituée actuellement mieux qu'elle ne l'a jamais été, et qu'il n'y a nul besoin de retourner aux sévérités antiques, pour mettre un frein à l'esprit d'indépendance et de rebellion qui dissout la famille (1). » Sauf quelques modifications de détail, la loi est en rapport avec la civilisation et l'idéal qu'elle doit réaliser, et si chacun de nous le veut, « le Gouvernement pourra se reposer sur l'autorité des pères de famille, pour suppléer les lois, corriger les mœurs et préparer l'obéissance (2). »

(1) P. Bernard, *Hist. Puis. pat.*, p. 500.
(2) Malleville, *Rapport au Conseil d'Etat.*

« Nous ne saurions nous dissimuler, dit M. Jules Simon (1), que sous l'ancien régime, l'autorité presque illimitée du père, le droit d'aînesse, l'orgueil du nom, qui s'étendait jusqu'à la plus petite bourgeoisie, l'immobilité des patrimoines et la communauté de foi politique et religieuse, ne donnassent à la famille une cohésion bien autrement puissante que celle qu'elle peut tirer de nos lois sur l'émancipation, la majorité, le partage des biens, de notre vie sans dignité et sans intérieur, de notre indifférence en matière de religion et de nos passions politiques. Il faut supporter la somme de mal qui est la conséquence nécessaire de l'acquisition d'un bien, mais il ne faut pas l'accroître. Le vrai remède est dans l'éducation, car c'est sur l'enfant que nous devons agir, nul n'ayant la volonté ni le pouvoir de restreindre la liberté de l'homme fait. La tâche de nos pères a été de conquérir le Droit ; la nôtre doit être d'enseigner et de propager le Devoir. »

(1) J. Simon, *Du Devoir*.

TABLE DES MATIÈRES

ABBEVILLE. — IMPRIMERIE C. PAILLART

www.ingramcontent.com/pod-product-compliance
Lightning Source LLC
Chambersburg PA
CBHW070752270326
41927CB00010B/2118